集刊

集人文社科之思　刊专业学术之声

集 刊 名：德国哲学
主办单位：湖北大学哲学学院
主　　编：邓晓芒　戴茂堂
副 主 编：舒红跃

CHINESE JOURNAL OF GERMAN PHILOSOPHY
(2018) Vol.2



2018年下半年卷

集刊序列号：PIJ-2014-092
中国集刊网：www.jikan.com.cn
集刊投约稿平台：www.iedol.cn

# 德国哲学

2018 年下半年卷

## CHINESE JOURNAL OF GERMAN PHILOSOPHY

(2018) Vol.2

主　编／邓晓芒　戴茂堂
副主编／舒红跃

社会科学文献出版社
SOCIAL SCIENCES ACADEMIC PRESS (CHINA)

# 卷首语

编完这一期的《德国哲学》，已经到了 2019 年的春节，我想起了一百年前的这个时候，西方传来的新思想在这片沉闷了千年的大地上如春雷般唤起了民族的觉醒和精神的复苏。当时，老一辈人除了个别先知先觉者如蔡元培、鲁迅之外，通通被视为顽固守旧、阻挡历史进步的腐朽垃圾（钱玄同甚至说，人过四十都该杀），只有大批敢于对封建礼教发起反叛和冲击的“新青年”，才有资格在风起云涌的历史舞台上叱咤风云、担当起民族的使命。那时的中国知识青年，自信而又冲动，在他们眼中，一切事情是多么简单：不是进步就是反动，而进步的力量只要努力，就一定会成功。这是中国历史上从未有过的一次新生，几乎脱胎换骨。青年们相信，他们的前面虽然充满了艰难险阻，但毕竟有一片光明，就如鲁迅先生所说的，一代人肩起黑暗的闸门，将来可以放孩子们到光明的地方去，“从此幸福地度日，合理地做人”。一个世纪之后，当我们感觉到还有必要来纪念这样一个幼稚冲动的时代时，我们会觉得那个时代的人不论多么老于世故、看透了人心，对未来的世界都仿佛在做着甜蜜美好的白日梦。奇怪的是，我们仍然会向往那样一个时代，会怀念那样一种青春。一个内心还保留有起码的人道情怀的人，便会不忍心去苛责那个时代的幼稚，甚至反而会对我们今天的“成熟”抱有无限的失落和伤感。现在很多青年，似乎除了听从长辈们的教导到故纸堆里去重拾一些“做人的道理”之外，在思想上就再没有其他事情可做了。这是时代的悲哀。

前不久有杂志编辑约我写一篇纪念五四新文化运动一百周年的文章，我说我不想写，因为要说的和能够说的已经说完了，我不愿重复自己的话。当然我很清楚，这样一个话题其实是说不完的，而且现在更清楚的是，哪怕再过一个百年，仍然说不完。例如启蒙的话题，我们已经说了一百年了，说完了吗？显然才刚刚开始，前面说的那些话都只是开场锣鼓，还没有进入正题呢。现在人们普遍回避这一话题，贬低这一话题，认为它太“陈旧”，这无非说明他们已经没有了力气，只想躺到国人已经说了几千年的老话题上享受一种“休闲”，一种自在和自得，据说这是一种后现代的“境界”。而我说我不想写，则是另外的原因。我认为我在这个问题上说过的话在目前来说已经足够了，我不可能把所有的话语都包下来，只能到某个阶段适可而止，更重要的是做，是实干。

我所说的实干，就是把一百年前已经开启却半途而废的工作继续往深处做下去，这就是对西方文化的真正了解和把握，这是靠发表一些宣言式的文字所无法做到的。客观公平地说，百年来，我们对西方文化除了引进一些口号和命题，在异国风情、风俗习惯以及国家运作的可操作层面上获得了一些没有多大用处的新鲜知识以外，对西方文化精神的内在层面特别是哲学层面和宗教层面，基本上都还处于人云亦云甚至完全陌生的状况。这导致我们所接受过来的一些口号和命题经受了不可抗拒的变质和变形的命运。传统中过于实用的偏向使我们将每一个命题都立刻纳入“治国平天下”的宏图大业的需要（最初则是“救亡图存”的需要）之中，无形中已经使之带上了“中国化”的胎记，以至于到今天，我们要寻找它们最初的含义已经颇为不易，需要花大力气追根溯源。加之西方文化本身并不是一个固定在那里等我们去追赶的坐标，而是一个千变万化的有机体，当代西方思潮的转换更是令人眼花缭乱，对于一个未受过西方文化历史充分熏陶的中国式头脑来说，这一切都被搅成了一锅糨糊。

面对国内这样的现状，我主张对一百年来进入中国思想界的各种思潮来一个正本清源的梳理，不光是看人家讲了些什么，而且看人家是如何讲的，其根据是什么，其论证方式是怎样的，又是如何影响到后世的思想的。这些问题不是简单地说说就能够回答得了的，必须做艰苦的理论分析和思维训练，甚至往往要调动起自己的批判精神和怀疑精神去和那些理论大师较劲，冲破他们所编织起来的理论网罗以开拓自己的视野，如此才能看清他们的理论实质和理论软肋，只有这时，我们才算是站到了充分把握西方思想家的思想精髓的台阶上，可以和西方顶尖的思想家展开平等对话了。

但是，这样的工作不但很辛苦，而且历来不是国人所长。我们的传统除了古代的“祖述尧舜，宪章文武”之外，即使在最开放的唐代，顶多也就是借来西方（印度）的一些命题加以中国式的改造和融合，融合到一定程度（例如到宋明），便又关起门来自我陶醉了。我们没有形成与任何思想在学术上平等对话的传统，这极大地限制了国人的思想视野，抑制了国人的思想活力。我们今天要做的就是这样一件前无古人的工作，我把它称为中国现代的“第三次启蒙”，它的目标绝不是重复五四以来以及20世纪80年代以来中国思想界所经历过的“启蒙—回归”的怪圈，而是要走出这种鬼打墙式的循环，站上国际学术界的平台去和世界范围内的顶尖学者进行实质性的理论较量，不仅是为了彰显中国人的思维能力，更是为了提高整个中华民族的理论水平和精神层次。我认为，这才是对五四新文化运动一百周年最好的纪念。

邓晓芒

2019年2月3日于喻家山

目录

德国哲学（2018年下半年卷）

## 黑格尔哲学专题研究



## 现象学专题研究



## 卡西尔哲学专题研究

## 域外来稿

# 黑格尔哲学专题研究

# “市民社会”概念及其历史起源问题[*]

M. 里德尔 文/朱学平 译[**]

[**内容提要**] 本文旨在正本清源，澄清黑格尔“市民社会”概念的历史起源及其本来含义。全文分四部分。在指出自从马克思以来对这一概念偏离黑格尔本人的理解之后，第一部分考察了从亚里士多德到康德时期欧洲政治哲学传统中市民社会概念的基本含义，指出在这一传统下，市民社会与国家同义，此时国家未与社会发生分离，作为经济因素的家庭从属于国家或者市民社会。第二部分论述了黑格尔市民社会概念的历史起源，指出随着 18 世纪末对欧洲传统社会的突破与现代社会的形成，黑格尔与欧洲政治哲学传统决裂，提出新的市民社会概念。第三部分通过对黑格尔耶拿时期和晚期思想的考察，指出他只有在晚期（1820 年前后）才真正达到对欧洲古今社会结构根

---

* 本文译自 Manfred Riedel，“Der Begriff der ‘Bürgerlichen Gesellschaft’ und das Problem seines geschichtlichen Ursprungs，” *Zwischen Tradition und Revolution*：*Studien zu Hegels Rechtsphilosophie*，Stuttgart，1982，pp. 139 – 169。

** 曼弗雷德·里德尔（Manfred Riedel，1936 – 2009），德国哲学家，曾任德国埃尔朗根 – 纽伦堡大学、耶拿大学、哈雷大学等校教授，1980 ~ 1981 年担任纽约新社会研究院教授，1991 ~ 2003 年担任德国海德格尔学会主席。主要著作除《在传统与革命之间》外，还有《形而上学与政治：亚里士多德和近代哲学的政治语言研究》（*Metaphysik und Metapolitik. Studien zu Aristoteles und zur politischen Sprache der neuzeitlichen Philosophie*，Suhrkamp，Frankfurt a. M.，1975）、《理解或解释？论解释科学的理论与历史》（*Verstehenoder Erklären？Zur Theorie und Geschichte der hermeneutischen Wissenschaften*，Klett-Cotta，Stuttgart，1978）、《市民社会：一个古典政治学和现代自然法的范畴》（*Bürgerliche Gesellschaft. Eine Kategorie der klassischen Politik und des modernen Naturrechts*，Franz Steiner Verlag Stuttgart，2011）等。朱学平，西南政法大学行政法学院副教授。

本差异的理解，构造出与国家分离开来的市民社会概念，将其作为家庭与国家之间的差异领域，并对罗森茨威格有关黑格尔市民社会概念的流行解释提出了批判。第四部分对黑格尔市民社会（尤其是警察和同业公会）的含义进行了深入的分析和探讨。

**[关键词]** 黑格尔 市民社会 国家 市民社会和国家的分离

如果比较一下 1820 年到 1850 年间黑格尔同时代人对（当时即已引发不少赞叹的）《法哲学原理》第三部分阐述的市民社会的评论与当今解释者的评论，就会发现对这两拨人来说，这个概念的历史地位似乎不是一个问题。对于像甘斯（甘斯 1833 年在“逝者友人版”《黑格尔全集》总体框架下编辑出版了《法哲学原理》第 2 版）这样的黑格尔的亲炙弟子来说，不言而喻的是，这里“与国家有关的一切，包举无遗”，因为“甚至国民经济的科学”都能“在市民社会中找到恰如其分的地位和讨论”。[①] 魏瑟（Chr. Hermann Weisse）、卢格（Arnold Ruge）、康士但丁·贺斯勒尔（Constantin Rößler）和布鲁诺·鲍威尔（Bruno Bauer）都有同样的论断；至于问题的实质，即将问题归结到国民经济学，则从黑格尔法哲学出发的那些关于“自然法”和“国家学”的最早努力——贝萨（Konrad Moritz Besser）的《自然法体系》（1830）和艾泽伦（J. Fr. Gottfried Eiselen）的《国家学体系手册》（1828），都在甘斯的框架下对市民社会进行了描述。爱德曼（Johann Eduard Edmann）在其《国家讲座》（1851）中对市民社会的地位的理解也差不多。在他看来，市民社会的“本质”在于“明智的计算、理性的考量、工业”以及“信用”等，并且它的这些突出特征首先体现在“地地道道的市民”即“实业家”身上。[②] 由此爱德曼使市民社会更加靠近中产阶级；这样，黑格尔对“市民社会”一词的使用便与 17、18 世纪以来欧洲市民等级的解放运动平行。

马克思以及当时的其他人，如里尔（Wilhelm Heinrich Riehl）、洛伦茨·施泰因（Lorenz Stein）、J. C. 布隆奇理（Bluntschli）和瓦格纳（Hermann Wa-

---

① 黑格尔：《法哲学原理》“前言”，《黑格尔全集》第 8 卷，1933，第Ⅷ页。——下文引用依据此版。

② 《国家讲座》（*Vorlesungen über den Staat*，1851）第 28 ~ 29 页及《学术生活与学术研究讲座》（*Vorlesungen über akademisches Leben und Studium*，1858）第 97 ~ 98 页。

gener）基本是这样理解市民社会的概念的。如马克思在《〈政治经济学批判〉序言》中所言，黑格尔将“物质的生活关系的总和”，按照“18 世纪的英国人和法国人的先例，概括为‘市民社会’”。[①] 提到 18 世纪的英国人和法国人，显然是要强调这个概念是一个特别现代的概念。甚至在马克思之前，就有人［如 1850 年之前德国最重要的国家学家之一毛恩布厄谢（Romeo Maurenbrecher）的做法[②]］从历史解读角度对黑格尔的市民社会进行了归类，并由此出发将其与自然法的个体主义观念联系起来。同样，在拉萨尔（Ferdinand Lassalle）看来，霍布斯的“一切人对一切人的战争”（bellum omnium contra omnes）作为这种自然法的版本之一，不过是“人们相较于国家，称之为进行自由竞争的市民社会领域”。滕尼斯（Ferdinand Tönnes）也并非如是理解的最后一个。他在《共同体与社会》（1887）中从与现代自然法相区分的概念对立出发，在黑格尔的意义上将“市民社会”与现代的契约、交换和劳动社会联系起来。[③]

在近来的解释家中，罗森茨威格在其著作《黑格尔与国家》（1920）中追问的不是该词的历史起源，而是它的传记上的发生学起源。其结果是指出了黑格尔早期对舒尔策（Sulzer）《一切科学简论》（*Kurzer Begriff aller Wissenschaften*，1759）以及弗格森《文明社会史论》（*Essay on the History of Civil Society*，1767）的认识，但这并不能完全令人信服。只有在洛维特这里，黑格尔法哲学的市民社会似乎才第一次得到全面考察，因为他将市民社会与国家的区分（按照他对他援引的《法哲学原理》第 260 节的具体解释方式）关联到古代和基督教的二元论、卢梭的《社会契约论》和柏拉图的《理想国》。与之同时，马尔库塞在其《理性和革命：黑格尔和社会理论的起源》（1941）中也指出了内在于黑格尔法哲学之中的社会理论及其对晚近社会学的影响。当然，这必然导致对黑格尔本人及其时代生活于其中的历史维度的论述着墨不多。也正是这种简化处理首先导致了卢卡奇的《青年黑格尔和资本主义社会问题》（1938 年写成，

---

① 马克思：《〈政治经济学批判〉序言》，引自 1951 年柏林版，第 12 页。（中译文引自《马克思恩格斯选集》第 2 卷，人民出版社，2012，第 2 页。——译者注）

② 《当代德国国家法原理》（*Grundsätze des heutigen deutschen Staatsrechts*）第 2 版，1843，第 22 页以下。

③ 拉萨尔：《巴斯提亚特 - 舒尔策 · 德里奇先生》（Herr Bastiat-Schulze Delitzsch，1864），引自《演说与著作全集》（*Gesmmelte Reden und Schriften*，ed. Eduard Bernstein）第 5 卷，1919，第 69 页；滕尼斯：《共同体与社会》第 2 版，1912，第 25 页。

1948 年出版）一书中解释者与其对象总是不成比例，这个问题唯有成功的个别分析才能解决。当卢卡奇将“市民社会”的表达（尽管这一表达在他解释性的著作中一次也没有出现）引入黑格尔的分析时，这一点就最清楚地表现出来。也能在里特尔的关于《黑格尔与法国大革命》（1957）的研究中发现同样的问题。该书在现实问题的强有力推动下，强调黑格尔的市民社会第一次从概念上阐述了现代劳动社会。①

然而，这里出现的问题是，这种事后的解释是否抓住了黑格尔的概念的真正的历史内容。当我们从后来的社会学角度出发解读黑格尔的“市民社会”时，难道不应该反问一下它与在康德和沃尔夫那里反复遇到的这个词的以前的用法有何关联？除了康德和沃尔夫之外，这个概念与亚里士多德的 koinonia-politike（政治共同体）和在西塞罗那里、在中世纪经院哲学和近代自然法当中的 societascivilis（市民社会）有何关系？因为历史理解的可能性正好在于将发问背后的变动不已的现实——在我们这里是现代社会现象——纳入对过去的理解之中，同时悬置过去自身的视域，并对这些视域进行修正，因此，首先在欧洲政治哲学的概念传统之下对黑格尔的“市民社会”进行审视，就是正当的了。

## 一

在“市民社会”概念史中，一直都有一个值得注意的现象，这就是这个词差不多同时（1820 年前后）不仅以全新的含义出现在黑格尔的《法哲学原理》中，而且也作为政治的核心概念出现在哈勒的《国家学的复辟》中。对于公认的复辟时代理论家哈勒来说，“市民社会”是启蒙哲学的一个革命性概念。启蒙哲学从罗马共和主义的语言中接过了这个词语及其古代含义。这个古

① 参见罗森茨威格《黑格尔与国家》第 2 卷，1920，第 118 页；卡尔·洛维特《从黑格尔到尼采》第 2 部分第 1 章第 2 节，1941；卢卡奇《青年黑格尔》，柏林，1954，特别参见第 152 页以下、第 227 页以下、第 280 页以下、第 368 页以下以及第 435 页以下；约阿希姆·里特尔《黑格尔与法国大革命》，1957，特别是第 35 页以下和第 38 页以下。此外还参见了以下对市民社会的同样重要的解释：威尔（E. Weil）《黑格尔与国家》（*Hegel et l’ état*, 1950），第 71 页以下，以及罗思（M. Rossi）《马克思与黑格尔的辩证法》（*Marx e la dialettica hegeliana*）第 1 卷《黑格尔与国家》（*Hegel e lo Stato*，1960）第 3 篇，第 543 页以下。

代政治概念的人为设立构成了18世纪法国大革命及其颠覆一切自然-社会关系的真正原因：铲除人与人之间的支配和依附关系、人们服从于国家、消灭世俗和教会的“统治”、消灭自治的团体和同业公会。因此，哈勒在其六大本复辟著作的纲领性前言中宣称，革命时代“所有错误的由来和根源”首先就是“人们将其照搬到完全不同的社会关系当中的罗马市民社会（societascivilis）的不祥观念”。[①] 哈勒不厌其烦地重复，由于将人们视为一个“市民社会”的自由、平等的成员，因此“社会联系”也就瓦解了。在哈勒看来，只有自格老秀斯和霍布斯以来的近代自然法才知道一个与“自然社会”不同的“所谓的市民社会”，他主要是在近代欧洲学术界的拉丁语使用中瞅见了这种区分的萌芽。[②]

黑格尔也在《法哲学原理》第182节界定“国家”和“市民社会”时对近代自然法持批判立场。他指责近代自然法没有将这两个概念明确分开：“如果国家仅仅被设想为不同的个人（Personen）的统一体，亦即仅仅是一个同质的统一体，则其所指就只是市民社会的规定。许多近代国家法学家都不能对国家提出任何别的见解。”针对国家和市民社会的这种混淆和相互混同，黑格尔将市民社会规定为处于国家和家庭之间的“差别”：“市民社会是处于家庭和国家之间的差别（阶段），尽管其形成要晚于国家。因为它作为差别，以国家为前提，它要存在，前面就必须有一个独立的国家。”[③] 这里，在市民社会和国家以及家庭和市民社会之间的差别建立起来之后，哈勒所言的“社会联系”也同样瓦解了。但与狂热的复辟理论家哈勒不同，黑格尔肯定地将这一过程规定为国家从社会、社会从国家解放出来的过程，使国家和社会两者第一次处于它们的真正关系之中。因为他对近代自然法的批判显然意味着：当国家与市民社会总是混淆在一起时，国家就不是国家；同样，当市民社会是“政治”社会（即国家）时，它也不是“社会”。

---

① 参见《国家学的复辟》（*Restauration der Staatswissenschaft*，1816-1820）第1卷，“前言”第XXVIII页。

② 参见《国家学的复辟》第1卷，第89~90页。“因为拉丁语只有共和主义的言说方式和名称，或者至少在言及国家时，这是最常见的方式和名称，于是这些表达便用到了完全不同的事物和关系上面。同样，正如罗马的市民彼此构成了一个共同体、一个市民团体、一个真正的市民社会（societascivilis），因此所有其他的人类结合和关系也就必须同样被称为市民社会（societascivilis）或市民联合体。”

③《黑格尔全集》第8卷第182节“补充”，第246页以下。

然而，黑格尔关于市民社会及其所谓的与国家混淆的观点仍然停留在哈勒的视域中，两人均将这个概念的起源和历史意义局限于近代自然法，特别是 18 世纪自然法，而不知道其古老的欧洲传统及其真正的起源地，首先是亚里士多德的《政治学》以及中世纪和近代对亚里士多德的接受。然而，黑格尔自己都不知道，根本而言，他反对的正是这种在近代自然法中依然有效的将国家（polis 及 civitas）界定为与市民社会（koinoniapolitike 及 societascivilis）同一的古典政治哲学传统。因为按照古典政治哲学传统对政治规制的人类世界的理论理解，国家既不在自身包含社会，也不预设社会为其存在的前提。相反，国家就是社会，然而是“市民社会”“政治社会”。“社会”（Gesellschaft）一词的原始含义为：结合、联合——希腊语的 koinonia，拉丁语的 societas 和 communitas。这样，19 世纪以来的在我们今天看来不言而喻的国家和社会的分裂以及二者的分离存在，在古代欧洲政治哲学中并不存在。直到 18 世纪中叶，国家和社会在政治上由同一个概念连在一起，被概括为一个社会整体。在亚里士多德《政治学》开头，这个概念将古代城邦的政体表达了出来：古典政治的基本概念 koinoniapolitike 以及 societascivilis（以前的市民社会），它从作为一个“市民社会”即政治社会的社会实体中接受了其公共政治结构。为此，我们摘引由 J. G. 希洛色翻译的亚里士多德最早德译版《政治学》第 1 卷（《政治学》第 1 卷第 1 章第 1 节，1251a1 －7）译文。尽管译文显然想要在革命时代的经验之后重铸这部《政治学》的影响力①，但“社会”一词仍然原封不动地在它以前的、与“koinonia”相一致的意义上使用：

> 显然，每一个国家都由一个社会组成。然而，当每一社会联合起来时，都是想要实现一定的利益。因为所有的行动都是为了他们所认为的利益。因此，毫无疑问，所有社会都为此目的而集合在一起，并且最重要、最卓

① 希洛色为其翻译写了一个前言，而非导言。他以这个典型句子开始：“值此人人相信自己皆有责任议论和反驳国家形式与革命、市民权利与君主义务之时代，于我而言，将留存至今的几千年前亚里士多德的政治著述译成德语，昭之于世，诚非无益之事。”（亚里士多德：《政治学及经济学残篇》，J. G. Schlosser 译自希腊文附注释和文本分析第 1 部分，1798，第Ⅲ页）。

越的社会，即国家或者市民社会，也就指向最高的和最卓越的利益。①

国家或者市民社会，ἡ πόλις καί ἡ κοινωνία ἡ πολιτικὴ，civitassive societascivilissive res publica——正是古老欧洲政治哲学的经典公式。从亚里士多德到大阿尔伯特、托马斯·阿奎那和梅兰希顿，以及从博丹到霍布斯、斯宾诺莎、洛克和康德，在国家和社会的现代分离之外，这个公式一直有效。大阿尔伯特在他的《亚里士多德政治学十卷评注》中说：“在人类自然的事物中，那些对人来说是自然的事物就是国家、市民协商或者政治协商。”（De numeroeorum，quae suntnaturahomini，id est，quae suntnuturaliahomini，civitasest，etcommunicatiociviis，sivepolitica）② 博丹同样将 res publica 规定为 societascivilis：“由于公共事务（res publica）就是市民社会（societascivilis），它无须行会和同业公会即能自立，但它却不能没有家庭。”③ 梅兰希顿和斯宾诺莎只是在形式上偏离了 civitas 的规定，从而将 civitas 和 societascivium 等同起来：“像这样的坚实的建筑在法律上和自我保存的力量上面的社会就叫做国家，而在这国家的法律下保护着的个人就叫做市民。”（Haec autem societas legibuset potestate esse conser vandi fermata civitas appellatur，et qui ips ius iure defend untur cives）④ 梅兰希顿在其《亚里士多德政治学评注》中的说法与之高度相似：“国家就是一个建立在以彼此利益和最大安全为宗旨的法律之上的市民社会，市民就是那些在这个社会中能够担任公职或者司法职务的人。”（Civitas est societas civium iure constituta，propter mutuamutilitatem，ac maxime propter defensionem. Civessunt qui

① 亚里士多德：《政治学及经济学残篇》，第 1 页。同样参见希洛色之后不久克里斯蒂安·加尔韦的《政治学》译本［《亚里士多德的政治学》，克里斯蒂安·加尔韦译，G. 许勒伯恩（Fülleborn）出版、注释并撰文，布雷斯劳，1799］。此译本同时使用了“市民社会”和“市民联合”。唯有在后来从经济上进行界定的社会概念尤其是滕尼斯的社会和共同体的区分的影响下，晚出的政治学翻译［亚里士多德：《政治学》，E. 罗尔费斯（Rolfes）翻译并撰写导言和注释，1912；O. 吉贡（Gigon）翻译的亚里士多德的《政治学和雅典人的国家》，1955，第 1 页及第 55 页］用共同体（Gemeinschaft）翻译 koinonia，其后便鲜有例外，而 koinoniapolitike 亦译为“国家共同体”。在此中立化翻译中，希洛色和加尔韦仍受其约束的古代传统概念的影响力及其典范性已然失效。

② 大阿尔伯特（Albertus Magnus）：《亚里士多德政治学十卷评注》（*Commentarii in Octo Libros PoliticorumAristotelis*）第 1 卷第 1 章，引自《大阿尔伯特全集》第 8 卷，1891，第 6 页。

③ 《论共和国》（*De Republica*）第 3 卷第 7 章，引自第 4 版，1601，第 511 ~ 512 页。

④ 《伦理学》第 4 部分命题三十七附释二。（译文引自斯宾诺莎《伦理学》，贺麟译，商务印书馆，1981，第 200 页。——译者注）

in eadem societate magistra tusaut judicandi potest atem consequi possunt）[①] 国家和市民社会的传统等同至少在观念上仍然出现在霍布斯的“市民结合”（uniocivilis）中，通过让公民服从于国家，公民状态终结了自然状态。对此，他说道：“这样形成的结合叫做国家或者市民社会（Unio autem sic facta appellatur civitas sives *ocietascivilis*）。”[②] 最后，在这一脉络中，我们还可以提到洛克的《政府论》（1689）和康德的《道德形而上学》（1797）的第一部分。洛克此书第7章的标题是“论政治社会或公民社会”，而康德也在第45节将国家界定为civitas，并在第46节将其视同于被解释为societascivilis的国民社会（staats bürgerliche Gesellschaft）：“这样一个社会（societascivilis）（亦即一个国家）的成员，为了立法的目的集合起来，就叫市民（cives）。”康德意义上的这些“国民”（Staatsbürger）——这个词被他的同时代人当作一个新词，一开始还遭到拒绝——事实上就是旧的市民社会的具有法律能力和政治权利的市民，即城市的市民（politai derpolis，civesder civitas）。他们具有特别突出的国民品质，“了解市民事务和审慎”（“rerum civilium cognition et prudentia”，西塞罗：《演说家》第1卷，14，60），参与公共事务、立法和国家管理。因为直到18世纪，只有生活在市民状态和政治状态（status civilissive politicus）中的那些人才是“市民”，市民社会建立在这种状态之上。它不是“社会”观察方式的主题，而仅仅是广义上的政治学的主题。沃尔夫说道：“对生活在共和国或者市民状态下的人进行思考的哲学部门，叫政治学。因此，政治学就是指导市民社会或者共和国自由行动的科学。”（Ea philosophiae pars，in qua homo consideraturtam quam vivens in Rep. seustatu civili，*Politica* vocatur. Est itaque *Politica* scientia dirigen diactiones liberas in societate civiliseu Republica）[③]

因此，我们可以说，“市民社会”在古老的欧洲的意义上是一个传统的政治概念，是政治世界的基本核心范畴，其中“国家”和“社会”尚未发生分离，反倒构成了市民－政治社会的自身同质的统治结构。这种统治结构建

---

① 梅兰希顿（Melanchthon）：《亚里士多德政治学评注》（*Commentarii in Politica Aristotelis*，1530），引自Bretschneider/Bindseil编《梅兰希顿全集》（*Ph. Melanchtonis Opera quae supersunt Omnia*）第16卷，1850，第435页。

② 霍布斯：《论公民》（*De Cive*）第5章，第9节，1642。

③ 沃尔夫（Christian Wolff）：《理性哲学或逻辑学》（*Philosophia Rationalis Sive Logica*）导论第3章第65节，1740。

立在家庭奴隶劳动、奴隶制度或者农奴制度和工资制度的“经济”领域之上，并与之形成鲜明对照。因为在政治学的这个古典传统中，并非共同体的所有居民都拥有政治身份（civitas）。所有类型的非自由人：那些居于公共政治的市民领域之下、在家庭的私人领域中为了基本生存需要而劳动的人，以及另一方面，同样从事“经济”活动的、束缚于家庭作坊的手工艺人，以及妇女，都不属于 societas civilissive res publika。因为他们是 Oikos（即“家庭社会”）的一部分，没有赋予他们政治身份的政治地位。亚里士多德政治学的原理，同时构成了他的经济学的前提：“奴隶没有城邦”（《政治学》第3卷第9章，1280a32）。正如康德在其时代（18 世纪末）所言，这一原理也依然适用于佣人、日工以及作为佣工的手工艺人。他们生活在真正意义上的市民社会之外，市民社会参照他们得到界定，并与他们形成对照。除了从属于政治以外，这一点构成了旧市民社会的第二个基本结构要素：往下与经济、与家庭分离——societascivilis 与 societasdomestica 的古典政治对立。在托马修斯、沃尔夫和康德那里，都还能找到这种对立。托马修斯说：“然而人的社会本身既非市民的，亦非家庭的。家庭社会构成市民社会的基础，因为这里市民社会的意思不外乎许多家庭社会及其人口的联合，而处于一个普遍的统治之下。”①

## 二

历史－政治生活的细节复杂多变，从亚里士多德到康德的伟大政治著作对它们的书写也各不相同。如果我们不考虑这些，那么就得承认，就国家与社会的现代关系而言，直到黑格尔以前，古老的欧洲学术传统中，没有这种关系的“概念”，而根据传统的“市民社会”概念，这一点也绝非偶然。这个概念的

① 托马修斯（Chr. Thomasius）：《政治智慧短论》（*Kurtzer Entwurf der politischen Klugheit*），1725，第 204～205 页。——公民社会与家庭社会之间的这种对比也同样适用于康德，因此，尽管康德提出了国家革命的、着眼于公民自由的新原则，但仍然保持了市民社会与国家的古老同一，因为他仍然知道旧欧洲的“家庭法”（《道德形而上学》第 1 部分，第 24 节以下，引自柏林科学院版，1797，第 276 页以下），以及与之相联的“物的方式的人格权”（同前，第 22 节以下，第 276 页以下），由此导致了他的全部困难，即要规定一个“构成他自己的主人（suijuris）”的“人的等级”，参见《论俗语：这在理论上可能是正确的，但在实践上是行不通的》第 2 部分，柏林科学院版，1793，第 295 页。

连续性，它的传承的漫长历史及其对于政治学理论所具有的典范意义（在黑格尔那里，这种典范意义似已不再存在），也并不能阻止黑格尔进一步使用这一概念，与此同时又与这个传统以及古老的政治世界决裂。黑格尔完成了这个传统和这个古老的政治世界，表示与之决裂，并且提出了一个新的市民社会概念。只有在 1800 年前后这个伟大的欧洲传统发生断裂的大背景下，才能够说明，为什么黑格尔这个欧洲形而上学中的历史思想的代表，在历史性地反对市民社会及其与国家的“混淆”时，仍然停留在哈勒的视域中。就事情本身而言，我们也可以反过来说，要对这个概念做出新的界定，就必须跟古老的欧洲政治传统一刀两断。18 世纪末的革命开始了这一断裂，如在哈勒处所见，其中也存在着激烈反对这种趋势的复辟思想。唯有在这种语境下阅读《法哲学原理》中黑格尔对市民社会概念的引入，并像这里一样反对从马克思和洛伦茨·施泰因出发对它所做的流行的历史性解释①，换言之，首先从政治传统和前革命世界出发进行解读，才能衡量它对于 19 世纪所具有的真正意义和历史现实性。

从亚里士多德直到康德的政治形而上学的大传统将国家称为市民社会，因为在市民的、康德依然用拉丁语对其进行解释的 cives 的法律能力中，社会生活本身就已经是政治的，而且这个如此理解人类世界的 status politicus（政治状态）同时也将处于统治 - 家庭的以及等级的分层中的真正“经济的”和“社会的”要素涵括于自身当中；反之，黑格尔则将政治领域、国家——现在已经成为“市民的”（bürgerlich）同“社会”领域分开。由此“市民的”（bürgerlich）这一表达便对立于其原始含义，获得了一种首要的“社会”内容，从而不再像 18 世纪那样，在与“政治的”相同的意义上使用。当国家在政治上成为绝对，并由此出发保证社会拥有它自己的重心，将其作为“市民社会”释放出来的时候，这种表达便仅仅指称在这种国家中私人化了的市民

① 这一方面最典型的是福格尔（Paul Vogel）的《黑格尔的社会概念以及施泰因、马克思、恩格斯和拉萨尔对它的历史续造》（*Hegels Gesellschaftsbegriff und seine geschichtliche Fortbildung durch L. Stein*, *Marx*, *Engels und Lasselle*, 1925）。参见历史学家布伦纳（Otto Brunner）对现代社会概念问题的（哲学上有关的）与之相对的阐述，载《社会史的新道路》（*Neue Wege der Sozialgeschichte*, 1956，尤其是第 7 页以下、第 30 页以下及第 207 页）以及孔泽（Werner Konze）《德国早期革命时代的国家和社会》（Staat und Gesellschaft in der frührevolutionären Epoche Deutschlands），载《历史杂志》（*Historische Zeitschrift*）第 186 卷，1958，第 1 页以下，此文扩展后收入文集《德国三月革命前的国家与社会》（*Staat und Gesellschaft im deuschen Vormärz*），1962，第 207 页以下，我从此文获益良多。

的“社会”地位。当人们就像自从马克思、拉萨尔、滕尼斯以来所做的那样，在近代自然法中追溯黑格尔的（社会）概念的起源，就会将这一历史过程变成 status naturalis（自然状态）和 status civilis（市民状态）的自然法模式，而没有正确对待近代自然法本身以及在其中仍然发挥作用的传统。因为譬如霍布斯的 societascivilis（《论公民》第 1 章第 2 段；第 5 章第 9 段）也并不是那种 bellum omnium contra omnium（所有人对所有人的战争）、彼此之间互相契约的交换社会（如亚当·斯密和重农学派最先设想的）；相反，它依然终究是一个政治秩序概念、status naturalis（自然状态）的对立物。在德国，直到希罗策尔[①]（August Ludwig Schlözer）为止，亚里士多德的独立家长的观念都一直保存在 status naturalis 中，这种家长在家中自由地发号施令，因此属于市民社会的成员。在希罗策尔那里，市民社会第一次与“国家”形成鲜明对照，这一事实乃是独立于自然法模式、基于前述国家与社会之间的历史“差异”而发生的。随着政治集中到国家（行政、宪法、军事）、“市民事务”转移到社会，便产生了这种历史差异。正是黑格尔命名的这种差异规定了 1821 年《法哲学原理》“市民社会”部分的内部结构和历史内容。这里，从其政治 - 法的意义中解放出来的市民概念便与同时得到解放的社会结合起来了。当旧的 societascivilis（市民社会）经典表达的政治实体消解为社会功能时，“市民”和“社会”两者，通过 18 世纪末对欧洲传统的突破，随着工业革命和政治革命而获得了这种社会功能。至此，市民才作为布尔乔亚（bourgeois），成为政治哲学的根本问题，这是与现代社会的形成同时发生的。由于现代社会自身基本上接过了“经济”的功能，便一天天消解了旧的家族实体。以前，家庭是旧的市民社会的社会细胞，现在，则是市民社会的变化形态构成了现代国家的社会基础。

在政治概念的内在转变中，这里简单勾勒的这个历史过程更加具体地显露出来。1800 年以后，“市民社会”的结构似乎在一个汲取了旧的意义成分的新

---

① 参见希罗策尔（August Ludwig Schlözer）《国家法总论》（*Allgemeines Staats Recht*，1794），其中市民社会成员被称为“宗子，因而是自由的家长”［第一部分：元政治学（*Metapolitik*）第 17 节，第 64 ~65 页］。希罗策尔用传统公式表达了它的结构：“Societascivilis 或者 civitas”，以区别于作为“Societascivilis cum imperio”的“国家”（同前，第 44 节注释）。他在这种仅仅暗示了黑格尔的“差异”的对立中，把握到了“国家与市民社会”之间的区别。

的中心上面建立起来。因此，只要我们注意到自然法理论在人作为人，与人作为公民之间所做的区分（北美革命和法国革命的人权和公民权将这种区分法典化了），那么黑格尔的概念与 18 世纪的概念之间的区别及其内在地属于 19 世纪也就一目了然了。按照自然法思想，作为人（mensch），他是 societas generis humani（人类社会）的成员，同时是类存在者（Gattungswesen）和个体，服从伦理学法则（这种法则在其普遍性中是没有规定的）。作为公民，他属于市民社会（bürgerliche Gesellschaft）、国家及其法律，服从政治学所要求的规则。① 相反，在《法哲学原理》的“市民社会”中，自然法的作为人的人、类的代表，消融于他的自然需要、消融于黑格尔在第 190 节解释中嘲讽般地谈到的“观念的具体物、人们所谓的人”以及其本身归于“需要的立场”之下的东西。② 这个具体物，第 190 节基于人和动物的自然区分将其规定为抽象-普遍的需要者，因而现在就是市民社会的对象，即“市民”——黑格尔用法语在括号中标明为“bourgeois”。作为单纯的（即自然的）人，人就是需要者，作为需要者，他就是私人，即作为 bourgeois 的市民。人（Mensch）和市民（Bürger）不再像在 18 世纪那样彼此对立；相反，在现代市民社会，bourgeois 将人（Mensch）包含于自身。

在历史概念这个改变了的结构中，还隐藏了一个进一步的联系：欧洲革命与古老的古今之争之间的联系。这里，这个联系只是通过暗示得到了表达。18 世纪末的一个真正历史性标志就是，在政治学中，正是通过接受古人的政治概念，开始意识到与古代、与希腊人和罗马人的古老的市民自由之间的距离。因为在欧洲政治传统的历史中，这种接受第一次无法“应用”③ 于时代的历史实际：现代领土国家、“臣民”、城市居民、现代社会等。这种变化明显出现在 18 世纪的公民概念的问题上，也同样出现在我们即将看到的新“社会”给政治思考所带来的问题上。骤然间出现的旧概念无法应用的情况，其最典型的表

---

① 参见沃尔夫《理性哲学或逻辑学》“导论”第 3 章第 64 ~ 66 节，1740；康德《道德形而上学》第 1 部分“法权论导论”，1997；卢梭《爱弥儿》第 3 卷，1762，载《黑格尔全集》第 3 卷，1823，第 371 页。

② 《黑格尔全集》，第 8 卷，1833，第 256 页。参见接下来的限制（我们现在必须参照马克思对需要体系的普遍化以及将人固定在生产和消费之间的运动上面，阅读这种限制）：“因此，只是在这里，并且真正说来也只在这里，才在这种意义上谈到人（Menschen）。”

③ 这个概念在这里的含义，在伽达默尔 1960 年出版的《真理与方法》一书中指出的解释学的传统和本质环节的意义上使用。

征可能是卢梭的建议：将诸如"公民"（citoyen）或是"祖国"（patrie）之类的词语完全从语言中抹去。[①] 那时，德国的思想没有这样激进，人们也不知道 bourgeois 和 citoyen 之间的区别，而是满足于这样的定义：公民概念在一种"普遍的意义"和一种"特殊的意义"上得到界定。公民作为"国家的成员（civis）"，属于前者，由此，与传统模式一致，"君主自身"出现为"民族的第一公民"。[②] 人们所理解的"特殊的意义"下的公民，则是城市成员、聚居区居民（Ortsbürger），因此就是有别于贵族和农民的市民等级。现在，决定性的是，由于现代政治国家几乎铲除了 civis 的社会基础、societascivilis 当中被统治者的自治，因此也就将公民概念的"普遍意义"减损至最低。黑格尔在 1800 年前后就已经罕见地理解了这一过程，因为只有从他开始，才直接出现了 citoyen（公民）与 bourgeois（市民）、私人与扩展到所有"臣民"的国民（Staatsbürger）的并列。现在，关心"普遍物"的政府、国家与"以个人为目的"的另一端"市民"之间的现代差异同"古代伦理"及其政治实体形成了鲜明对照："同一个人既关心自己和家庭，劳动、订立契约等，同时他也为普遍物劳动，以普遍物为目的。按前一方面，他叫市民（*bourgeois*），按后一方面，他叫公民（*citoyen*）。"[③] 青年黑格尔已经在希腊城邦共和国的衰落中瞥见这一过程，并且想要在罗马法中确立市民的法律地位。毫无疑问，这里，在晚期古代的那些现象中，他尖锐地道出了他的时代问题。

在晚期柏林讲座中，黑格尔在分析亚里士多德《政治学》的最后，以史论政，比较了现代国家和唯一与之相符的现代社会现象：工厂。他在这里谈到"我们近代国家的抽象权利把个人孤立起来，允许他如此"，继而建立起一种必然的联系，以致"真正说来，没有人具有整体的意识，或者为了整体而活

① 参见卢梭《爱弥儿》第 1 卷，1762，载《黑格尔全集》第 3 卷，1823，第 15 页。

② 对此，参见当时影响很大的哥廷根法学家谢德曼特尔（Scheidemantel）《德国国家法和采邑法》（*Teutsches Staats-und Lehnrecht*）第 1 部分第 2 节，1782。同样，阿亨瓦尔（Achenwall）也说，邦君并不完全在市民社会以外，而是"要把自己当作国家最杰出的公民（civiseminens）"，《欧洲帝国的国家宪法》（*Staatsverfassung der europaischen Reiche*）1752，第 2 页。俩人的真正问题是公民和臣民的关系，因此就是公民的政治概念，因为"我们发现有许多臣民不是公民，比如外邦人或者奴隶；其他一些人既是臣民，也是公民。相反，也有不是臣民的公民，如君主"。（《德国国家法和采邑法》第 1 部分，第 439 页）

③ 黑格尔：《耶拿讲座》（1805～1806 年），J. 荷夫迈斯特编《耶拿实在哲学》第 2 卷，1931，第 249 页。黑格尔还加了边注，将这些词语转译到特殊的德国语境："小市民（Spieβbürger）和帝国公民（Reichbürger），两者形式上都是市民。"

动；他为整体而工作，但是不知道他是怎样为它工作的，他只关心他个人的保护”。这里，黑格尔指出了近在眼前的现代工厂形象。在现代工厂，就像在国家和社会中一样，整体活动的生命分散开来，分成不同的部分：“这是一种分工的活动，在这种活动中，每个人只占一份；正如在一个工厂里面，没有人自己单独制造一件完整的产品，每个人都只制造产品的一部分，不懂得制造其他各部分的技能，只有少数几个人才把各部分装配成一件产品。”只有古代产生的那些自由人民，才有整体的意识并为它而活动，现代人作为个人本身就是不自由的——“市民的自由就是不需要普遍的事物，就是孤立的原则。但是市民的自由（我们没有两个词语来表达 bourgeois 和 citoyen）是一个必然的环节，那是古代国家所不知道的。”①

## 三

然而，黑格尔直到晚年才完全洞见这个环节的历史必然性及其积极价值。因为毫无疑问，他只有在 1820 年前后，才通过《法哲学原理》的“市民社会”部分“把握”到欧洲社会和政治制度内部的这种根本变化，并且这种“把握”恰恰来自他对这种变化所做的系统的富有成果的论述，而不像他在伯尔尼、法兰克福和耶拿开始经济学和政治学研究之后，仅仅对其进行断言而已。只要浏览一下耶拿时期他的文章、摘录和讲座，就会立即发现，根本而言，他从英国人和法国人的著作的研究中所得到的事实以及他对现代社会制度的理论洞见同他对古代文化遗产的创造性接受漫无关联地混杂在一起。由此，如前述，市民（bourgeois）与罗马帝国时期并置，同时，与希腊“政治生活”（politeuein）的“绝对伦理”相对立，从斯图亚特、斯密和李嘉图那里摘录的社会、需要、劳动和占有的经济领域获得了“相对伦理”的名称，并且作为古代悲剧和喜剧的背景出现，而对一般劳动制度的分析要么直接在“人民”和“政府”的标题之下进行，要么彼此独立，出现于人与自然的“实践”过

① 《哲学史讲演录》第 2 卷，K. L. 米希勒编辑，《黑格尔全集》第 14 卷，1833，第 400 页。（中译文参见黑格尔《哲学史讲演录》第 2 卷，贺麟、王太庆译，商务印书馆，1960，第 364～365 页。——译者注）

程的框架之下。[①] 除了倾慕不已的古人鲜活的文化传统以外，黑格尔也直接指出了劳动和分工、机器、货币和商品、贫与富这些现代人的铁的事实，但未能深入它们的概念之中，或者至少未能将它们系统地结合起来。在耶拿时期，黑格尔似乎拒绝将这个凌乱世界的丰富内容结合起来，建立起他后来称之为人类世界的历史领域的“客观精神”的类别。另一方面，当他首次在1817年《哲学全书》初稿中试图结合古代和现代而建立这种内容方面的类别时，概念构造的古典化风格令他总是无法对现代状况做出到位的阐述，特别是在与该著1827年第2版进行对比时，这一点就非常明显。唯一论及这一主题的海德堡《哲学全书》第433节只谈到“普遍作品”及其特殊化为“诸等级”。尽管家庭表现为“个别性等级”，但是其作品为“特殊定在的需要，而其切近的目的是特殊的主体性，但是，要达到这一目的则以其他一切人的劳动为前提，同时也会影响到这一劳动”的领域，还不是后来的“市民社会”，而是“等级”，更确切地说，是（如其模糊所言）“特殊性的等级”。[②] 因此，对于社会领域，我们可以说，黑格尔正是通过近代经济与社会的概念结构与希腊城邦生活的概念结构之间的巨大差距，才达到了他对自己的历史地位的认识。正是由于旧政治学领域的古代传统概念无法应用于革命世纪的社会状况，黑格尔1820年前后才构造出“市民社会”概念，作为国家和家庭之间的差异领域。因为在1820年《法哲学原理》面世以前，他既没有用过这个词语，也没有用过它的概念上的根本含义。因此，罗森茨威格提示的他在学生时代对舒尔策的《一切科学简论》摘录和弗格森的《文明社会史》是不正确的，因为在这两种情

---

① 参见《哲学批判杂志》第2卷第2期，1802，第79页。G. 拉松编《政治学与法哲学著作集》，第418页以下，以及第464页以下，首先参见1803~1804年《耶拿讲座》（J. 荷夫迈斯特编《耶拿实在哲学》第1卷，1932，第220页及以下，第236页及以下）和1805~1806年《耶拿讲座》（J. 荷夫迈斯特编《耶拿实在哲学》第2卷，1931，第197页及以下，第231页及以下）。

② 《哲学全书》第433节，1817，（引文中译引自黑格尔《哲学科学全书纲要》，薛华译，上海人民出版社，2002，第309页——译者注）。——对此，可以参考黑格尔于《法哲学原理》出版之后在《哲学全书》第2版（1827）中对这一段所做的重要改动（第513节以下）。这里，同在其他地方一样，由于“伦理”这一术语与近代家庭、市民社会和国家的发展联系起来，而历史化了（第552节）。而在耶拿时期末，在《精神现象学》（1807）中，对古代和现代的最早的历史图式化就已经出现，因此，罗马法状态便位于阿提卡共同体之后（在“真实的精神，伦理”部分），以及国家权力和财富的二元论表现为17、18世纪的特殊现象（在“自我异化了的精神，教化”部分）。

况下，讨论的都是旧的传统概念（尽管已非其本来面目）。在罗森茨威格明确提到的地方，舒尔策考察的是旧的意义上的市民社会，用他的话来说，就是“公民国家”的宪制。因此，对舒尔策来说，从“市民社会的普遍概念”只是产生了“在上者的权力和司法权、顺服、奖惩之类的特殊概念”。① 弗格森同样在与“政治社会”相同的意义上使用这个概念（第 3 部分，第 6 节），但在这个标题下，在广泛阐述（首先是斯巴达、雅典和罗马的）政治状况之余，也对“艺术和科学”进行了阐述。

如果这就解释了黑格尔的市民社会概念的外在起源的话（此诚为可疑），也依然有问题未获解决：黑格尔为何只在学生时代的摘录和早期神学政治片段中使用这个概念②，其后却从未在其著作的其他地方用过它。在他的著作中，情况是这样的：黑格尔与大约自 1780 年以来在克劳斯（Christian Jakob Kraus）、根茨（Friedrich Gentz）、洪堡（Wilhelm von Humboldt）、胡弗兰德（Hufeland）等人③处出现的 societas civilissive civitas 的古老表达的消退甚至消解相一致，用“国家社会”（Staatsgesellschaft）来表述之。这个措辞非常清楚地表明，他不再使用旧的市民社会的概念，但是也还没有使用他自己的新概念。按照《纽伦堡哲学入门》，这个所谓的国家社会分为家庭和国家，前者是“自然社会”，后者是“人们通过法律关系形成的社会”。两者之间还没有后来所言的“市民社会”，因为“家庭的自然社会扩展为普遍的国家社会，它既是一个通过自然建立的联合，也是一个通过自由意志进入的联合”。④

然而，对于黑格尔的思想世界来说，这些处于《耶拿讲座》和海德堡《哲

---

① 舒尔策：《一切科学简论》，1759，第 189 ~ 190 页。

② 参见《神学著作集》，1907，第 41 页以下、第 44 页和第 191 页，在这些地方，“市民社会”（bürgerliche Gesellschaft）依 18 世纪末的用法，与“国家”同义。就此而言，Rolf. K. Hoč evar 在《青年黑格尔论等级制和代议制》（*Stände und Repräsentation bei jungen Hegel*，München，1968，即《慕尼黑政治学研究》第 8 卷）第 9 页第 23 条注释以及第 201 页第 79 条注释对我的主张所提的反驳就是站不住脚的。《神学著作集》第 191 页的这个句子特别明显地表明了这个词语的传统用法“在市民社会的本性中……个人的权利变成了国家的权利”。这里，黑格尔的原型是门德尔松（Moses Mendelssohn）《耶路撒冷》（*Jerusalem*）1783，引自莱比锡版，1869，第 132 页以下、第 146 页。

③ 对此，参见《市民社会》，载《近代政治 - 社会概念词典》（*Lexion der politisch-sozialen Begriffe der Neuzeit*）第 2 卷，O. Brunner、W. Conze、R. Roselleck 出版，1970。

④《纽伦堡哲学入门》（*Nürnberger Propädeutik*），《黑格尔全集》第 18 卷，1840，第 47 页以下、第 199 页。

学全书》之间的纽伦堡中学预备课程，意义非常有限。由于在这些课程中“市民社会”了无踪影，因此它们就只是征兆性的。只有到了1817年以后，也就是抛弃了古代化的政治概念构造以后，黑格尔在耶拿时期获得的实际认识，即在古代的政治遗产以外，随着近代“社会”和“市民”（bourgeois），出现了一种与古典世界对立的不同现象，才成为对现代国家制度内部结构的原则性的历史洞见。1820年，黑格尔将他1805~1806年在“个别劳动者”领域所见到的以及（这里，如果愿意的话，也总归是“古典的”）仅仅限制于这一领域的东西——“他（劳动的个人——M. 里德尔）在普遍物中有其无意识的实存；社会是他的自然，他依赖于社会的基本的、盲目的运动。这种运动从精神上和肉体上维系他，或扬弃他”① ——在概念上表达为“市民社会”以及对于市民社会来说同样典型的基本必然性。市民社会包含了市民（bourgeois）的“市民自由”、他的部分的依赖于“体系”的定在，在历史哲学讲座中，黑格尔谈到了这种定在。这样看来，黑格尔将“市民的”和“社会”组合成政治哲学的一个基本概念，绝非偶然。这个概念，尽管外在地看，与亚里士多德的koinonia-politike（政治共同体），博丹、梅兰希顿或者沃尔夫的“市民社会”（societas-civilis）和康德的“市民社会”的传统相一致，但其产生却恰恰以与这个传统的完全断裂为前提。就此而言，我们可以完全正当地说，一般而言，在黑格尔以前，甚至在他1820年以前的著作中，都不存在现代意义上的市民社会概念，只有通过这个概念，他才可能以一种影响重大却又必然的富有成果的方式解决前面提到的“应用”问题。由此，在政治哲学的结构内，自博丹为主权概念奠基和卢梭提出公意以来，黑格尔做出了最为重要的改变。在他之后不久，这一改变即成为现代人的真正问题。

## 四

黑格尔用“市民社会”对时代意识所造成的改变，绝不亚于现代革命之后果：通过政治集中于君主国家（更确切地说，革命国家），产生了一个去政治化的社会，并且其重心转移到了经济上面。在同一时期，随着工业革命，这

① J. 荷夫迈斯特编《耶拿实在哲学》第2卷，1931，第231页。

个社会在“国家经济学”（更确切地说，“国民经济学”）中经历了这种转变。唯有在这一过程中，欧洲社会的“政治”和“社会”始告分离。在此前古代政治的古典世界，“政治”和“社会”的意义相同：托马斯·阿奎那所言的 communitas civilisive politica，洛克所言的市民社会或政治社会。黑格尔自己也完全知道市民事务与政治事务的这种古老统一，在《法哲学原理》中还谈到了这两个词语在原始意义上的统一。他在第 303 节言及市民等级的、非政治的社会的现代观念及其与旧的政治等级的差别时说道：“尽管在这些所谓的理论看来，一般的市民社会等级与政治意义上的等级相去甚远，然而语言却仍然保持了先前本来就有的这种统一。”[①] 黑格尔这里反对国家与社会对立的自由主义革命观念，但这并不能改变这一事实，即他在概念上比反对国家的自由主义运动还要尖锐，认识到了现代革命与“市民社会”的联系，并将其表达出来。因为黑格尔开始阐述市民社会的第一段，即《法哲学原理》第 182 节，便从孤立的个人、从 19 世纪早期在政治制度上得到了解放的社会（因而成为前述意义上的“市民社会”）的私人这种事实出发，明确表达了当时出现的旧的市民社会传统的瓦解：“自身作为特殊目的的具体个人（Person），作为各种需要的整体以及自然必然性和任意的混合体，构成市民社会的一个原则，——但这个特殊的个人本质上与其他的同类特殊者相关联，从而每个人都通过他人，并且同时完全只是作为经过了另一个原则（即普遍性的形式）中介了的，产生影响并得到满足。”[②] 通过这一段话，之前已经解放了的西欧社会的功利原则及其出现在曼德维尔和斯密那里经济模式、狄德罗和爱尔维修的个人利益、边沁和富兰克林的自利便以德国哲学的形式出现了。这里，结果也完全一样：在个人与个人之间，产生了一个独立的基于利益的关系网络。正如黑格尔在下节所言，市民社会的两个原则“在其实现中的利己的目的”与它的活动条件，即利己的“普遍性”，建立起“一个在所有方面相互依赖的体系”，并且是这样的：“单个人的生活和福利及其权利的定在，都同所有人的生活、福利和权

① 参见《黑格尔全集》第 8 卷，1833，第 398 页。马克思自然会在其对黑格尔《法哲学原理》的批判性评论中注意到这句话，因此他立马写道：“因此，我们可以推论，现在这种统一已不复存在了。”（《黑格尔国家法批判》，1843，引自 MEGA 第 1 版第 1 卷第 1 册，第 487 页）

② 《黑格尔全集》第 8 卷，1833，第 246 页。下面的解释参见《黑格尔〈法哲学原理〉中的传统与革命》，《哲学研究杂志》（*Zeitschrift f. philosophische Forschung*）第 16 卷第 2 期，1962，特别是第 218 页以下。

利交织在一起，建立在所有人的生活、福利和权利的基础上，并且唯有在这种联系中，单个人的生活和福利及其权利的定在才是现实的和有保障的。”① 要能够由此出发理解社会之为“市民社会”的描述，我们阅读第 183 节时，就必须对照第 187 节。第 187 节的第一句话是：“个体，作为这种国家的市民，就是以其自身的利益为目的的私人。”然而，这些私人性市民个人的单个利益所追求的目的建立在所有利益目的的内在联系之上，因此，要达到单个利益的目的，个人就必须按照那种“普遍的方式”界定他们的意向和行为，从而利益的联系、“社会”直接出现在他们的对面，同时他们自己亦如黑格尔所言“使自己成为这种社会联系之链上的一个环节”。②

正是这个普遍依赖的体系及其联系之链，发展出了有别于国家的、从需要和劳动的土壤中生长起来的并且通过其活动不断产生的“私人”（第 187 节）之间的关系网络——“社会”（在该词的现代意义上）。黑格尔在其时代（1815 年到 1830 年之间）的社会架构下（此时，社会尽管依然与等级相连，但已脱离了政治国家），详细阐述了社会的内部划分：经济上的需要的体系（第 189 ~ 208 节）、私法上的司法（第 209 ~ 229 节）以及通过警察和同业公会（第 230 ~ 256 节）实现的国家中的政治 - 伦理整合。这个社会表现为“市民的”，因为它根本上已经逐渐演变为由私法调整的“作为私人的市民”的利益体系；它依然是政治的，实际上只是就它通过等级的和同业公会的团结，在与“警察”的联系中，自我运行在一个相对稳定的秩序体系当中而言的。

因此，我们必须认为黑格尔对市民社会的这种论述（这一论述并非如通常理解所认为的那样，特别着眼于普鲁士，而是一般地着眼于 1815 年后从革命“倒退”的时代③）是整体性的，也是历史性的。可以说，它是一次伟大的尝试，既不将“社会”建构为基于劳动和享受的需要体系，也不将其建构为一种旧的欧洲社会的安于旧的政治状况、安于统治和依附的自然因素，而是对

① 《黑格尔全集》第 8 卷，1833，第 247 页。在《哲学全书》第 2 版和第 3 版中，黑格尔将市民社会简称为“原子论体系”。参见《黑格尔全集》第 7 卷，第 2 册，1845，第 395 页。

② 《黑格尔全集》第 8 卷，1833，第 251 页。对这种联系作为一种“社会联系”的描述它“是所有人都从其中得到他们的满足的普遍财富”。参见《哲学全书》第 524 节（《黑格尔全集》第 7 卷，第 2 册，第 395 页）。

③ 甘斯在《自然法和普遍法史》（*Naturrecht und Universalrechtsgeschichte*）“导言”中使用了这一表述。

革命以来欧洲人类世界得到解放的“社会”存在与其“政治的”、法的和伦理的秩序进行调解，并在调解中将它们提高到其新概念上。因此，黑格尔的“市民社会”包含了19世纪的晚期“社会”、社会学和国民经济学的对象，如他自己所言的“原子论的体系”，但这只是它的最底层。需要的体系尽管开始了社会的运动，但是社会运动要由“司法”进行规范和组织，因为，诚如黑格尔在第229节所言，在司法中，“市民社会（在市民社会中，理念迷失在特殊性之中，并且陷入内外分裂）回复到它的概念，即自在存在的普遍物与主观特殊性的统一”。[①] 如果社会没有在法、伦理和政治上得到规制与团结，就不是“市民”社会。因此，黑格尔此处就司法而言的“概念”，同时也就是市民社会本身的概念。在黑格尔这里，这个概念在新的经济和私法成分（对社会来说，这些成分是构成性的）之上，依然保存了旧的伦理和政治的结构，尽管缩减为“警察”并局限于“同业公会”。因为，另一方面，社会的实体必然性，即警察和同业公会两者对它的“调整工作”（第236节）和“伦理化”（第253节“补充”），便在同业公会中将古典世界的实质、“伦理的力量”（第145节）制度化了，并在警察中将“政治制度”理性化了。但这也同时表明了黑格尔思想的历史穿透性，即他正好将警察和同业公会这两种秩序要素纳入他对市民社会的阐述之中。

对我们来说，将这两个概念相提并论，不仅不恰当，而且更是不可理解：“同业公会”具有古代意味，“警察”则极具现实意味。而如《法哲学原理》所示，黑格尔通过它们描述的事情，并不能立马表明二者之间的内在亲和性及其与市民社会的变化形态之间的历史联系。要指出这种——对黑格尔的特殊概念来说恰好是构建性的——联系，我们就必须透过他的描述，回到直到18世纪为止的强大的古代政治学传统，追问其中的“警察”和“同业公会”究竟为何物，以及黑格尔本人还在多大程度上意识到它们的结构。

首先要说明的是，《法哲学原理》意义上的警察概念跟我们所说的警察概念的关系不大。这个概念最初随着17、18世纪近代国家的制度化和官僚化而得到接受，包含了国家对内部分化开来的社会进行的一般管理。就此而言，它是旧的“市民社会或国家”（societas civilissive civitas）分化为“国家”和

---

① 参见《黑格尔全集》第8卷，第293页。

“社会”领域的概念上的对应物。更准确地说，它在管理的手段中标明了去政治化了的社会与政治国家之间的中介。“警察”本身就是变成了国家行政的旧政治，它将市民社会的政治制度及其统治技术表达了出来。① 当青年黑格尔在1805～1806年《耶拿讲座》中将现代“警察”同政治的起源、古典希腊哲学的Politeia联系起来时，还清楚意识到这种联系：“这里，警察来自Politeia、公共生活和统治、整体自身的行动，然而现在已经降格成为整体提供各类公共安全、保护企业反对欺诈的行动。”② 警察就是国家和社会之间的差异得以出现并且不断得到调解的形式：它似乎是在市民社会的独立形态中唯一可能的“政治”结构，即行政管理，如《法哲学原理》第235节所言的“公共权力的监督和照管”。③ 作为“普遍物的保证力量”（如果愿意的话，也可以叫作市民社会的“概念”的保证力量），警察要与市民社会的“不可阻挡的活动”、“快速发展的人口和工业”、“财富的积累”（第243节）以及“大量群众下降到一定生活水平之下”（第244节）作斗争。这里，浮现在黑格尔眼前的——首先是英国（第245节注释）——是“产生了贱民”的“群众”，在他看来，这些人将会炸裂作为“市民的”（亦即伦理上有序、政治上受到约束的）社会的社会形式。以前，野蛮的原始民族、家奴、日工和手工艺人处于旧的市民社会以外，现在则是贱民，但在黑格尔这里，与政治学的哲学传统不同，贱民不

① 18世纪下半叶是“警察学”的伟大时期，1830年，青年摩尔（Robert von Mohl）仍以大部头的警察学论述开始其国家法研究。当时的著作有冯·尤斯蒂（J. H. G. von Justi）《警察学原理》（*Grundsätze der Polizeywissenschaft*，1756－1759）、冯·佐能菲尔斯（J. von Sonnenfels）《警察原理》（*Grundsätze der Polizey*，1765）、冯·法伊菲尔（J. F. von Pfeiffer）《自然的、产生于社会的终极目的的普遍警察》（*Natürliche*，*aus dem Endzweck der Gesellschaft entstehende allgemeine Polizey*，1779）、何思希（K. G. Rössig）《警察学教程》（*Lehrbuch der Polizeywissenschaft*，1786）、雍（J. H. Jung）《国家警察学教程》（*Lehrbuch der Staatspolizeywissenschaften*，1788）、洛茨（J. F. E. Lotz）《论警察的概念》（*über den Begriff der Polizey*，1807）等。参见迈耶尔（H. Maier）近著《旧德国国家学和行政学（警察学）》［*Die ältere deutsche Staats-und Verwaltungslehre*（*Polizeiwissenschaft*），Neuwied/Berlin，1966］。

② 参见1805～1806年《耶拿讲座》，J. 荷夫迈斯特编《耶拿实在哲学》第2卷，1931，第259页。

③《黑格尔全集》第8卷，1833，第296页。——参见与我们的解释相应的第249节对警察的规定：“作为一种保护和保障大量特殊目的和利益的外部秩序和机构，警察的职能（polizeiliche Vorsorge）首先是实现和维持包含于市民社会的特殊性之中的普遍物，使这些特殊目的和利益存在于这种普遍物之中。其次它作为上级领导，也要照顾超出这个社会之外的利益”。（第246节）基于黑格尔这里的前提，洛伦茨·冯·施泰因在1850年后写下了他的重要理论，并且为国家管理的社会进行辩护（《行政法》，1869年及以后）。

再表现出这种传统由以获得其历史合法性的积极限制。相反，贱民的存在要求国家行政（即“警察”）去限制社会的“不可阻挡的活动”，并用市民社会去整合它（因此黑格尔的市民社会就还不是 1840 年前后的早期社会主义者所言的固化了的阶级社会、“资产阶级社会”或者“布尔乔亚社会”）。

市民社会的第二种制度，即同业公会，既与市民社会的解放有关，也与政治蜕化为警察有关。如果说警察是古典政治的“降格”形态的话，那么同业公会就会让人想到古老的家庭团体（Oikos-Verband），想到“家庭社会”。随着市民社会的内部转型，家庭的“经济上的”和伦理－实体性的秩序失去了基础，因此黑格尔也就不再像康德那样讨论“家庭社会的法”，而只谈到在“作为婚姻的它的直接概念的形态”、在其“外部定在、所有权和财产”、在“子女教育和家庭解体”之中的“家庭”（第 160 节以下）。黑格尔《法哲学原理》表达的是崭新的、不再与家庭的经济细胞相连的家庭概念，并且意识到了为“经济学”的市民社会做好了准备的历史变化。因为有别于政治学的古典传统（对这种传统来说，市民社会居于家庭社会之上），在黑格尔看来，家庭在“市民社会中是一个从属的东西，只构成基础：它不再有如此广泛的活动范围。反之，市民社会则是将人扯到自己这里来的巨大力量，它要求人们为它劳动，人们的一切都通过它，并依靠它而活动”。[①] 在现代，家庭社会的成员从家庭中被“扯了出来”，成为“市民社会之子”，市民社会用它自己的土地“代替了个人赖以为生的父辈土地”，使整个家庭的存在都依赖于它，听任“偶然性”支配。[②] 现在，黑格尔认为市民社会的运动原则，它在经济学领域中的“广泛活动”，首先在“营利等级”、在市民等级中得到实现。农村大量地保存了旧的经济形式、家庭生活的“实体性”，而在城市，“个人没有等级尊严，通过它的孤立而沦为利己的工商业者，他的生活和享受也极不稳定”。[③] 在黑格尔看来，同业公会就是这种持存者，是在“市民社会的劳动制

---

① 参见《黑格尔全集》第 8 卷，第 238 节“补充”，第 299 页。

② 《黑格尔全集》第 8 卷，第 238 节，第 298 页：“首先，家庭是实体性整体，它的职责在于照顾个体的特殊方面，一方面为他提供手段和技能，使他能够从普遍财富中获利，另一方面在他失去工作能力时，维持他的生活和赡养。但是，市民社会把个体从这种联系中揪出来，使家庭成员之间彼此生疏，并承认他们都是自立的个人。”

③ 参见《黑格尔全集》第 8 卷，第 250 节和第 253 节，以及社会的城乡划分——“前者是市民工商业、完全沉入自身并且个别化的反思的所在地，后者则是以自然为基础的伦理的所在地”——与第 256 节国家的推演有关。

度”及其运行之中的唯一稳定者，因此就是那些劳动中孤立起来的个体的“共同体”。因此，这种稳定物就不是一个固定的等级，因为在这里，在市民社会的劳动制度中，“由于等级不再存在”，所以没有人还在按其等级而生活。[①] 毋宁说，同业公会是旧的家庭共同体的延伸，如第252节所言，它作为“第二家庭”出现，以反对社会运动的偶然性和特殊性，“对于一般的、比较远离个人及其特殊急需的市民社会来说，这种地位有待于进一步规定”。在它的这种地位中存在着其实存的“伦理根据”，尽管控诉“贱民的产生与之相联的工商业阶级的奢侈浪费”以及“劳动的日益机械化”（第253节），这种伦理根据似乎向黑格尔证明了它的正当性。

显然，同业公会和警察相对于市民社会的这种“地位”（采用黑格尔的说法）是与18世纪以来市民社会在现代世界中变化了的地位相吻合的。因为如开头想要表明的那样，旧市民社会从自身出发，包含了一种与经济和政治领域的关系，它的形态即产生于这些领域。旧的市民社会坐落在家庭社会及其归属的经济之上，并与之相对照，生长在政治即公共领域的土壤，只有“经济上”独立的社会成员才能进入这一领域。相反，黑格尔第一次在原则上将现代市民社会作为主题，并将其提高到概念意识中。此种市民社会将革命以前的旧欧洲世界的实体性的经济和政治秩序结构降格为偶性，其所以如此，是因为它自己成为私人生活和公共生活的实体。社会将其政治部分交给国家，仅仅从传统政治那里保留了警察，作为它自己的基本运动的管理和秩序功能。随着工业企业的发展，旧家政学的“稳定的东西”、家庭团体解体了，因此市民社会试图将那些在城市的劳动分工中孤立存在的个人重新联合为一个共同体。这样，随着革命而得到解放的社会便在警察和同业公会中恢复了传统的伦理－政治因素，基于此，它也就能够将自己建立为一个“市民社会”。我们可以跟黑格尔一起说，它们是“市民社会的无组织分子绕之旋转的”[②] 枢轴。通过政治学传统加给其制度的限制，黑格尔阻断了市民社会成为“需要的体系”所勾勒的现代经济社会的趋势。因为社会作为需要体系就是无组织的市民社会，由此也就不

① 《黑格尔全集》第8卷，第253节，第309页。

② 《黑格尔全集》第8卷，第255节，第310页。——在黑格尔那里，这句话仅涉及家庭伦理（婚姻的神圣性）和同业公会（个人在同业公会中的尊严），但同时一般而言，也为市民社会第三部分奠定了基础。

再是黑格尔所理解的，并在《法哲学原理》中加以阐述的市民社会概念了。

黑格尔通过在概念上将现代的决定性的历史 - 政治过程——社会与国家的分离以及社会中的传统和现代的交互关系——表达出来，思考市民社会的现代形态，同时通过更加古老的结构去限定其实质力量——尽管只是“偶然地”，并且仅仅针对他自己的时代。可以说，唯有在这里，在一个既进行中介同时又运动着的、突破了中介的中心，《法哲学原理》的“市民社会”才历史性地产生出来，并且具有了其真正的概念地位。

# 现代伦理生活：一种共和主义的解读

君特·措勒 文/倪逸偲 译*

［内容提要］ 本文着眼于从政治哲学的角度去理解现代伦理生活，并指出现代生活的形式的伦理基础必须在共和主义的框架下，伴随着现代生活的法律与公民基础而被理解。一种现代的伦理生活必然能够建构公共权利，同时也不简单地将公民权利从伦理生活中排除出去。本次演讲也将会利用来自欧陆伦理思想的历史资源（黑格尔，康德，卢梭）。

［关键词］ 伦理生活 市民社会 国家 公民 共和制

"……这种风俗，

我却以为把它破坏了倒比遵守它还体面些呢。"

——莎士比亚：《哈姆雷特》，第一幕，第四场①

我计划演讲的主题是我们这次会议三个主题之一的伦理生活。我将从政治哲学的视角切入，并关注一种特定的现代生活形式。这种形式就本质来说并不比法制的或者公民的形式更伦理，而且被共和主义的政治哲学所塑造。

---

* 君特·措勒（Günter Zöller），1954年生，德国慕尼黑大学哲学系近代哲学史教授，著名德国哲学研究专家，在康德与费希特哲学研究领域有卓越的建树，写有研究论文350余篇。本文为措勒教授于2016年10月为复旦大学哲学学院六十周年院庆大会"哲学与现时代"所作的专题演讲。倪逸偲，江苏南通人，1994年生，北京大学哲学系外国哲学专业博士研究生。2017~2018学年在德国巴登－符腾堡基金会资助下赴德国图宾根大学哲学系访问学习。感谢清华大学社会科学学院周若威对本文的细心校对。文中所有注释均由译者添加。

① 参见《莎士比亚全集》第9册，朱生豪译，人民文学出版社，2014。

## 一　黑格尔论伦理生活

“伦理生活”这个术语，在英语中专门对应黑格尔《法哲学原理》（1820）中的“伦理”（Sittlichkeit）概念，是用来传达习俗或者伦常（德语中的 Sitten）[①] 的功能的。这些传统的纽带通过共同的实践与行为规则将一个社会的成员约束在一起。人们对这些纽带往往只是不加反思地遵守，而不是有意服从和明确认同。无论合时宜与否，黑格尔对这个术语的返回意在表达对共同体的凝聚力的需要与需求。而这种共同体的凝聚力，如黑格尔本人一针见血地指出的，存在于现代生活分离与分裂的特征之中。

然而黑格尔式的伦理生活并非对前现代生活“伦常的道德性”（这个短语是尼采使用的）特征的过时追忆，而是对由一种先前存在但长久丢失的生活形式所引发的碎片化现代生活的批判性思考。那种生活形式，早于实定法从公共精神中的系统分离，早于法律从伦理中的系统分离，也早于私人从公共、个体从政治中的系统分离。因此，黑格尔体会并宣扬的现代伦理生活：不是原始粗糙的，而是复杂缠绕的；不是同质的，而是异质的；不是单一的，而是多元的；不是怀古的，而是咏今的。

黑格尔《法哲学原理》（尽管标题简短，但这本书既是一部法律与政治哲学，同时也是一部道德哲学和社会哲学）中的伦理生活首先包括了家庭，这种私人拥有、经营的共同生活（希腊语中的 oikos，也即是“经济”）包含了亲戚与仆人，以及作为一个社会经济单元的功能，与晚期现代资产阶级“原子化”小家庭相对立；其次包括了贸易、竞争与秩序［civility，黑格尔在一个更古旧的，现已弃用的意义上使用术语“公共秩序”（Polizei / police）[②] 来描述之］的社会领域，黑格尔的术语称为“市民社会”（bürgerliche Gesellschaft

① 此处将德语的 Sitten（英语中的 mores）翻译为“伦常”，以区分于黑格尔对于伦理（Sittenlichkeit）、道德（Moralität）等概念的独特理解。关于康德与黑格尔对这些术语的区分使用的细节，参见先刚《试析黑格尔哲学中的道德和伦理问题》，《北京大学学报》（哲学社会科学版）2015 年第 52 卷第 6 期。

② 德语中的“Polizei”一词来自古希腊语中的“politeia”，有“公共管理/秩序”（Staatsverwaltung）的含义。现代意义上“警察”一词的含义即来自此。

/ civil society)[①]。市民社会处于一种概念运动中。这种概念运动被用于区分：那种特别的政治社会，即“国家”（Staat），以及与之相伴的自由（“政治自由”）；与那种社会-市民的、非政治塑造的公共领域，这样的公共领域是为了其他形式的自由，即“个人”自由与“市民”（civic）[②] 自由能够公开运用而被创造、保留的。

诚然，黑格尔对伦理生活的三分式解读所分疏出的不同领域——家庭，市民社会，与作为“外在国家”或者“政治国家”的国家——并不是毫不相关、彼此抽象对立的。恰恰相反，就黑格尔对社会事务的理解而言，这三者是密切相连，甚至相互结合的——在两种方式上并从一个二重视角展开。从历史的角度看，那些后来的领域建立在先前的领域之上，以它们为预设，并超越了它们。在这里，黑格尔遵循了先前对于一般人类历史，尤其是对社会历史的发展式的解读模式。关于社会形成问题的起源观点的代表性先驱当数亚当·弗格森（Adam Ferguson）[③] 影响深远的《论市民社会的历史》（1767）。其中弗格森追溯了从部落社会到市民城市化生活形式的文化进程，并佐以前市民社会的例证。（在那个年代）弗格森对这些例证仍然十分熟悉，因为他精通盖尔语，并经常前往苏格兰高地旅行。

系统地从概念角度看——“概念”（Begriff / concept）是黑格尔用来表述一样事物的逻辑本质的专门术语——从家庭到市民社会直至国家的历史顺序必须被重审甚至颠覆。逻辑上来说，作为社会生活具体理念（Idee / idea or conception）[④] 的国家是首要的，而其他所有，显然是社会生活的先前的形式，

---

① 文中出现的非英语术语标注全部来自作者本人，为方便理解，将非英语术语原词与英语对应词一并列出。

② 作者在文中区分了康德与黑格尔对于“bürgerlich / civil or civic”的不同理解。一般来说，在黑格尔的意义上，“bürgerlich”指的是伦理生活中的“市民（的）”，而这个表述本身已经包含了作为国家的一个成员的“公民（的）”（civic）含义；而对于更多受到古典共和主义传统影响的康德来说，“bürgerlich”应当仅仅被理解为一个共和国内的“公民（的）”（civic）而非“市民（的）”（civil）。此处作者在黑格尔意义上使用的“civic”应当作“市民（的）”理解。

③ 亚当·弗格森（1723－1816），18 世纪末 19 世纪初英国哲学家、语言学家与历史学家，苏格兰启蒙运动的代表人物。代表著作即为 1767 年出版的《论市民社会的历史》（*An Essay on the History of Civil Society*）。

④ 这里作者区分了使用了黑格尔意义上的“Begriff”（中文中一般译为“概念”）与“Idee”（中文中一般译为“理念”）两个不同的术语。一般来说，黑格尔哲学中的“理念”的层次更高，指的是“概念及其现实化”。

也只能是某些方面或者环节（moments）。这些环节没有自身的实体性存在，只有在作为建构国家的复杂构成的不可或缺的因素时，才具备功能上的重要性。此外，伦理生活的逻辑理念与其自身发展维度或历史相伴。尽管就时间先后而言，作为理念的国家是那个在幕后指导甚至驱动着“实在”（real）——更或者“现实”（wirklich / actual）的概念，但是在这之中甚至之前，社会化生活的历史展开就已经贯穿了从作为“自在”存在的国家理念到变得更加“自为”直到最后成为“自在自为”的终点的整个跨越进程。

从黑格尔结合了历史与逻辑的观点来看，具有这般特点的国家就是现代国家：系统地说，国家本身已经是“自在”的了；而历史地说，国家是“自在自为”的。在黑格尔的观点中，其他先前的国家形式和前政治社会形式仍然缺少完整的概念内容，也缺少后者的绝对充分的现实化。对黑格尔而言，作为理念的国家——语法上说，是“一个以及唯一一个”国家，即一个经由（成文的或者不成文的）宪法规定、由制度和人工手段分割主要政治权力、由法治维持的、拥有主权与领土的国家。

进一步说，黑格尔那里的伦理生活绝不是一种在现代国家中被虔敬保留下来的前现代社会化生活形式的恋恋不舍的陈迹，恰恰相反，黑格尔所理解的伦理生活本身就是一个明确的现代生活形式的宣言。这个现代生活形式，由分离的社会领域——主要是家庭，市民社会与国家——所标记，但同样地，在国家的理念下，彼此差异的生活形式整合进一个高度复杂的市民社会有机体（“伦理生活”）的进程，也形成了现代生活形式。

黑格尔的《法哲学原理》及核心的对伦理生活的概念分析，毫无保留地整合了一种对社会化生活的起源与发展的考古学式观点，与一种向着国家的普遍市民－政治终点的世界历史发展的目的论式观点——使其成为从霍布斯、洛克到孟德斯鸠、卢梭的现代政治与法律哲学，以及从维科、赫尔德到康德、费希特的现代历史哲学的集大成者。在自然法与社会契约论的孪生传统影响下，现代政治哲学倾向于只在一个狭隘的法学意义上思考国家；而稍后 18 世纪哲学史的发展则在评定人类社会化发展的起源、进程与最终目的时也考虑到文化的条件与变动中的环境。

在黑格尔无所不包的伦理生活的理念中，现代生活的文化－人类学的、市民－社会的与司法－政治的维度、导向与区分形成了整合的解释的一部分。这种整合的解释试图在自我差异的统一同时也是自我统一的差异中，去平衡统一性与差异性、同一性与多样性、同质性与异质性、单一性与复杂性、个体性与社会性。这样的自我差异的统一与自我统一的差异——一种差异中的统一，已经被耶拿时期的黑格尔以“同一与差异的同一”这一递归公式所描述。在耶拿时期，这个公式被用来定义绝对者本身。在《法哲学原理》的语境中，同样的公式则被用来强调伦理生活的绝对的维度，特别是作为“世界的绝对者”（das weltliche Absolute）的（政治）国家的绝对的维度。

## 二 从黑格尔的伦理生活到康德的公民生活

尽管黑格尔的《法哲学原理》是思辩①绝对主义式的，但在黑格尔看来，一般伦理生活的、市民社会的特别是国家的社会－公民－政治特征在政治意义上不是绝对主义式的。黑格尔以概念的方式建构出来的国家——或者（如同黑夜中的猫头鹰那般）通过现代欧洲社会的种种晚近现实被重构出来的国家，并不是一个总体的或者甚至极权政体意义上的绝对国家。无论在意图上还是现实中，黑格尔的国家都是一个自由的国家——进一步而言，就是“一个以及唯一一个”自由的国家，在这里自由会得到与其概念完全相符的实在化与现实化。

以黑格尔的国家理念为基础的自由的概念则同时是狭义与广义的——在历史意义上十分特殊，而在思辩意义上极其宽泛、非常普遍。就历史而言，黑格尔将特殊的现代自由——现代国家及其中生活的自由特征——与晚近的欧洲历史事件相连，特别是与 16 世纪早期的新教改革运动相连。而新教改革运动始于一个传奇故事：路德将批判教廷发行赎罪券的九十五条论纲张贴在了维滕堡城堡教堂的大门上（2017 年 10 月是这一传奇的五百周年纪念）。黑格尔把（路德）从绝对教权处争取自由的努力，与对每个个体独立从事宗教活动的呼吁，视为整个现代的自由特征的早期表现。在这一视角下，包括国家在内的现代伦理生活，是因新教而政治的；正如现代哲学——从康德、费希特到黑格尔本人——是因新教而思辩的。

在另一种更宽泛的、思辩哲学的意义上，自由呈现为一个系统结构。这个

① 本文将黑格尔使用的“spekulativ / speculative”一词翻译为“思辩”而不是“思辨”，以凸显其蕴含的辩证要素。

结构将自我与相同、差异与多样，在一个发展的思维形象中结合在一起。这个思维形象，将出发与返回、扩展与矛盾、离散与回归，连接甚至融合在了一起。黑格尔所谓的自由，在于伴随自身的存在与外在于自身的存在——这反过来成为并界定了“精神”（Geist / spirit）本身的特征。对于伦理生活而言，自由首先表现为个人自由，即社会确保了个人在从家庭生活到法律契约安排的私人事务中按照个人喜好行事的可能；其次是公民自由，即公民能够享受由国家通过法律赋予的权利与保护。与伦理生活中的自由相反，黑格尔对政治自由的解释——首先与国家领域相关——主要体现为免于外来干涉与统治的国家的自由，这也会间接影响到国家中的公民，因为公民的政治自由在于他们作为自己的主权国家的法律主体的地位。

详细而言，黑格尔的现代伦理生活中的自由是狭义上的，甚至是地区性的，既因为它的文化上的条件来自新教（路德宗）改革——主要在德语区与斯堪的纳维亚地区（从瑞典开始）发生，也因其对自由主义式的自由（freedom as liberty）甚至是强自由主义式的自由（libertarian freedom）的强调，实际上把现代公民从政治参与和多数统治意义上的政治自由中剔除出去了。

伦理生活在黑格尔那里的固有限制，使人不由得回到他那更为激进也更有先见之明的前辈——康德那里。康德确实从未如黑格尔一般，公开展示或发表政治哲学，而是以通俗文章、自然法与道德哲学讲义和关于实践哲学的学术论文为幌子偷偷发展、传播自己的政治哲学。康德并不以自由民主主义者与代议制政府的支持者的面目示人——考虑到长久以来民主制度都是与煽动宣传和暴民专政联系在一起的，何况直到 19 世纪欧洲大陆还缺乏现代代议制体系的实践经验，我们也不能期望康德和他同时代的人能这么做。

但康德关于法律与政治的持续思考却立足于一支独特的理论与实践传统——现代共和主义——这一传统有着更古老的根基与更现代的分支，并经过 19 世纪后期与 20 世纪的创新与实验，为所有种类的政治体系都提供了资源——从议会制、民族主义、社会主义，到极权主义、自由民主主义，再到现代共和主义。此外，康德对诸如法国大革命之类的历史因素的仔细检视，特别是对“法权”（Recht / right）① 概念的系统思考，使得他而不是黑格尔，成为

① 德语语境中的“Recht”一词同时具备“法律”与“权利”两重含义，下文会根据语境倾向酌情选择“法 / 法律”或者“权利”两种译法。

对伦理生活这一理念的参考基点。从康德出发，我们得以避免将一种探索（或者发明）的历史语境与一种正当性（或者规范性）的系统语境相混淆。

康德对于一般性现代政治思想和“伦理生活”的核心贡献，是他绝少被人研究的晚年心血之作《道德形而上学》（1797）。（康德处的）伦理生活有益于市民社会，而市民社会应当与“伦理生活”这个术语所指的那些关心并积极参与政治的“公民”（citoyens / citizens）——而非消费至上、消极懒散的小市民（bourgeois / burghers）——相匹配，这些“公民”既共同构成了国家，也与国家相互依存，一方面国家服务于他们，另一方面他们也建立并维持着合法的社会共存与公民合作，从而服务于国家。《道德形而上学》这部作品常常被人们与他早年的另一部更有历史影响力的作品《道德形而上学奠基》（1785）混同起来。《道德形而上学奠基》的视角与成就更为局限一些，而《道德形而上学》则雄心勃勃地系统展示了“法权原则”（Rechtslehre / Doctrine of Right）与“德性原则”（Tugendlehre / Doctrine of Virtue）的第一原理。

从历史与系统的角度来看，康德的法律与权利哲学——主要包含在《道德形而上学》的公共法（öffentliches Recht / ius publicum）部分中——立足于自然法与社会契约论的孪生传统，尤其受到了卢梭关于政府的契约式起源以及政府向着一个幸福的共和体（res publica / commonwealth）① 的方向发展的非共和主义观点的启发。在康德看来，政治权力的规范性基础就是卢梭式的“公意”（volontégénérale / general will），在概念上可以更精确地表述为“全体的统一意志”（unified will of all）。

然而，卢梭热烈鼓吹古典罗马共和主义所推崇的公民为了公共善献身牺牲的精神，事实上忽视了古代与现代世界之间存在的历史、社会 - 经济与地缘政治的鸿沟。康德则对共和主义的遗产给出了一个更加现代的、立法式的诠释。特别地，在康德那里，共和制政府在于法治；这样的法律要同时在个体与集体的层面上满足公民的利益与兴趣（“固有民间法”，intrinsically popular law）。此外，康德式的共和制政府还在于政府的立法机关与其符合规范的、固有的民间立法的严格区分。如同古代对于君主制、贵族制与民主制的区分所承认的那

① 无论是“res publica”还是“commonwealth”本意都指的是在一个政府下一群人的联合，也就是古典意义上的“共和”的含义。这里使用“共和体”这一译法以体现卢梭式的理想政体的特征。

样，这样的民间立法来自一个民选的、任命的或是世袭的自然人或道德人的统治。

考虑到公民已经系统参与到对共和国实体法与习惯法的制定中，康德式的共和国结合了适当平衡各种利益后对特殊利益的照顾与对公共善高于一切的追求。然而，与古典时代以及现代早期北意大利贸易共和国对古典时代理论与实践的复兴（“公民人文主义”）不同的是，在康德那里，驱动着共和主义生活形式的公共善，不再依据后果主义式的原则被理解，也不再通过幸福论式的术语被定义。取而代之的是，那个推动现代康德式共和国的创建与持续的共和主义精神——其“伦理生活”是建构性的——就是“法的精神”。这里对孟德斯鸠巨著的标题短语的使用，意味着法律的文化特质及其在空间与时间中的多重表现。如同康德所构想的那样，共和主义生活形式所预设的法律精神，是形式的也是程序的——法律精神产生于这样一种关于权利的认识：权利既关乎尊重他人及其权利的义务和责任，也关乎福利、许可与授权的权益。英美康德研究中时常把康德归入自由主义阵营；但康德对一般意义上的权利理念与特殊意义上的公共权利（卢梭的 droit politique / public right）理念的阐述，通过不断强调权利的义务性本质——权利使他人对自己负责但也使自己对他人负责的法律权力，将他从自由主义阵营中移除的同时，也将他与关注伦理生活的欧陆传统更紧密地联系在一起。在此传统中，伦理生活就其本质而言既是市民的又是公民的。

# 体验绝对精神

## ——读邓晓芒教授《黑格尔〈精神现象学〉句读》

代福平[*]

**[内容提要]** 邓晓芒教授的《黑格尔〈精神现象学〉句读》给读者带来深刻、真切、丰富的阅读体验，包括三方面：一是哲学领悟，通过听黑格尔哲学讲汉语，体验到绝对精神的默示；二是自我觉醒，窥见激动人心的“我的时代”，体验到精神成长的魅力；三是治学激励，体验到做学问的真谛是荣耀精神，对抗罪。这三方面的体验将激发读者对精神生活的不懈追求和对生命创造的无限激情。

**[关键词]** 《黑格尔〈精神现象学〉句读》 绝对精神 精神默示 体验

看啊，绝对精神的鸽子正向我们飞来！这是我阅读邓晓芒教授的《黑格尔〈精神现象学〉句读》时，内心因惊喜而产生的欢呼。

邓晓芒教授从2010年春季开始逐句讲解黑格尔《精神现象学》，讲了9个学期，加上整理讲课录音，累计历时7年，形成10卷本共540余万字的《黑格尔〈精神现象学〉句读》，由人民出版社陆续出版，到2017年9月全部出齐。这套巨著带给我的激动，如同他在《思辨的张力：黑格尔辩证法新探》第一章开篇所说的那样：“黑格尔的辩证法，当它第一次出现于欧洲近代思想

* 代福平，1973年生，江南大学设计学院副教授，博士研究生，研究方向为设计学、中西设计哲学比较、美学。

舞台之际，无论对于德意志民族，还是对于自认为达到了人类文明顶峰的整个西方思想界，都是一个奇迹，一次地震，一种从天而降的异象。”① 是的，在我看来，《黑格尔〈精神现象学〉句读》的出现，同样可以说是一个奇迹，一次地震，一种从天而降的异象。从贺麟、王玖兴先生 1961 年出版《精神现象学》中译本到今天，经过半个多世纪的发酵，在这片古老的土地上，终于酿出了精神的美酒。

作为一个哲学爱好者，曾经眼睁睁地看着贺麟、王玖兴先生译的黑格尔《精神现象学》上下册在我书架上静静地存了 20 多年。我对它的感觉是既渴望又害怕，明明知道是好书，却迟迟不能进入阅读，偶一翻开，旋即合上。除了从别处知道的那句“精神的生活不是害怕死亡而幸免于蹂躏的生活，而是敢于承当死亡并在死亡中得以自存的生活”外，我对此书究竟说了些什么话，实在一无所知。看到列宁说读黑格尔的书“是引起头痛的最好办法”②，看到国内研究黑格尔的老一辈学者说黑格尔的书如同天书般晦涩难懂，我心中既怅然又释然。小马过河，还会听到有的说深有的说浅呢，既然连革命导师和学界专家都说难，那我就不要去试了。黑格尔的《精神现象学》是浩瀚的海洋，很久以来，我只能望洋兴叹。

然而，2010 年春天，激动人心的时刻来了。邓晓芒教授在华中科技大学开讲《精神现象学》，他的学生彭超随即将视频、音频发到网上，使我得以聆听黑格尔的原文和邓晓芒教授的讲解。每个周末，仿佛我也坐在邓晓芒教授的课堂上，享受这精神的盛宴。邓晓芒教授成了我真正的老师，我则是他的网上学生。古时候有私淑弟子的自称，今天则叫粉丝。网上像我这样的邓老师的粉丝非常多。我们天南海北，都一起听邓老师讲课。《黑格尔〈精神现象学〉句读》（下文简称《句读》）每出版一卷，我都要买两本，一本看，一本珍藏，怕弄丢。这是精神的恩典，时代的馈赠啊！邓老师曾和他妹妹、著名作家残雪说：“我的很多读者说，要把我的书买尽，你出一本我买一本。很多地方看不懂，但他知道是有价值的。”③ 但估计邓老师没想到，还有我这样凡他的书都

① 邓晓芒：《思辨的张力：黑格尔辩证法新探》，商务印书馆，2008，第 11 页。

② 转引自孙正聿《哲学修养十五讲》，北京大学出版社，2004，第 8 页。

③ 残雪、邓晓芒：《旋转与升腾：新经典主义文学的哲学视野对话》第 2 卷，上海文艺出版社，2017，第 39 页。

买双份的读者。下面，我想谈谈自己在聆听和阅读《句读》过程中的体会。

## 一

语言是神圣的。黑格尔在世的时候，他是活着的《精神现象学》，他去世后，《精神现象学》就是活着的黑格尔。

当年，黑格尔的课上有学生问，绝对精神在哪里，他回答说绝对精神就在你们每一位身上。今天，我们无法穿越到黑格尔的课堂，但绝对精神借着黑格尔的文本，通过邓老师的声音和文本又一次拥有我们，我们也拥有了它。

邓老师说："当年黑格尔曾对友人说：只有一个人（他的得意门生）能够理解我，但随即又补充道：就连他也不理解我。著名哲学史家文德尔班则说，能够理解黑格尔的那一代人已经死绝了。当我在课堂上逐句解读黑格尔那些晦涩难解、如同谜语一般的句子时，当我穿透句子的表层而深入到后面的社会历史文化背景，并以此来为句子做注脚时，内心总是涌起一股隐隐的激动，觉得这部被称为'天书'（前辈黑格尔专家萧焜焘语）的旷世之谜即将真相大白于天下。"① 文德尔班说的可能是事实，能够理解黑格尔的那一代人已经死绝了，但他没料到的是，绝对精神并不会死，它会默示着一代又一代的人，在它那里与黑格尔相遇、与黑格尔共鸣，讲黑格尔没讲完的话。

邓老师解读黑格尔时"内心总是涌起一股隐隐的激动"，是他的精诚和功力所至，更像是来自绝对精神的默示：理解黑格尔的人今天仍然有。

连邓老师自己也感觉到，他在讲课过程中，随时出现的灵感和即兴冒出的语言，是写不出来的。他说："我的讲话相当于写作。尤其是上课，把好多灵感都保存下来了，那些东西要写是写不出来的。"② 讲课中出现的灵感，仿佛布道中的圣灵浇灌，使邓老师的语言在一贯的准确、清晰、丰富中，又增加了许多生动奇妙的活力。在《康德〈纯粹理性批判〉句读》前言中，他也曾这样说："有许多问题是在讲授中搞清楚的"。③ 卿文光先生（邓老师的学生）

① 邓晓芒：《黑格尔〈精神现象学〉（句读本）的翻译理念》，《中国社会科学评价》2017 年第 1 期。

② 残雪、邓晓芒：《旋转与升腾：新经典主义文学的哲学视野对话》第 1 卷，上海文艺出版社，2017，第 135 页。

③ 邓晓芒：《康德〈纯粹理性批判〉句读》，人民出版社，2010，自序第 2 页。

以句读方式讲解黑格尔《小逻辑》时也有类似的体会，并对此现象做了精彩的解释："这种事情用黑格尔哲学是可以解释的：当讲课者忘我地投入所讲授的内容时，只要它是真的内容，是客观的事情本身，讲课者忘我的投入就会使事情本身的逻辑起作用，统治支配授课者的主观思维，这就使得在讲课者的主观意识未能完全融入客观的事情本身时所遇到的困难自然消失了。"[①] 的确应该说，邓老师讲《精神现象学》和黑格尔当年写《精神现象学》，面对的都是同一个"客观的事情本身"，精神的永恒性在这里被我们体验到了。而邓老师讲课的声音，也显示出一种超越世俗的精神力量，只是在偶尔喝口水的停顿中，才让我们觉察到它的肉身凭借。

因此可以说，《句读》就是同一个精神用我们熟悉的语言向我们显示。邓老师曾强调，要让哲学讲汉语，而不是用汉语讲哲学。这是极有深意的。只有让哲学讲汉语，才意味着那普遍的精神能够临到我们。邓老师的《句读》就是让黑格尔哲学讲汉语，这不仅是指他讲课过程中重新翻译了《精神现象学》（从贺麟、王玖兴先生的译本到邓老师的新译本，黑格尔哲学讲汉语的水平越来越好了），而且是指邓老师让黑格尔针对今天的时代和中国读者，用汉语讲更多的话，不厌其烦地把他要说的话都说出来。这就是邓老师所说的"我最想做的是：黑格尔这本书究竟在讲些什么东西，一句一句地给大家掰清楚"。[②] 邓老师曾说初读黑格尔时，希望能有人帮他讲一下，讲得越多越好，只嫌其少，不厌其多。邓老师能体会到那些在黑格尔著作门外徘徊的读者的心情。

我听过这样的说法：黑格尔是神明般的人物，他写作的时候，心中是没有读者的。的确是这样吧！只是我想，作为神明本身的绝对精神，尚且要借助黑格尔这个理解者来寻找它的更多理解者，何况黑格尔，他怎么能不考虑读者呢！只不过，黑格尔如同绝对精神那样，有着足够的耐心，在等待他的理解者。正如他在柏林大学开讲词中所说："人应该尊敬他自己，并应自视能配得上最高尚的东西。精神的伟大和力量是不可以低估和小视的，那隐藏着的宇宙本质自身并没有力量足以抗拒求知的勇气。对于勇毅的求知者，它只能解开它的秘密，将它的财富和奥妙公开给他，让他享受。"[③] 这次居然被他等到了。黑格尔是

---

① 卿文光：《黑格尔〈小逻辑〉解说》第 1 卷，人民日报出版社，2017，第 388 页。

② 邓晓芒：《黑格尔〈精神现象学〉句读》第 1 卷，人民出版社，2014，第 5 页。

③ 黑格尔：《小逻辑》，贺麟译，商务印书馆，2005，第 38 页。

勇毅的求知者，邓老师也是勇毅的求知者。不同的是，黑格尔不太迁就他的读者，邓老师则在讲课中处处俯就他的读者，他要将黑格尔的晦涩化为晓畅，让更多的中国人能分享这由勇毅者探得的财富和奥妙。早在《思辨的张力：黑格尔辩证法新探》的导言中，邓老师就用黑格尔式的鼓励对他的读者说："的确，黑格尔，不朽的哲学家，已经并且继续在为人类思想的发展做出贡献。不过，只有本身在思想上奋力追求、不畏探索的现代人才能看出这一点，对于那些思想上停滞不前的懒汉说来，黑格尔则是一尊不再开口的石像，有如埃及沙漠上的司芬克斯。"① 让石像开口，让黑格尔哲学讲汉语，从而有可能让思想上的懒汉也有机会受到触动，摆脱停滞不前的状态，这是邓老师一直的愿望。

现在，这个愿望达到了。课堂内外，越来越多的年轻人开始阅读黑格尔，开始在思想上奋力追求。

在《句读》第4卷后记中，邓老师对素昧平生的"粉丝"肯花时间在网上听课并细致地整理录音所表现出的浓厚学习兴趣做出了热切的回应和鼓励："在这个物欲横流的时代，仍然有一些思想的翅膀在黑暗中振翅高飞，追寻着微弱的星光，我听到他们的羽翼在奋力鼓动，不禁感慨万千。中国人毕竟是中国人！我不知道在非西方的世界中，还有哪一个国家和民族的年轻人会对高度形而上的异族思想有如此高涨的热情和持之以恒的耐力，这些思想越是艰深晦涩，就越是呈现出巨大的诱惑力。"② 艰深晦涩的思想之所以呈现出巨大的诱惑力，就在于它本身就是绝对精神，对人类有着必然的感召力。因此，我把《精神现象学》和《句读》，都当作在绝对精神的默示下产生的，从而抱着极大的信心去体验、领会。听黑格尔哲学讲汉语，体验绝对精神的默示，这是我对《句读》的第一个体会。

## 二

然而，阅读《句读》不仅是阅读汉化版的黑格尔哲学，也是在阅读邓老师的哲学。邓老师曾说过他的哲学是"活出来的"。邓老师带着他全部的生命体验、精神成长体验来讲解黑格尔，这就不再是置身事外的知识传授，而是精神

① 邓晓芒：《思辨的张力：黑格尔辩证法新探》，商务印书馆，2008，第10页。

② 邓晓芒：《黑格尔〈精神现象学〉句读》第4卷，人民出版社，2016，第862页。

本身活生生的表演。因此可以说，阅读《句读》，就是在体验精神成长的魅力。

邓老师说：“阅读《精神现象学》的过程就是一个人精神成长、成熟的过程，也是一种回忆的过程，如果对某些精神你曾经走过，那么就是你的回忆，如果有些精神你还没有达到，那就是你的开拓，那就是你的成熟。”①

如果阅读过邓老师的其他著作就会发现，他以自己的经历为我们做了精神成长的见证。

时代夺去了一个成绩优秀的孩子上高中的机会，但阻止不了他精神的成长。他下放到江永县时，除了带上几本课本，还“带上一本《辩证唯物主义》，一个日记本”②，准备一边劳动一边学习。1971 年的春天，他“开始在昏暗的煤油灯下啃起了贺麟先生译的黑格尔《小逻辑》”。他的收获是：“在黑格尔的‘绝对精神’的王国里漫游过后，虽然我并没有像老黑格尔所期望的那样，发现一位玩弄‘理性的狡计’的上帝，但却真实体验到了人类普遍精神的思想活动那渗透到每个人内心的巨大力量，即理性的力量。”③ 那几年，他“读完了当时出版的所有马列主义经典著作的单行本”④，还读完了黑格尔《小逻辑》和《历史哲学》。在 1973 年写的一篇散文《故乡的坟》中，他用充满诗意的语言显示出他精神成长的决绝：“在夜的时候，我将变做无声的鸟，在淡紫色的星光下，飞到人的屋顶上……我将索然无味，在东方发白之前，飞入漆黑的夜空”。读到这里，我们仿佛看到了密涅瓦的猫头鹰在起飞，“是的，这是坟。这儿也有许多野百合花、野蔷薇的，但是这是坟。我把自己埋葬好，然后告别”。⑤ 这很容易让我们联想到黑格尔《精神现象学》序言中的话：“精神已经跟它旧日的定在与表象世界决裂，立足于使它们葬入过去的概念并着手于自身的改造工作。”⑥ 他的精神，已经孕育出“承担死亡并在死亡中得以自存”的力量，那时他 25 岁。

这个成长着的精神 37 年后，以逐句讲解黑格尔《精神现象学》的方式，宣告了他的成熟。在读《句读》时，我的脑海里既琢磨着绝对精神的成长历

① 邓晓芒：《黑格尔〈精神现象学〉句读》第 1 卷，人民出版社，2014，第 21 页。
② 邓晓芒：《徜徉在思想的密林里》，山东友谊出版社，2005，第 246 页。
③ 邓晓芒：《思辨的张力：黑格尔辩证法新探》，商务印书馆，2008，第 642 页。
④ 邓晓芒：《徜徉在思想的密林里》，山东友谊出版社，2005，第 271 页。
⑤ 邓晓芒：《徜徉在思想的密林里》，山东友谊出版社，2005，第 278 页。
⑥ 邓晓芒：《黑格尔〈精神现象学〉句读》第 1 卷，人民出版社，2014，第 113 页。

程，又琢磨着邓老师的精神成长历程，前者是绝对精神的存在，后者是绝对精神的存在者。借着这个活生生的存在者，我窥到了存在。这是一种对绝对精神的双重体验。相信有很多读者也会有我这样的体验。我想，《句读》的魅力也正在这里。

精神的成长和成熟，使邓老师具有一种时代感和使命感，强烈且独特。他自觉地把这个时代视为他自己的时代，自觉地承担起他的哲学使命。

在讲解黑格尔“我们的时代是一个新时期的降生和过渡的时代”这句话时，邓老师说：“黑格尔有一种非常强烈的自我意识和时代意识。”这其实也是邓老师自己的写照。他说：“康德和黑格尔处的那个时代跟我们这个时代有非常多的相似之点”，“德国古典哲学对我们今天来说最现实，有很多东西都可以相通。因为他们处的时代跟我们这个时代相通，当时这些哲学家所发出的呼吁、所做的研究，对于我们来说最有启发性、最有教益”。[①]

在《思想自述》中，邓老师曾这样说：“我为这个时代而振奋而呐喊，并不是因为这个时代有多么好，而是因为它是我的时代，它必须也必将造就它独特的成就。我们每个人的生命只有一次，我们不要辜负了我们的时代。”[②] 这是我读过的邓老师话语中最激励人心的话。这和黑格尔强烈的时代意识如出一辙。绝对精神启示着、激励着精神成长中的每一个人——不论他处于哪个年代，都能意识到这是“我的时代、我们的时代”，并产生强烈的使命感。

邓老师说：“我现在搞哲学也是有一种很强的使命感，就是讲，我们这个民族到了今天了，下一步，肯定是这个方向。当然不是有意的，一种感觉，我在这里搞，其实就是代表中国人在这里搞”，“有种这样的感觉，不是为了要承担什么义务，觉得有个使命在这里”。“我觉得我现在干的是一件史无前例的事情，别人没做过的事情，很有味。如果是别人也可以做的，就没有味了”。[③]

邓老师说：“在哲学上，我历来是一个典型的‘西化派’或理性派。这不是由于我的专业是德国古典哲学，而是由于我自身的长期底层生活，使我痛感中国缺乏理性精神的病状，就连我当初决心要研究德国古典哲学，也是出于这

---

① 邓晓芒：《黑格尔〈精神现象学〉句读》第1卷，人民出版社，2014，第113页。

② 邓晓芒：《西方哲学探赜：邓晓芒自选集》，上海文艺出版社，2014，第431页。

③ 残雪、邓晓芒：《旋转与升腾：新经典主义文学的哲学视野对话》第2卷，上海文艺出版社，2017，第73页。

种忧国忧民的士大夫情怀，想要对现实社会施以疗救。”①

正是出于这样的使命感，邓老师的《句读》就不仅仅是要解读黑格尔，而且是同时要解读黑格尔思想所赖以诞生的西方文化。他说黑格尔的《精神现象学》“几乎可以看作整个西方文化内在深层结构的一个综览”。②

的确，这本书表征了西方人在精神上的自我训练，这种自我训练成就了西方文化，推进了人类文化。邓老师常常从中西文化比较的角度来阐发书中的要义，他说：“当然这样做的目的还不仅仅是为了解读黑格尔，同时还带有我历来所主张的中国传统文化自审和自我批判的意思。这种自我批判并不一定是说西方文化比中国文化更好、更先进，而是想让国人体会到我们自身文化基因中的缺环，以应对我们今天面对西方文化时所遇到的困境。”③

就我自己而言，通过阅读邓老师的书，确实体会到了我们自身文化基因中的缺环，因而具有了一种自我反思和自我批判的勇气。我不再习惯性地以自己有限的精神现状去讥笑绝对精神，而是学会努力从绝对精神的视角来打量自己的精神现状。邓老师指出，《精神现象学》是一种训练，“它是对人的精神的一种反复的打磨和激发，反复的折腾”④，“看黑格尔体系很累人的，就是说你要去经历，你要去自己走一遍，他带着你走一遍，你才能够真正把握它的事情本身”，“其实，马克思也是这样读的，虽然他认为那些‘醉醺醺的思辨’、神学的呓语都是很令人反感的，但是，他还是很有兴趣地读了”。⑤ 邓老师认为：“真正能够读懂《精神现象学》的、完全把握了的，除了马克思之外，至今还没有”⑥，“如果不研究‘原版’的黑格尔哲学，也就不能深入理解马克思主义哲学”。⑦ “《精神现象学》不是仅仅训练人的理性思维能力，而是对人的精神生活和人性各方面素质的全面‘教养’”。⑧ 这些话是邓老师自己的阅读体

① 残雪、邓晓芒：《旋转与升腾：新经典主义文学的哲学视野对话》第 2 卷，上海文艺出版社，2017，第 308 页。
② 邓晓芒：《黑格尔〈精神现象学〉句读》第 2 卷，人民出版社，2015，第 693 页。
③ 邓晓芒：《黑格尔〈精神现象学〉句读》第 6 卷，人民出版社，2016，第 684 页。
④ 邓晓芒：《黑格尔〈精神现象学〉句读》第 1 卷，人民出版社，2014，第 34 页。
⑤ 邓晓芒：《黑格尔〈精神现象学〉句读》第 1 卷，人民出版社，2014，第 63 页。
⑥ 邓晓芒：《黑格尔〈精神现象学〉句读》第 1 卷，人民出版社，2014，第 39 页。
⑦ 邓晓芒：《思辨的张力：黑格尔辩证法新探》，商务印书馆，2008，第 9 页。
⑧ 邓晓芒、赵立庆：《黑格尔〈精神现象学〉句读——华中科技大学邓晓芒先生访谈》，《社会科学家》2017 年第 5 期，第 4 页。

会，对我则是一种巨大的诱惑，使我面对黑格尔《精神现象学》的汪洋大海时，跃跃欲试，而不去想能游多远。

## 三

阅读《句读》，除了体验到绝对精神的默示力量，体验到精神成长的双重魅力，我还特别感受到邓老师是如何做学问的，以及他做学问的终极目的。

邓老师做学问的方法，概括起来有三点：一是“有碗饭吃就能做学问”，二是“沿着兴趣做学问”，三是“抓紧时间”。

先说“有碗饭吃就能做学问”。这是条件，但我更愿意把它理解为方法，那就是吃饭是做学问的第一步。朋霍费尔有言，吃完饭后，看到的世界也变了。

邓老师在第一次上句读课时就说：“作学问是要在一个地方坐冷板凳十几年、几十年，没人打搅，这才作得出来的”，“我们现在不搞运动了，你只要真正作学问，没有问题的，甚至你也可以做到衣食无忧，虽然不能说发财，那个不是作学问的人想的事情，但是你至少可以有碗饭吃。有碗饭吃就可以作学问了”。①

邓老师认为发财不是做学问的人想的事情，这倒不是说他认为财富不好，而是认为还有比财富更好的东西。一旦有碗饭吃，就要去追求那个东西。

我们可以从邓老师和残雪的对话中窥见一斑。邓老师说：“要把生活变成思想，变成思想的冲动，把生活的冲动变成思想的冲动。或者是反过来，把思想的冲动变成生活的冲动。”残雪问他：“你讲这是理想呢还是功利?”邓老师回答说：“已经超越了，这是我们要搞的事，我们已经把这种理想当成我们最大的功利了，你要活得划得来，要值得。我们就是要让我们的生命达到最大的功利，让巨大的财富都抵不上他的一根毫毛那样的功利。”② 巨大的财富都抵不上他的一根毫毛，这是何等的富有，何等的崇高，又是何等的满足！

接着说“沿着兴趣做学问”，我意识到这真是做学问的秘诀。

---

① 邓晓芒：《黑格尔〈精神现象学〉句读》第 1 卷，人民出版社，2014，第 8 页。

② 残雪、邓晓芒：《旋转与升腾：新经典主义文学的哲学视野对话》第 2 卷，上海文艺出版社，2017，第 37 页。

邓老师在接受《求学・考研》杂志访谈时强调“要沿着兴趣做学问”，那篇访谈文章的题目是《沿着兴趣一路开花结果》，太形象了。研究黑格尔，开讲《精神现象学》，都是因为这是邓老师的兴趣所在，而且是他最有兴趣的事。他在第一次上句读课时就说：“现在考虑到时间已经不多了，因为今年（2010 年）我已经 62 岁了，我要把有限的时间用在我最有兴趣和最有体会的事情上面。现在人家都说我是专门研究康德的，但是我自己感到自己最有体会的还是黑格尔哲学和马克思哲学，这是连着的，如果继续在康德里面泡下去的话，那么我最有兴趣的事情就完不成了。所以我就下决心暂时放下康德解读，当然放下不等于说就不搞了，不研究了，我以后还要写这方面的文章，还要继续做这方面的研究，但是，讲课我就暂时放下了，就开始转向对黑格尔的句读。”① 他这一下决心，就有了 500 多万字的《句读》，确实是前无古人。沿着兴趣一路开花结果，结出了如此丰硕的果实！

还有第三点，邓老师讲的“抓紧时间”。这句话太普通了，但从邓老师嘴里讲出来，凝结着他做学问的深切的时间体验和生命意识。我把这句话视为学者在时间运用中需要遵循的“绝对命令”。仅在各卷《句读》的后记中，我们就能强烈地感受到邓老师对时间的珍惜。

第 1 卷的后记中他这样说：“本卷虽然只讲完了《精神现象学》的序言，但字数已超过了 50 万字。一想到后面还有九卷等着我去整理加工，就不免有‘任重道远’之慨。看来得抓紧了，时不我待。好在身体还行。”②

第 2 卷的后记中他这样说：“明天就是除夕了。经过一段紧锣密鼓的加班突击，我终于兑现了自己的诺言，在年前完成了这本第二卷句读。”③

在第 5 卷的后记中他这样说：“我必须再接再厉，尽快将全部句读整理出来，不单是为了国家社科基金重大项目的按时结题，而且是为了快马加鞭地奔赴其他等待已久的课题：这一辈子不会有宽松的时候了！”④

在第 6 卷后记的结尾，他用极简练的语言记述母亲的逝世：“本卷快要杀青时，不幸我 92 岁高龄的母亲在长沙过世，我和妻子当天赶赴长沙，料理后

---

① 邓晓芒：《黑格尔〈精神现象学〉句读》第 1 卷，人民出版社，2014，第 3 页。
② 邓晓芒：《黑格尔〈精神现象学〉句读》第 1 卷，人民出版社，2014，第 623 页。
③ 邓晓芒：《黑格尔〈精神现象学〉句读》第 2 卷，人民出版社，2015，第 692 页。
④ 邓晓芒：《黑格尔〈精神现象学〉句读》第 5 卷，人民出版社，2016，第 622 页。

事。母亲一生坎坷，九死一生，轰轰烈烈，晚年由我大妹照顾，无微不至，正所谓大难不死，必有后福，去世时没有任何痛苦，一觉睡去，没有醒来。”邓老师几乎来不及抒发自己的哀痛，笔锋一转：“我常想，如果我能活到这个年龄，我想做的事情恐怕也就能够做得差不多了，只是后面的精力肯定不如现在，不可能一直保持高效率，所以还得努力赶在前面多干点活。”①

在第7卷的后记中他说：“我们这个时代能够容得下我这般一心构造自己精神家园的怪物，本身就是时代的巨大进步。想到这点，我更应该珍惜我所生活的时代赠予我的这种千年难得的机会，抓紧时间多做点有实质性意义的事情。”②

邓老师的这种“抓紧时间”的精神，给我的不是触动，而是彻底的震动和推动。我终于看出，在日常生活的忙忙碌碌中，到处是时间的漫掷闲抛，到处是触目惊心的时间浪费。

邓老师感叹他“这一辈子不会有宽松的时候了”。他如此马不停蹄地做学问，固然是兴趣所在，但选择这样不宽松的人生作为一贯的兴趣，毕竟让人难以理解，然而从传统儒家的忧国忧民情怀来讲，似乎可以理解一些，邓老师自己也说他本质上是一个儒生。但经过了绝对精神洗礼的他，显然深知儒家理想的局限（结构性自欺、无自由的意志），靠这种理想是无法为做学问的兴趣提供纯动力或者说终极目的的。

那么，邓老师做学问的终极目的是什么？我想，答案应该是：为了荣耀精神，为了对抗罪。

邓老师不相信上帝，但由于对基督教的研究，他对上帝非常了解。他说“不想当上帝的哲学家不是好的哲学家”。③ 在谈到自己新译《精神现象学》的体会时，他指出：“这里面一个重要的难点是对西方宗教及其与哲学的关系的理解。国人自新文化运动以来，各家各派历来都对西方的宗教不以为然。我们在西学东渐过程中，对西方的宗教特别是基督教的研究一直是最为薄弱的。而没有对基督教的深入理解，对西方哲学的理解也不可能到位。我在句读和翻

① 邓晓芒：《黑格尔〈精神现象学〉句读》第6卷，人民出版社，2016，第685页。

② 邓晓芒：《黑格尔〈精神现象学〉句读》第7卷，人民出版社，2016，第513页。

③ 邓晓芒：《黑格尔〈精神现象学〉（句读本）的翻译理念》，《中国社会科学评价》2017年第1期。

译过程中在这方面投入了较多的注意力和大量的精力。”[①]

邓老师对黑格尔的上帝（绝对精神）有他自己的理解，他把“绝对精神”视为人类具有的无限的、永恒的、崇高的精神信念。他的学术研究是思想与生活的相互转换，即把思想化为生活，从而拯救世俗，把生活化为思想，从而荣耀精神。他曾说：“我觉得，一本学术著作在作者此生能否得到学术界的承认和理解并不重要，重要的是它是否真正具有学术上的价值，值得为此付出汗水和劳动。这种价值从本质上来看，应是超越时代、国界和个人生命的。这就是黑格尔以‘绝对精神’的名义所表达的对人类精神价值之永恒性的信念。仅就这种超然于有限事物之上的崇高信念而言，我愿与黑格尔认同。”[②]

因此，我觉得，邓老师是把他做学问看作对“绝对精神”的追求和礼赞，或者简洁地说就是要荣耀精神。

荣耀精神的另一种表达，就是对罪的恐惧，要对抗罪。当然，这也只能从基督教的意义上来理解。

邓老师在和残雪的对话中就表明了这一点。他说：“懒惰就是沉湎于这种无所作为，无所事事的轻松，这就是犯罪了。中国人不认为（这）是一种罪，中国人认为（这）是一种境界。有闲，就在那里什么都不做。赏花，看天，这也是一种高人的境界。基督教认为是一种罪，上帝给了你这种能力你不用，把它荒废了。”[③]“你像我每天做事，每天写一两千字，两三千字就觉得很满足了。但是如果这里那里扯去了，一天白过了，心里很不舒服。痛苦是一种触动力，至少是反面的动力，就是你害怕痛苦，所以你就要放肆去追求，放肆去做事。”[④]“西方人就是时时刻刻意识到这个生命的痛苦，不做，就等于白过了，不做事就等于是浪费生命。就像那一段生命死掉了一样，面对死亡。这种动力是很强烈的。”[⑤] 由此我们可以全面理解邓老师做学问的动力了。

---

① 邓晓芒：《黑格尔〈精神现象学〉（句读本）的翻译理念》，《中国社会科学评价》2017 年第 1 期。

② 邓晓芒：《思辨的张力：黑格尔辩证法新探》，商务印书馆，2008，第 10 页。

③ 残雪、邓晓芒：《旋转与升腾：新经典主义文学的哲学视野对话》第 2 卷，上海文艺出版社，2017，第 132 页。

④ 残雪、邓晓芒：《旋转与升腾：新经典主义文学的哲学视野对话》第 2 卷，上海文艺出版社，2017，第 132 页。

⑤ 残雪、邓晓芒：《旋转与升腾：新经典主义文学的哲学视野对话》第 2 卷，上海文艺出版社，2017，第 133 页。

荣耀精神，对抗罪，是邓老师做学问的终极动力。这就是我对《句读》的第三点体会。

## 结　语

精神的默示在每一个阶段都是完整的，又都是未完成的。我们无法穷尽绝对精神，无法把它封闭起来，它永恒地开放着。因此，10 卷《句读》是完整的，正如《精神现象学》是完整的一样；10 卷《句读》也是开放的，正如绝对精神是开放的一样。对于颇受诟病的黑格尔的封闭体系，邓老师为之辩护说："黑格尔兴之所至，一不小心搞成了一个封闭的体系，他是在舍身炸碉堡啊！我们真应该佩服他的勇气，他未必真把自己当成了上帝，但他敢于让你们去推翻他，他也有得让你们推翻的，比起那些乡愿之徒来，他倒是个自由人。"① 能想出"黑格尔炸碉堡"这个新奇的比喻，恰恰表征了邓老师自己奋力奔赴绝对精神的那种勇气。在《句读》第 1 卷的后记中他说："当然，我深知言多必失，在这么大一项工程中出现一些错误或不妥之处在所难免。我只能说，我已尽了自己最大的努力，并希望听到各位方家的批评。"② 邓老师反对乡愿之徒的谦虚，不怕"言多必失"，而是"尽了自己最大的努力"去炸精神现象学这个"碉堡"。这和黑格尔的勇气如出一辙，足以给人带来彻底的激励。我很喜欢《句读》中邓老师评价黑格尔的一段话："他把诗意的东西变成了一个逻辑，你可以循着这个逻辑的线索去发现人的生命，发现人的激情，发现人的精神，发现上帝的足迹……所以我们更看重的不是他最后创造出来的这个东西，而是他这种创造的激情。他虽然不是上帝，但是他努力追求了，他追求自己成为上帝，这个就很了不起，在过程中间他有很多收获，最后这个体系我们可以不管他。"③ 在我看来，这也是邓老师的夫子自道。作为一个由衷地崇敬邓老师、喜爱他著作的读者，我只想说，能和邓老师同处一个时代，目睹这一"从天而降的异象"，体验绝对精神的历程，我感到非常满足，在心里深

① 邓晓芒：《黑格尔〈精神现象学〉（句读本）的翻译理念》，《中国社会科学评价》2017 年第 1 期。

② 邓晓芒：《黑格尔〈精神现象学〉句读》第 1 卷，人民出版社，2014，第 622 页。

③ 邓晓芒：《黑格尔〈精神现象学〉句读》第 1 卷，人民出版社，2014，第 573 页。

深地感谢邓老师。

另外，作为读者，我也特别想谢谢人民出版社的编辑张伟珍女士。邓老师的许多著作，责任编辑都是她。她的辛勤劳动，使我们读到了这么好的书。还想谢谢人民出版社的设计师吴燕妮女士，她为这套《句读》的封面设计以及为邓老师其他著作所做的封面设计，我感觉非常好。这倒不是爱屋及乌，因内容而喜欢封面，我是学平面设计出身的，看到同行这么好的作品，禁不住想赞美一下。同时想说，为邓老师的书做封面设计，是一件令人羡慕的事。

# 哲学语法三种：从黑格尔、马克思到哈贝马斯

汪　震*

[内容提要]　黑格尔的个人哲学语法可以视为精神成为自己不断遭到扬弃又折返回自身的对象，并通过对象不断制造出精神性的内容这一运动形态在写作上的有意表现。马克思的哲学语法本意上是反语法的，因为语法本身是一种抽身而退的抽象和解释。他提出了一种实践话语，这种话语是对哲学的根本拆解，经济的问题对思想具有决定作用。哈贝马斯则批评黑格尔的语义和语用的追求与实际和历史发展事实不符，批评马克思对自己的哲学缺乏一种明确性表述，其社会理论缺乏规范基础。哈贝马斯谋求新的社会同一性的建构，它不表现为一种世界观或哲学语法，而是一种基于人们相互学习的追求彼此理解的理性谈话的基本规范。这可以视为马克思历史唯物主义的具体化，但是如果能够将微观交往的感性层面开放出来，一种不限于规范的而是体贴型的交往将会更为接近尊严和幸福的一致。

[关键词]　哲学语法　黑格尔　马克思　哈贝马斯

“哲学语法”是一个比喻，是指构成一个哲学家的作品的独特风格的那种语言和词语及其使用的个人规范，当然还包括哲学家所要传达的思想。语义或

---

* 汪震，女，1979 年生，湖北大学哲学学院讲师，湖北省道德与文明研究中心研究员，主要研究方向为精神分析学、欧洲大陆哲学等。

者思想当然是识别一个哲学家的重要因素，语用在于哲学家的实践意图，往往体现为一种伦理或道德指向，一种价值取向。我想从哲学语法说起，这可能是一个经济的切入点，使得可以暂时远离黑格尔琐碎的历史话语编排的细节，而只是讨论他的写作。

且看德里达对黑格尔的一段评论：

> 绝对知识的领域，乃是文字隐没于逻各斯中，是痕迹重新回到显现，是差别的重新占有，是我们在别处所说的关于原义的形而上学（la metephysique du propre）的完成。
>
> 然而，黑格尔在这一领域的一切思想，也就是说，除末世学之外的一切观点，可以被重新理解为对文字的沉思。黑格尔是思考不可还原的差别的思想家。他恢复了思想的地位，把它重新确立为生产符号的回忆。我们曾试图指出，他把书写符号的本质必然性重新引入了哲学话语，也就是说重新引入了苏格拉底式的话语，而苏格拉底的话语始终相信不留书写痕迹也照样谈论哲学：黑格尔是最后一位书本哲学家和第一位文字思想家。①

德里达表达了黑格尔的整个写作经济学、概念分布的一个特征——绝对精神吸收了一切差异，辩证法围绕差异而展开，正、反、合吞吐着差异，仿佛“Fort-Da”的游戏，并且黑格尔对语言和逻各斯充满了毫不怀疑的留恋。

## 一　黑格尔的哲学语法

哲学之难仿佛掌握某种新的语言。如果能够理解、复制、模仿某一哲学思想，那就势必要了解承载它的语法。

海德格尔在《技术的追问》中提到过一种存在于哲学家那里的“词语的怪癖”，他说不能夸张夸大这些怪癖，但是“这种怪癖确实是思想的古老需要。而且，思想家恰恰是在要思考至高的东西时才顺从这种怪癖”。②

那么，黑格尔如何写作呢？《法哲学原理》中有一处明显的提示：“艺术

---

① 德里达：《论文字学》，汪堂家译，上海译文出版社，1999，第 35 ~ 36 页。

② 海德格尔：《演讲与论文集》，孙周兴译，生活 · 读书 · 新知三联书店，2011，第 19 页。

作品乃是把外界材料制成为描绘思想的形式，这种形式是那样一种物：它完全表现作者个人的独特性，以至于它的仿制本质上是仿制者自身的精神和技术才能的产物。著作品借以成为外在物的形式，与技术装置的发明一样，都是属于一种机械方法。在著作品中，我们只是用一系列零星的抽象符号，而不是以具体的造型把思想表达出来。在技术装置的发明中，全部思想都具有机械的内容。如果把这些机械的物品作为物品来制造，则其制造的方式和方法是属于普通的技艺。但是在艺术作品和工匠这两极之间有着各种不同阶段，有时多带着些有时少带着些这一头或那一头。”① 那么黑格尔作为“著作品”的创作者，也处于艺术作品和工匠这两极之间的某一位置，他的作品兼有这二者的特征：具有个人的独特，又具有机械性的内容（例如抽象符号、概念术语）。

《精神现象学》序言相当于黑格尔语法体系的一个规划：“根据我的认识——这个认识必须仅仅通过体系本身的呈现才得到捍卫——，一切的关键在于，不仅把真相理解和表述为一个实体，而且同样也理解和表述为一个主体。”②

这里要引用一段较长的文字，足以把黑格尔对于精神的使用交代清楚：“认为绝对者即精神，这个想法表达出来的意思是，真相只有作为一个体系才是现实的，或者说实体在本质上是一个主体。‘精神’是一个最崇高的概念，它属于近代和近代宗教。唯有精神性的东西才是现实的。它是一个本质或一个自在存在者，——它置身于各种情况里面，自己规定着自己，既是一个他者存在，也是一个自为存在——是一个在规定性或外在存在中仍然停留于自身内的东西。换言之，它是一个自在且自为存在着的存在。”③ 这个自在自为的存在除了对有意识的人而言是如此，“它必须对自己而言也是如此，必须去认知一切精神性的事物，并知道自己就是精神，也就是说，它必须成为自己的对象，但却是一个直接遭到扬弃的已经折返回自身的对象”。精神自己从对象那里制造出精神性的内容或者“纯粹概念”，对对象而言它们是客观的要素，对象因此而获得实存，仿佛在精神的以太之镜中对象自己返回自己或看到了自己，“当精神这样发展起来并知道自己即精神，它就成了科学。科学是精神的现实

① 黑格尔：《法哲学原理》，范扬、张企泰译，商务印书馆，1982，第76页。
② 黑格尔：《精神现象学》，先刚译，人民出版社，2013，第41页。
③ 黑格尔：《精神现象学》，先刚译，人民出版社，2013，第16页。

性，是精神依靠它自己的固有要素而为自己建造起来的一个王国”。[①] 精神作为以太之镜就在对象的旁边，看着对象，回想自己。黑格尔从一开始就预知了精神活动的一切场景，他的科学是靠“精神”的语法提前预支的，“在一个绝对的他者那里进行一种纯粹的自我认识活动——这个真正意义上的以太是科学的基础和根基，或者说是一种普遍的知识”。[②] 精神作为以太就是黑格尔的普遍语法，早已被黑格尔熟悉并利用，开始精神现象学的历程。

这是黑格尔的个人语法：精神成为自己不断遭到扬弃又折返回自身的对象，通过对象不断制造出精神性的内容，“当精神这样发展起来并知道自己即精神，它就成了科学”。[③] 精神现象学所呈现出来的，“就是一般意义上的科学或知识的这个转变过程”。[④] “科学研究的关键在于承担起概念的劳作”。[⑤] 通过精神的直接实存意识这个中介，概念的劳作就是上述科学的转变过程的反映。辩证运动的要素就是纯粹概念，“就此而言，辩证运动的内容本身就是一个不折不扣的主体。因此，没有什么内容能够一方面表现为一个作为载体的主体，另一方面却意味着一个谓词”。[⑥] 在此前提下黑格尔发明了自己的辩证的眼光或语法：“按照我们对于思辨事物的本性的洞见，一切呈现过程都必须保留辩证法的形式，不可接纳任何尚未在概念上得到理解把握的东西，以及任何不是一个概念的东西。”[⑦]

但是阅读黑格尔的读者会发现他在细节之处的令人惊叹的细致性，如黑格尔了解心理学意义上的细微感性，并且注意到可以将这些感性内容转化成一种哲学格式，一种规范化的格式，这一语法是宏大的，但在细节展开之处又是细密的。例如，在《法哲学原理》中他说：“法学的内容可以按照它的所有个别环节，例如权利、所有权、道德、家庭、国家等等，用下列形式来加以阐述：人生来就有对权利的冲动，也有对财产、对道德的冲动，也有性爱的冲动、社交的冲动，如此等等。如果我们愿意采用更为庄严的哲学格式来代替这种经验

---

① 黑格尔：《精神现象学》，先刚译，人民出版社，2013，第 16 页。
② 黑格尔：《精神现象学》，先刚译，人民出版社，2013，第 17 页。
③ 黑格尔：《精神现象学》，先刚译，人民出版社，2013，第 16 页。
④ 黑格尔：《精神现象学》，先刚译，人民出版社，2013，第 18 页。
⑤ 黑格尔：《精神现象学》，先刚译，人民出版社，2013，第 37 页。
⑥ 黑格尔：《精神现象学》，先刚译，人民出版社，2013，第 41 ~ 42 页。
⑦ 黑格尔：《精神现象学》，先刚译，人民出版社，2013，第 42 页。

心理学的形式，那末，按照前面已经指出的在现代曾经而且还在自命为哲学的东西，就可以唾手得到如下格式：人在自身中找到他希求权利、财产、国家等等这一意识事实。此外，在这里是以冲动的形态表现出来的同一内容，随后将以另一种形式即义务的形式出现。”① 自我意识把意志冲动提高到思维的普遍性，作为思维在意志中贯彻自己，在这个意义上黑格尔完全包容了康德的形式道德律同时又囊括了康德放在一边的感性因素，同时康德的自由意志被黑格尔带入现实的无限运动之中成为意志的理念，成为希求自由意志的自由意志，“自由精神的绝对规定，如果你愿意的话也可以说，绝对冲动，是以它的自由为对象的，——把自由变成不仅从自由应该是精神本身的合理体系这个意义来说是客观的，而且从这一体系应该是直接现实这个意义来说也是客观的”。② 很明显，自由精神的绝对规定是一个不断运动的体系：“自由的理念的每个发展阶段都有其独特的法……道德、伦理、国家利益等每个都是独特的法，因为这些形态中的每一个都是自由的规定和定在。只有当它们在同一条线上都要成为法时，它们才会发生冲突。”③ 黑格尔的语用追求使他将这一体系封闭起来，但如果对哲学语法加以充分的抽象化（所以哈贝马斯的微观交往行为理论能够将感性的规范性商谈挖掘出来），则可以将黑格尔这里提到的道德、伦理与国家的利益的差距弥合起来。

黑格尔的哲学语义有大量的细节，人们对他的许多反对都是基于其哲学语法和语用，但是其语义可能还有潜力。马克思最终是反黑格尔的语法和语用的，但在语义层面他不停地借用，例如黑格尔说的“概念的运动原则不仅消融而且产生普遍物的特殊化，我把这个原则叫做辩证法”。④ 如果真实就是辩证法的话，那么黑格尔的语法语言就是一种非真实了，马克思采纳了普遍物的特殊化运动，只是这一运动不是依赖概念运动，而是现实中的物质生产的感性的运动。

黑格尔对自己的语言力量具有自信，譬如他相信“哲学全书统含着一切真实的科学”，《哲学全书》有着其他全书不具备的特点，后者只是知识的汇编、聚合，只是一种偶然，《哲学全书》首先就排除了语言学，黑格认为“语

---

① 黑格尔：《法哲学原理》，范扬、张企泰译，商务印书馆，1982，第 29 页

② 黑格尔：《法哲学原理》，范扬、张企泰译，商务印书馆，1982，第 36 页。

③ 黑格尔：《法哲学原理》，范扬、张企泰译，商务印书馆，1982，第 37 ~ 38 页。

④ 黑格尔：《法哲学原理》，范扬、张企泰译，商务印书馆，1982，第 38 页。

言学”只是“单纯的知识聚合体”。[1] 但是黑格尔自己可能遗忘了自己语法的单纯性和一种单纯的目的性的选择，这成为他的哲学语法的粗暴一面。

## 二 马克思对黑格尔的批评以及马克思的哲学语法

马克思也清楚黑格尔的词语的暴力，提出了一种实践话语，这种话语是对哲学的根本拆解。哲学从精神开始跌落，现实的、经济的问题对思想具有决定作用。

在黑格尔的唯心主义哲学体系中，包含的所谓“合理的内核”是辩证法。当然，黑格尔的辩证法是唯心主义的辩证法，是头脚倒置的辩证法，在它原来的形式上，是完全不中用的。[2] 辩证法是合理的内核，但在黑格尔的形式上不中用，那是怎样一种形式呢？是以自我教化，以精神为归宿的语法形式。如果这种语法形式仅仅就形式而言会不会影响到辩证法的真义呢？会。因为辩证法以一种语法形式为归宿的话，仍可以说是一种逻各斯中心主义，仍没有摆脱一种语言－观念的教化，还不是彻底的。在笔者看来，马克思给黑格尔剥去的语法表皮是带着肉的，辩证法在黑格尔那里作为一种语法最终会影响到他的语义追求：以一种观念－语言－精神的自我教化为归宿的方法，会造成一种虚假不实的自恋；尽管黑格尔可以说这是非人称的精神的自我展现，但是这种非人称的展现回收为哲学仍落脚于观念以及神秘的缺乏动力源的自我教化。

以无产阶级的立场、处境来思考一种未来的降临的哲学，这是不以任何现成观念为落脚点的绝对运动。“正像当时的革命是从僧侣的头脑开始一样，现在的革命则从哲学家的头脑开始。”[3] 马克思是从黑格尔的头脑开始的。马克思评论黑格尔，“哲学家——他本身是异化的人的抽象形象——把自己变成异化的世界的尺度。因此，全部外化历史和外化的全部消除，不过是抽象的、绝对的思维的生产史，即逻辑的思辨的思维的生产史”。[4]

马克思认为黑格尔所论述的一切感性现实以及人的本质最后都要朝向精

---

① 黑格尔：《哲学全书纲要》，薛华译，上海人民出版社，2002，第 9 页。
② 黑格尔：《逻辑学》，杨一之译，商务印书馆，1996，中译者前言。
③ 《马克思恩格斯文集》第 1 卷，人民出版社，2009，第 12 页。
④ 《马克思恩格斯文集》第 1 卷，人民出版社，2009，第 203 页。

神，“感性、宗教、国家权力等等是精神的本质，因为只有精神才是人的真正的本质，而精神的真正的形式则是思维着的精神，逻辑的、思辨的精神”。[①]而马克思则相反：“感性意识不是抽象的感性意识，而是人的感性意识；宗教、财富等等不过是人的对象化的异化了的现实，是客体化了的人的本质力量的异化了的现实；因此，宗教、财富等等不过是通向真正人的现实的道路。”[②]马克思那里具体鲜活的感性活动把自说自话的精神的以太之镜击碎了。马克思看穿了黑尔所使用的哲学语法。

黑格尔的确看到了劳动带来的异化，马克思所赞赏的黑格尔辩证法的伟大之处在于，“黑格尔把人的自我产生看做一个过程，把对象化看做非对象化，看做外化和这种外化的扬弃；可见，他抓住了劳动的本质，把对象性的人、现实的因而是真正的人理解为人自己的劳动的结果”。[③]

但他没有看到劳动的消极面：“黑格尔没有能力找到一个办法，来辩证地否定资本主义。他不能把否定作为事物本身的扬弃，扩大到当代的经济和政治关系中去，终于同他周围的社会现实相妥协了。在这个意义上说，黑格尔哲学乃是资产阶级社会的理论。”[④] 这也是因为黑格尔的落脚点是观念，观念的循环再生和回收本身就是黑格尔的特色，一种个人语法，意识的对象成了意识要克服的东西，“人被看成非对象性的、唯灵论的存在物”。[⑤] 不过，这种个人语法的确可以映射和吸收其他现象、语法和现实，仍可以无限续写，不停修改。在这个意义上，马克思的语法则是打破了任何对于语言的依恋，它撑破了语言的胃壁而直接来到现实，形成不同于黑格尔哲学科学的全新科学，阿尔都塞反复强调过的科学。黑格尔的自我教化所具有的僧侣本性之残余也被马克思扬弃了，“现在问题已经不再是世俗人同世俗人以外的僧侣进行斗争，而是同他自己内心的僧侣进行斗争，同他自己的僧侣本性进行斗争”。[⑥] 黑格尔是否对自己的僧侣本性有所认识呢？或者我们应该怎样来评判他的个人语法呢？

黑格尔说：“我怎样能够居然以为我在这个逻辑体系中所遵循的方法——

---

① 《马克思恩格斯文集》第1卷，人民出版社，2009，第204页。
② 《马克思恩格斯文集》第1卷，人民出版社，2009，第204页。
③ 《马克思恩格斯文集》第1卷，人民出版社，2009，第98页。
④ 阿尔森·古留加：《黑格尔传》，刘半九、伯幼等译，商务印书馆，1978，第50页。
⑤ 《马克思恩格斯文集》第1卷，人民出版社，2009，第206页。
⑥ 《马克思恩格斯文集》第1卷，人民出版社，2009，第12页。

或者不如说这个体系在它自身中所遵循的方法——在细节上就不能还有很多改进、很多的推敲呢，但是我同时却也知道它是唯一真正的方法。”“这种阐述还会给精神一个方法排列的整体的图像，尽管整个结构的灵魂，即生活于辩证中的方法本身并未在那里出现。”①

这表明黑格尔明确知道自己诉诸文字的体系肯定是不完全的甚至已经远离了活生生的辩证法本身。那么，如果这一点属实的话，人们仍可以将黑格尔的语法视为一种表达其精神科学的文字上的权宜之计，马克思的聪明之处在于他从不明确给出一种哲学的描述，因为他知道现实的绝对运动不会固定于文字之中（因此，他称黑格尔的哲学为一种“虚假的实证主义”，或者“徒有其表的批判主义”②），在这个意义上阿尔都塞认为马克思总是避免或者无暇总结他对自己哲学的思考是有道理的。

马克思的哲学语法本意上是反语法的，因为语法本身是一种抽身而退的抽象和解释，不存在一种关于世界与人的元语法。马克思在这个意义上是接近于反本质主义的后现代倾向的。

## 三　哈贝马斯对黑格尔以及马克思的批评

哈贝马斯的《重建历史唯物主义》导论第 1 页就批评：“马克思奇袭黑格尔。”“奇袭”就意味着一种迅速、意料之外，一种跳跃，但可能跨越得太多了，主观的时间可能还需要进一步修补。黑格尔对于精神－意识的语法的强调可能在另一方面是不能低估的：“用语言建立起来的相互了解的主体间性，预示着类的历史的更新；类的历史的更新才使社会文化学习的层面有了可能。在这个层面上，社会的再生产和社会成员的社会化是同一个过程的两个方面。”③“理论可以被归结为进行研究的主体的认识成就，规范系统可以被归结为生活在一起的主体意志的形成。”④

① 诺曼·莱文：《马克思与黑格尔的对话》，周阳等译，中国人民大学出版社，2015，第 388 页。（这两处中译文参见黑格尔《逻辑学》上卷，杨一之译，商务印书馆，1976，第 36～37 页、第 40 页）

② 马克思：《1844 年经济学哲学手稿》，人民出版社，2014，第 107 页。

③ 哈贝马斯：《重建历史唯物主义》，郭官义译，社会科学文献出版社，2013，第 7 页。

④ 哈贝马斯：《重建历史唯物主义》，郭官义译，社会科学文献出版社，2013，第 9 页。

自我结构和世界图像结构之间存在共同性的设想在黑格尔那里就已经被提出来了，哈贝马斯为这一图像提供了历史唯物主义的版本，相较之下马克思则显得具有一种启示学的激进，他无法落实。

哈贝马斯认为马克思的历史唯物主义当然也提出了一种同普遍自我结构相一致的集体的同一性，“但是，这种同一性都被描绘成未来，因而成了政治实践的任务”。① 这种反思的同一性不以回顾的方式同理论学说以及生活方式相联系，它“是以预见的方式同生产规则和纲领相联系的集体同一性的第一个范例”。②

马克思对于自己的哲学缺乏一种明确性表述，正如哈贝马斯所批评的：“马克思的社会理论的规范基础从一开始就是不明确的。”“今天只有当人们成功地重建为规范和价值进行辩护的普遍交往的前提和方法时，才能建立起不把自己局限在元伦理学陈述上的哲学的伦理学。”③

“当马克思把被压迫阶级的有组织的斗争理解为生产力时，他就在社会发展的两个发动机之间，即在技术－组织的进步为一方和阶级斗争为另一方之间建立了一种混乱的、诚然是没有得到充分分析的联系。”④ 即阶级斗争的变化如何带来生产力的进一步解放，马克思没有一种规范性的分析，有的只是启示学的预见。

尽管如此，哈贝马斯承认马克思的启发性在于为社会循环过程和阶级结构之间以及价值关系和权力关系之间的联系提供了转换规则，他也想把历史唯物主义理解成一种社会进化的全面理论，资本主义也是这一进化理论的环节。不过，他还是认为马克思走得有点远，因为“关于一个社会组织原则的假定，关于可能发生的结构变化的学习能力和活动领域的假定，在历史的发展对生存危机的界限未作出检验之前，从经验上是无法明确加以检验的”。⑤

也许再为世界寻求一种喜闻乐见的语法是无效的了，哈贝马斯提出一种交往理性，一种规则性的行动指南倒是有可能的。这是把马克思的指针进一步操作化和规范化了。哈贝马斯认为其交往行动理论本身就具有多元主义性质，既

① 哈贝马斯：《在事实与规范之间》，童世骏译，生活·读书·新知三联书店，2011，第20页。
② 哈贝马斯：《在事实与规范之间》，童世骏译，生活·读书·新知三联书店，2011，第20页。
③ 哈贝马斯：《重建历史唯物主义》，郭官义译，社会科学文献出版社，2013，第4～5页。
④ 哈贝马斯：《重建历史唯物主义》，郭官义译，社会科学文献出版社，2013，第23页。
⑤ 哈贝马斯：《重建历史唯物主义》，郭官义译，社会科学文献出版社，2013，第29～30页。

非独语也不是一种霸权话语，在他看来："哲学的基本概念不再构成一种特殊语言，尤其是不再构成一种同化一切的系统，而是提供对科学知识作重构式利用的手段。（黑格尔就用他的哲学语法重构了几乎当时主要学科并成为一个系统——引者注）一种其能力仅限于关注基本层面概念之清晰性的哲学，由于它的多语性，将在元理论层面上发现一些令人惊讶的相互融贯。"①

他认为黑格尔的哲学的真正动力源是同一性问题，即现代的自我同外在的自然、内在的自然的分裂，以及建立在二者之上的与社会分裂的三重分裂，具体一点说即是自我与现代自然科学所占领的全然客体化的自然领域相对立，人的自然本性、欲望、爱好和资产阶级法律的和形式主义伦理学的普遍规范的对立，以及在这二者之上人与社会的分裂。宗教已被自然科学所驱逐，黑格尔赋予哲学完成弥合上述分裂的使命，他提出一种甚至高出了宗教所提出的建立同一性的要求，在黑格尔那里，"现代的同一性问题，即自我与社会的分裂问题，在不了解自我或者精神同整个自然界的绝对同一性的情况下，是无法解决的"。② 自我就是辩证法的原始概念，客观精神与主观精神的统一，力求绝对必然性和自由意志的偶然性相互和解，就是对现代同一性问题的解决。哈贝马斯认为黑格尔的这一战略构思具有惊人的要求和巨大的实践力量，"从原则上讲，黑格尔能够把一切现象都纳入绝对精神的自我中介过程中"。③ 如果把黑格尔哲学定位为分裂的现代自我追求统一的尝试的话，那么其哲学语法在今天仍有其效力，但是如果说其局限也是明显的，则这一局限就不再是体现在语法上，而是体现在语用和语义上。一位作者只能供给他所处世界中的语用和语义，而语法则有可能保留下来成为一种风格、遗迹或者备选的战略。

所以与马克思不同，哈贝马斯对黑格尔的批评也主要是在上述语用和语义意义上的，黑格尔自己的那个语义和语用是可以判定的，即"现代社会在拥有主权的立宪国家中找到了它的理性的（合法的）同一性，哲学的任务就是把这种同一性作为理性的同一性来表达"。④ 问题在于这一语义和语用与实际和历史发展事实不符，黑格尔的完美的同一性立宪国家和任何有阶级的国家一

---

① 哈贝马斯：《在事实与规范之间》，童世骏译，生活·读书·新知三联书店，2011，第 2 页。
② 哈贝马斯：《重建历史唯物主义》，郭官义译，社会科学文献出版社，2013，第 74 页。
③ 哈贝马斯：《重建历史唯物主义》，郭官义译，社会科学文献出版社，2013，第 75 页。
④ 哈贝马斯：《重建历史唯物主义》，郭官义译，社会科学文献出版社，2013，第 76 页。

样，“国家组织必然会使局部利益在整体利益面前具有一种特权地位”[①]，最终导致权利和财富不平等分配的制度化。另外，超国家的联系，使得国家主权活动领域受到限制，使得黑格尔当时对欧洲国家制度的判断过时了（他认为主权国家乃是地球上的绝对权力）；由于在今天社会活动的复杂性使得国家难以通过规范来达到一体化，“人们今天似乎有理由认为，一个世界性的社会在不依赖于政治的和规范的一体化的情况下，似乎已经形成”。最后一点是，历史的发展与黑格尔的语用追求不一致，立宪国家和政党而非国家成为集体同一性得以承认的形态。例如共产党是第一次体现了维护和追求普遍性的政党，这种普遍性在国家的伦理总体性中体现为一种未完成时，需要从实践上得到实现。哈贝马斯认为“在今天，社会的同一性不会再存在于一个组织中，无论是在单一民族的国家中，还是在同国家平行的政党中”。[②]

## 四　哈贝马斯和历史唯物主义的哲学语法

回到哈贝马斯自己的观点上来。他设想一种新的复合社会的理性同一性是可能的。在批判黑格尔和马克思之后，基于他的交往行动和学习理论，他设想：

> 一种新的、凌驾于国家之上的社会同一性，既同既定的领土无关，也不以既定的组织为根基。新的同一性，不可能再由从属关系或成员资格来决定……集体的同一性是在具有普遍的同样的机遇参加这样一些交往过程的意识中建立起来的，在这些交往过程中，同一性的形成是一个连续的学习过程。这些构成价值和规范的交往，绝不总是具有对话的精确形式，也并非总是制度化的。因此，不可能期待在任何地方、任何时候都会有这样一类的交往。这类交往往往是宽泛的，它们的定义是截然不同的，它们源自“基础”，并渗透到各种微小的有组织的生活领域中。它们具有一种集团政治（subpolitisch，笔者以为作“亚政治”理解可能要合适些）的性质，这就是说，它们在政治决断过程之外进行；但是，它们间接地影响政

① 哈贝马斯：《重建历史唯物主义》，郭官义译，社会科学文献出版社，2013，第78页。
② 哈贝马斯：《重建历史唯物主义》，郭官义译，社会科学文献出版社，2013，第81页。

治系统，因为它们改变着政治决断的框架。①

这个新的社会的同一性不表现为一种世界观，而是一种基于人们相互学习的追求彼此理解的理性谈话的基本规范。所以，哈贝马斯推动了马克思历史唯物主义的具体化，启示学的缺乏可操作性和规范性的弱点可以在一定程度上被克服。

哈贝马斯把历史唯物主义看作一种社会进化理论，这种理论由于具有反思能力因而也对政治行动的目的有益，“并且在有些情况下，是同革命的理论和战略联系在一起的。马克思在《政治经济学批判大纲》和《资本论》中所研究的资本主义发展的理论，是同历史唯物主义相适应的局部理论”。②

哈贝马斯怀疑社会劳动概念不能充分表达人类生活的再生产形式的特征，例如符号互动下的人可以通过其社会角色对他人施加社会影响。所以劳动固然是基础性的，设置先于语言，但用来描述人类生活的再生产也只能是局部的。因此，以生产力和生产关系上升式的发展模式，对于历史唯物主义来说也不是全然恰当的，“生产方式的概念，在准确地表达社会发展水平的普遍性上不够抽象”。③“我认为，社会的组织原则是借助于学习能够成为现实并把社会的某种新的学习水平制度化的种种革新。”④“人类不仅在对于生产力的发展具有决定性作用的、技术上可以使用的知识领域中进行学习，而且在对于相互作用的结构具有决定性作用的道德－实践意识的领域中进行学习。交往行动规则的发展，是对工具行动和战略行动领域中出现的变化的反应。但是，交往行动的规则在这些领域中遵循的是自身的逻辑。”⑤ 所以哈贝马斯重构了一种历史唯物主义的进步的标准：“同社会一体化形式的完善相联系的生产力的发展意味着学习能力在两个方面的进步：客观化认识中的进步和道德－实践洞察力中的进步。”⑥

哈贝马斯的批评者没有注意到他的交往理性是可以和法国思想里微妙精

① 哈贝马斯：《重建历史唯物主义》，郭官义译，社会科学文献出版社，2013，第 85 页。
② 哈贝马斯：《重建历史唯物主义》，郭官义译，社会科学文献出版社，2013，第 104 页。
③ 哈贝马斯：《重建历史唯物主义》，郭官义译，社会科学文献出版社，2013，第 124 页。
④ 哈贝马斯：《重建历史唯物主义》，郭官义译，社会科学文献出版社，2013，第 124～125 页。
⑤ 哈贝马斯：《重建历史唯物主义》，郭官义译，社会科学文献出版社，2013，第 120 页。
⑥ 哈贝马斯：《重建历史唯物主义》，郭官义译，社会科学文献出版社，2013，第 145 页。

神（espiritde finesse）相匹配的理性因素，可以说交往理性就是一种“微妙理性”，是主观精神和客观精神的再次同一，这么一来黑格尔的哲学语法似乎可以再次将哈贝马斯的哲学进行语法回收，但是由于黑格尔语用学的失效，这种回收也就显得意义不大了。

哈贝马斯的交往行动理论具有一个“经常被人低估的多元主义特质。哲学的基本概念不再构成一种特殊的语言，尤其是不再构成一种同化一切的系统，而是作为一种对科学知识作重构式利用的手段。一种其能力仅限于关注基本概念之清晰性的哲学，由于它的多语性，将在元理论层面上发现一些令人惊讶的相互融贯。因此，交往行动理论的基本设定也分成各种不同论域；在那里，它们必须在自己碰巧进入的论辩情境中证明自己的价值”。[①]

所以，哈贝马斯的理论具有一种自觉性，即对于哲学语法的自觉，在形成自己的理论时他看到了早期批判理论的规范性基础缺乏根本性，“批判理论一开始就在琢磨一个难题，即对自身的规范性基础作出阐释”。[②]

至于马克思的哲学语法，阿尔都塞认为是人们需要自己总结和发展出来的，这就意味着马克思那里至少在文本中并不存在一种哲学语法，从他对于政治经济学的研究来说，只有不断的分析和写作，一种尚在路上的写作的进行时。所以哈贝马斯继承了马克思的哲学语法学的特点，即没有什么确定的语法。也许历史唯物主义是一种没有语法的哲学，因为正如马克思所强调的它首先是一种行动。行动扬弃了语法这一提法，但行动可以有一种规范的追求。哈贝马斯批评马克思：由于将认识归结为生产行动完全遗漏了对社会中“认识、表述与行动主体之能力的可能性条件的反思”[③]，取消了工具性行动与自然及社会交往行动的区别。所以，马克思那里存留的只是一种局部的历史唯物主义。

在我看来哈贝马斯的基于规范性的商谈理论的交往行动理论具有一种行动中的规范，如果非得说它的弱点，那么我想说它的优点就是它的缺点，即一种规范的强调——这种强调达到了一个广泛而深入的境地，但是正如齐默曼所注意到的那样，哈贝马斯没有挖掘审美式商谈的潜力。可以说，审美的商谈结构和规范性结构是康德早已揭示出来的，这是康德美学的一个重大独创。但是

---

① 哈贝马斯：《在事实与规范之间》，童世骏译，生活·读书·新知三联书店，2011，第2页。
② 德特勒夫·霍斯特：《哈贝马斯》，鲁路译，中国人民大学出版社，2010，第8页。
③ 德特勒夫·霍斯特：《哈贝马斯》，鲁路译，中国人民大学出版社，2010，第27页。

应该注意到美和感性领域本身就是一个境遇化的、偶然性的领域。如果要为每一种偶然分配一种规范是可能的话，那么规范理论将成为一种适用范围更为微观因而更为深入的领域。甚至这一规范领域能够将法国思想中的细微精神传统合并，情绪的敏感领域同样可以作为个人化的甚至风格化的微观规范。因为在情绪、感性、审美等微观领域，共通感意义上的规范性是存在的，但同时又和个人偶然性和单子性相容。不过应该承认，由于存在不可逾越的系统和个人的差异，仍需要一种交往和商谈的宽容性。

只要一个人在说话，他就提出了真诚性、正确性和真实性的规范性要求。一方面审美的规范性是审美中共通感的结构，另一方面审美又具有超出规范性的个人化的风格要求，我称之为生动性和真切性，这是归属于个人的偶然层面的东西。所以在发现自己理论的规范性前提的同时也应该发现自己理论的超规范的偶然性层面。甚至，我认为在微观层面理性规范的要求和感性、情绪的特征可以达到融合。在此我想引用卢梭在《一个孤独漫步者的遐想》中的话："我的目的是了解我灵魂的变化和其间的来龙去脉……从某个方面来说，我要在自己身上从事的活动，类似物理学家为了了解每日大气状况所进行的活动。我要把气压计用在我的灵魂中，长期持之以恒地进行细心的测量。"① 在我看来，气压计就是灵魂中存在规范的隐喻。如果说审美领域或者感性、情绪是不可忽视的相互理解和体贴的因素，那么这一领域提供的则是一种对多样性和个性加以关注和体贴的要求，这一要求超出了"规范"或"效力"的语义。哈贝马斯的具有多语主义特征理性的哲学语法学，本身是完全适合这一细微层面进行活动的，他却把这样的带有感性经验的交往看作一种"附属性的"认识风格，认为这种风格影响了自我走向独立，"甚至象征着不自由"。此处哈贝马斯跌倒在康德曾经跌倒的地方，他说："自我的同一性指的是这样一种自由：这种自由把自身限制在使尊严同幸福如果不能同一，那么却能使二者结合起来的意向中。"② 尽管在这里德与福的不一致微观化为尊严与幸福的不一致，但是这种不一致的克服仍然是在意向中才能完成的，如果能够将微观交往的感性层面开放出来，一种不限于规范的而是体贴型的交往将会更为接近尊严和幸福的一致。

---

① 卢梭：《一个孤独漫步者的遐想》，袁筱一译，上海人民出版社，2007，第 11 页。

② 德特勒夫·霍斯特：《哈贝马斯》，鲁路译，中国人民大学出版社，2010，第 63 页。

辩证逻辑的语法，启示的超语法，微观实践的规范化语法呈现出一种奇怪的相互吸收的态势。我也陷入了一种语词的夸张癖中，乐于在对三人的文本的孤独的阅读中完成一种在微观规范下的自我教化，希望有一天能够启示更多人，但是毕竟没有这种希望的资格。

# 现象学专题研究

# 关于胡塞尔对康德哲学认识论的批判中的几个问题*

残 雪**

［内容提要］ 本文从一名中国艺术家的创新的立场境界出发，阐述了胡塞尔和康德的哲学的原理与构架，在对比中分析了两种哲学思想对于当今思想界的意义。并通过这种分析与阐述尤其是通过对于胡塞尔的现象学，从而对于西方理性主义哲学的独断认识论的批判，提出了一种新型的世界观和认识论——这就是以物质与精神为终极辩证矛盾设定的自然观和立足于实践的、交融分裂的、互动的认识论。

［关键词］ 绝对自明性 自然的形而上学 辩证矛盾设定 交融分裂 互动互证

胡塞尔的先验现象学（超越论现象学）① 在很大程度上是从康德哲学里面走出来的。胡塞尔通过对康德哲学的从终极设定到方法论的梳理与批判，建立

* 本文的撰写和完成要特别感谢瑞典汉学家、瑞典国家电台首席文化评论记者夏谷博士的大力协助。本文的英文内容提要也是由夏谷博士撰写的，笔者在此表示感谢。

** 残雪，女，1953 年生，本名邓小华，作家，祖籍湖南耒阳。从 1985 年开始发表作品，1988 年加入中国作家协会。主要作品有《山上的小屋》《苍老的浮云》等。

① 王炳文先生把胡塞尔的 transcendental 译作“超越论的”，这就在字面上断掉了胡塞尔与康德的联系，我认为还是应该译作“先验的”（下同）。可参见邓晓芒《关于现象学文献翻译的几点考虑》，《学术月刊》2007 年第 9 期，载《西方哲学探赜：邓晓芒自选集》，上海文艺出版社，2014，第 386 页以下。

了自己的哲学直观本质结构体系，从而将认识论中的理性直观这一维发展到了极致。然而哲学发展到今天，摆在现代人面前的已是如何突破经典哲学的瓶颈，获得更大的自由的问题了。在这样的背景之下来看胡塞尔当年对前辈的批判，并重温康德的观点，结合实际经验从理论上深挖，会因为立场和角度的变化而对过去的疑难问题产生一些新的解决的方法，评判的尺度也将发生变化。本文就是在世界哲学潮流的新形势下所进行的一种突破性的尝试。①

正如胡塞尔所说，康德的确是哲学史上开创性的伟大哲学家。这种伟大主要体现在他的胸怀的广阔，他的巨大的创造力，他的深邃的洞察力，他的全盘谋划的天才和严格的科学精神方面。在这几个方面，作为后辈的胡塞尔可以说是继承了康德的神韵，并将康德思想的某些方面推动向前，发展到极致的典范。胡塞尔所倡导的先验现象学对于哲学终极问题的精深思考，的确是迄今为止令人叹为观止的一项重大成果。这项成果的取得，使后来的哲学研究者得到很多启示。我认为其中最重要的一点启示就是，哲学的建构是个体的自力更生的事业，人类应该建立起真正的信心，将个体的自我与他所建立的世界的自我看作联动的一体化的整体。

但是由于时代的局限，胡塞尔对康德的批判也暴露出了一些问题。这些问题在今天必须置于一种新型终极设定中，以一种更为宽广的立体型的复杂的思路来推动它们的解决。

## 一

众所周知，康德认识论中关于“物自体”的存在论设定成为他之后的西方哲学家们诟病和攻击的主要目标。这种具有二元论倾向而又没有得到有说服力的解释的设定似乎成了康德理论的致命缺陷。黑格尔和胡塞尔都对此有精彩的论述。在《第一哲学》中，胡塞尔以严格的科学（哲学）分析抨击了康德的“神话”设定，并通过批判努力地凸显他自己的理想主义的、意识至上的终极设定，让读者又一次深深地体会到了西方思辨理论的魅力。然而掩卷深思，仍感觉到西方哲学家们（比如胡塞尔和黑格尔）对康德的批判背后隐藏

① 在读本文时，可参见《关于新实验文学—— 在南洋理工大学中文系的演讲》，我在那里阐述了基本哲学观。

着某种深奥的人类历史的狡计，对于这种狡计的破解也许不完全是思辨或“科学”的课题，而需要一种更深更原始的功力。康德毫无疑问是具有这种能力的，但由于时代的局限和他所信奉的自然科学机械论，他的这种哲学能力的运用只是在他的理论中显露出了一些萌芽，而没有得到大力发展。胡塞尔在康德的这个设定方面对于他的批判虽然有正确的一面（这主要体现在对于理性的自信和方法论的彻底性上），但也有走偏的一面，这就是没有领会到康德的这种设定中有其对于物质，主要是对于经验事物的尊重（也就是对于自然科学经验和常识的尊重）的渊源。康德出于哲学家的审慎并未单独将思辨看作认识论中万能的、能够深入本质之力，而是有所保留。康德的二元论设定是犹豫的产物。一方面，作为一位理性主义者，他强调精神至上，将自然世界（现象世界）的建构全部纳入精神的领域（所谓“内部”的先验的统觉力和想象力决定外部经验事物，最后由理性来统领事物）。在这一点上胡塞尔同他其实是很一致的。但另一方面，作为一位有丰富经验的自然科学家，他深知理性单方面的局限性，认为基于表象的认识不可能走出人的主观性，单独抵达外部那个不可知的“物自体”以及内部的自我的“存有”。[①] 所以人类只能认识他们的认识（也就是从精神出发来规定质料现象，将质料看作现象的基质［被动的］，将理性看作认识活动中的调节性的主宰力），将对物自体的信任交给信仰。[②] 在那个机械论统治理论界的年代，康德从他的素养出发只能做出这样的设定。相对于黑格尔和胡塞尔，这也是较为明智的设定。虽然这种二元设定在我看来还存在未能解决的问题，比如不可知的物自体和自我的“存有”之间是什么关系，两个就是一个还是我的“存有”属于物自体。从康德的描述来看，物自体是“在我之外有某物”的那个某物，似乎倾向于至高的客观性事物，“存有”则属于内在自我的本源，似乎倾向于主观性。但康德坚决反对对物自体作经验性区分，认为任何区分都是荒谬的。那么如何解释二者？在他的阐释中有含糊之处。

康德的这个问题对于我来说则是打开宇宙与人性之谜的关键，我认为他已

---

① “‘我思’这件事表达了对我的存有进行规定的动作。所以存有由此就已经被给予了，但我应当如何规定它，即我应当如何把属于它的杂多设定在我之中，这种方式却还没有因此而被给予。”参见《康德三大批判合集》（上），邓晓芒译，杨祖陶校，人民出版社，2009，第93页。

② 参见《康德三大批判合集》（上），邓晓芒译，杨祖陶校，人民出版社，2009，第117页。

经走到了哲学认识核心的附近。不管怎样，康德做出了这样的设定之后，便尽全力投入对于哲学认识论的建构之中，因为他认为将理性贯彻到经验的物质世界中去，并提升物性世界，扩展人的眼界，是有关人类最高尊严的原则。在今天看来，康德的二元论和范畴论的缺陷主要在于缺少一种相对论的矛盾的眼光，但他的终极设定和认识方法都可以被改造成辩证矛盾的图型。这种经过改造的理论不仅能走出内在主观性抵达真正的客体，而且因其两个要素双方的沟通将展示出一种“内”与“外”相互依仗，“能”与“体”互为本质的崭新的实践认识论的前景。并且这种新型实践认识论所建构的大自然将不再是康德的以狭隘人类学（也就是精神）为特征的小岛，它会成为真正的无限与永恒世界之体现。相形之下，胡塞尔却太迷信主观性（也就是思辨和直观）的万能了，从他的论述来看，尽管他也像康德一样有过犹豫，但他终究没能走出哲学上的一元论终极设定的圈子。而这种一元论的终极设定正是西方传统哲学的软肋，必须经过颠覆性的改造才能继续向前发展。

从胡塞尔对康德的批判来看，我倒是在其论述中看出，康德的物自体的设定和对认识中的感性、知性、理性功能如何起作用的规定（时空先天直观形式和先天综合判断）离今天的哲学发展的倾向更近。我们只要将他的有些神秘的物自体和一些对于人的主观能力的人类学解释（他称其为自我的“存有”）看作哲学中的终极矛盾设定（而不是将存在与世界机械地划分为本质与现象），看作一方是物质，另一方是精神，双方又可以交替规定对方和被对方所规定，再对这个图型加以合理的解释，这个设定就丰满了，并且可以摆脱神话，以能动的、辩证的形态来发展了。可惜胡塞尔由于他的思想中所吸收的那种精神至上的传统，不可能体验到康德的二元论理论中的这个倾向，所以他将康德的矛盾片面之处和机械的二分法看作思想上的虚弱。他以一种发自根源的严密的思维模式对以他的观点看来康德不能自洽的那些理论方面加以抨击，从而将自己的以纯精神为主导的（虽不排除物质）终极设定的理论发展到了极致（与黑格尔的纯精神终极设定相比，他在对理性直观的提倡，对物质实体的承认方面，理论上都更为完善）。历史车轮行进中的风景常常展现出轮回，当然是在更高层次上的轮回。在哲学的探讨方面，谁能挖掘得更深，谁的理论的生命力也就更长久。对于作为后人的我来说，康德当时的设定和他对于认识对象的物性直觉直观的结构的探讨，也许是更有发展前途的。今天的研究者们不应再用宗教和神话来解释起源和根据的问题（其实康德也不是），而要用类似胡塞尔的追溯精神去探讨终极真理。而这个终极真理的根源性设定，也不应再是纯粹的精神事物，而应是精神与物质二力抗衡的辩证矛盾图型了。是康德，而不是胡塞尔和黑格尔，给出了我正在初步建构的这种更为复杂合理的宇宙观发展的空间。他的步步紧扣人类经验（也就是感性物质对象）的严密推论其实早就批判了胡塞尔的认识误区，给我的建构工作带来了信心。

胡塞尔和黑格尔都是主张破除康德的物自体设定的。但仔细分析一下就可以看出，康德的经验世界其实是他设定的物自体概念在时间与空间中的显现与实存，正因为经验世界是“体”的世界，自然物质生活就有其独立的意义，不能用纯精神的意义来将这种意义取代或融化掉，而只能相互通过对方来实现自身。康德在存在论方面的不可知论倾向虽然妨碍了他对物质事物的本质的认识，但与此同时他将经验事物（也就是物性事物）作为认识的对象的规定却又在某种程度上实现了这种认识。但胡塞尔的纯一元论立场使他不可能看到康德的这种设定的深远的可能性。不过即使如此，他也承认康德的认识论体系是比休谟的不可知论更具有建设性的理论，它不是要摧毁一切，而是要建构起哲学的世界。今天来看这种建构没有模板可循，现代人只能向康德学习，依仗自己身心的原始冲力去步步探索。探索者的脚步必须也只能踩在质料性经验的基地上，他也只有在意识到自己的身体的物性作用时其创造性的矛盾冲力才会发挥出来。科学经验、社会学经验、审美经验、日常生活经验等，都是我们的认识活动中起作用的那个基质、那个“体”的显示，没有它们就谈不上认识。不论他的主观意图如何，康德在他的纯粹理性批判中始终是以物性经验为基质在进行建构，他对经验的执着使他在哲学上开辟了新的领域。这正是他超越理性主义哲学的卓越之处。

在认识论方面，胡塞尔最为反感的是康德所初步建立的感性与理性、理念，物性经验与意识结构一体化的认识机制，因为康德的机制确立了经验在认识中的构成性的重要作用（虽然康德出于理性主义传统将这种事物看作无法抵达本质的“现象”）。胡塞尔认为，康德的认识机制没有必然性的根据，是经验元素和具体科学理论的混合，并且在终极设定上陷入混乱，没有在追根溯源时经历“澄清”的净化过程。[①] 按照康德的存在论（物自体）和人类学（含有物质元素的精神）意义上的设定，不可能产生有必然性的科学（哲学）认识。他的范畴论就是再有洞察力，也建立不起一种完整的、站得住脚的现代认识论。因为那些先天范畴其实是从经验科学（人类学）中总结出来的，没有终极必然性。相较之下，胡塞尔认为自己所倡导的意识至上的主观性体系才是现代认识论。他的先验现象学完全搁置物性经验的作用，在认识活动中另开一桌，以理性直观为导向，为自然科学和自然界中的一切事物赋予纯精神的意义，从而建立起一个超越于世俗经验之上的理想主义的世界。也许在一些人看来，胡塞尔的无懈可击的一体化纯精神机制比康德的有矛盾的、机械区分的二元论机制更完善也更有说服力，从质料性经验中去寻找真理的机制的尝试达不到绝对真理，人类在对宇宙的探讨中能依仗的只能是其纯精神冲动，而胡塞尔正是将这种冲动机制揭示出来的大师。这种看法有极大的偏颇，因为它堵死了另一种创新的思路的可能性，而且也没能理解康德的认识论的深层含义。

今天来看，胡塞尔自己的认识论的根基的合理性是很成问题的，反而是康德的理论为那种新思路留下了空间。比如，胡塞尔认为追溯认识的起源就是：①追溯认识的逻辑起源，即他所描述的主观性思辨直观逻辑起源，但是，客观性的质料经验也同样有自己的逻辑，并且一点也不亚于主观性逻辑，甚至渊源还更深；②进一步追溯客观性逻辑在主观性逻辑中的起源，以及由绝对而来的客观相对之存在的起源，果真如此，那么我们也完全可以以质料经验为起源而反过来做出规定。主观性难道不可以是由客观质料生出来的吗？如何确定谁是谁的起源？武断机械的一元论划分真的比康德的有二元倾向的先验划分更好吗？此外，人如果连自己的感性知觉都不信任，不相信生命体的物性经验本身就有倾向于构成认识图型的原始力，要建立有根基的认识论是不可能的。康德也认为主观性概念和时空条件与客观性经验质料之间有先天符合的可能性和倾向。康德的伟大就在于总是执着于经验而又不局限于经验，经验对于他来说是真理的基质，是永远不能撇开或搁置的构成性认识论成分。缺少了这个物质性根基，任何理论的大厦都会坍塌。康德在制定他的范畴规则时也许并没有产

① 他没有看到，先验哲学只想而且只允许澄清认识的意义和认识的有效性，而这种澄清活动所意味的不外就是追溯到起源，追溯到自明性，因此就是追溯到一切认识概念直观地在其中实现的意识。参见胡塞尔《第一哲学》上卷，王炳文译，商务印书馆，2013，第 464 页。

生这种清晰的理论认识，但他的哲学素养与科学素养使他从一开始就明智地将运用规律的认识论范围规定为自然物质世界，并总结出了让后来的研究者受益良多的范畴体系。即使他在建立认识论体系时还有旧的存在论影响和归纳化的倾向（如对十二范畴的搜集），但他出于纯粹的哲学本能所采用的依仗物质——也就是自然和自然科学的经验和规律，又以物性经验作为基质和对象的进行认识活动的方法，与胡塞尔的执着于纯意识一端，将经验对象置于括号中存而不论的方法相比，的确显得更为高明也更有说服力。关键在于终极设定，康德在他的时代虽然还未能将物质放进最高设定，但他的强大的哲学本能令他从未抛弃过自己的身体和面前的感性或不如说“物性”世界，而是自然而然地就将这个以经验形式显现的身体以及所面对的这个感性物性世界作为他的认识论的基质。他在对于认识论的先验原理体系的分析中反复强调这些原理只能作经验性的运用，人的认识只能从作为对象的经验性直观首先是外直观（即空间直观）上面产生。缺少了外直观的物性经验，就不可能有真正的认识。① 正是他的这种二元论倾向给后来的探索者留下了希望——只要以更大的勇气向前迈进，就有可能跨越并消除鸿沟。

可是胡塞尔坚持认为，康德的先天综合判断混淆了本质认识与经验认识。他认为质料性经验（包括科学经验）的认识是不可能有先天性的，只能是一些没有绝对性的事实真理。凡是向经验材料看去的认识就不是本质认识。而真正的先验本质性洞察不应依仗对于事物的自然认识的原有的经验，而应将原有的经验事物“先验化”。所以必须在两种认识之间清楚地划出界限。② 胡塞尔还将认识区分为事实性意识和绝对意识。事实性意识是认识阶段中的意识过程，绝对意识是纯粹先验意识。这有点类似于相对真理和绝对真理的区分。③其实这种观点基本上是属于理论上的机械论和唯心论。人们可以在这些问题上质疑胡塞尔先验现象学的主体在撇开了已有的经验对象之后，当它去进行认识活动操作时，面对的是什么样的“纯粹对象”，是所谓“先验化”了的质料对

---

① 参见《康德三大批判合集》（上），邓晓芒译，杨祖陶校，人民出版社，2009，第185~189页。

② 但是如果我们现在想纯粹作为其本身设定这个意识，如果我尝试，我们是否能够以及如何能够将一般意识作为有效存在的一个特殊的，纯粹自身封闭的全域建立起来，那么我们显然必须对不是意识的一切有效存在进行一种纯化的“排除”。参见胡塞尔《第一哲学》上卷，王炳文译，商务印书馆，2013，第339~340页。

③ 参见胡塞尔《第一哲学》上卷，王炳文译，商务印书馆，2013，第514页。

象吗？“先验化”了的质料对象不仍然是由经验支持的吗？没有经验性的直观与直觉，对象从何而来？主体认识的客观效力又从何而来？两种不同事物之间的区分可通过单方面的“赋予意义”而抹杀吗？主体将如何进行它的观念操作？这种操作是否真的澄清了外部经验？即使它所运用的是内部经验，那种经验不也是由外部经验支持的吗？何为本质认识？本质不通过物性经验如何能实现出来？由此我认为，康德的认识论虽有弱点，先验现象学却并不能取代它。

胡塞尔在反对康德的人类学认识论解释时强调人的主观性本身的客观性。他的存在论设定的主观性同人这种动物没关系，是一种先验的本质存在。所以将这种客观的主观性规定运用到认识对象上时，其建构的事物是有绝对真理性的，而不像人类经验那样是偶然的、只有“事实真理性”的。他认为他的现象学认识论与康德的先天综合判断的区别就在这里。与康德紧紧依靠经验不同，他撇开经验进行纯主观性规定。[①] 胡塞尔的这种机械区分在今天看来确实有很大的荒谬性，而且有一种理论上走极端的专制性。现代人已将大自然或宇宙看作自己的大写的身体[②]，而在我看来，主观性与客观性是互为本质的，沟通不断的，任何一种客观认识都必须通过人的主观性来实现，认识出来的事物也只能是人的真理，而不是胡塞尔说的有可能是水母的真理，其他动物的真理。[③] 因为你即使设定另有一种动物能掌握（客观的）主观性这种认识方法，这种设定也只能是从人的主观性去设定的。所以主观性就是主观性，它一定要通过人的精神（五官和大脑的能力）实现出来，抛开人类学的经验去设定什么客观的主观性规则是荒谬的。当然，像康德那样将人类学设为认识论的根源性规定也是较片面的，但他毕竟还没有像胡塞尔那样错得那么远。康德的认识论对于今天的哲学的最大启示还在于：他坚定不移地将认识看作主观性与客观

① 参见胡塞尔《第一哲学》上卷，王炳文译，商务印书馆，2013，第 327～328 页。虽然胡塞尔反复强调他的方法也是在特殊的经验上操作，但我认为对于他来说，这个所谓的“事实性”经验其实是个空的准概念，完全没有实质性内容。如果说他的“意义”最终还是赋予到经验之上的，这种赋予也是不可能成功的。因为这是典型的一元论唯心主义的方法，即，取消、抹平、征服对象。这与康德的对待经验的态度完全不同。这种方法在文学上称为观念先行。就像一个初学游泳的人，从一些规则出发为自己选好了场地，在心里默念技术口诀，就坚信自己不会被淹死一样。

② 参见邓晓芒《实践唯物论新解——开出现象学之维》，武汉大学出版社，2007，第 96 页。“整个自然界都是人的‘无机的身体’，这就是马克思所谓的‘自然主义－人本主义’，二者的统一就是作为人的类本质的‘社会’。”

③ 参见胡塞尔《第一哲学》上卷，王炳文译，商务印书馆，2013，第 504～506 页。

性的交融活动，以经验对象的客观有效性作为认识的实现之标准，以此建立了范畴的客观演绎的体系。虽然这个体系仍是理性至上的，但毕竟是必须运用到经验上面去的。并且范畴的作用只是对于（时空直观中的）经验事物的联结和秩序的整理，以达到统觉之统一，并非否定原来的事物的意义（虽然康德还未能达到双方的矛盾性建构的层次）。我认为胡塞尔对此的异见只是说明他缺少对于常识、对于我们生活于其间的物性大自然的敏锐感觉与意识，他与大自然或自身肉体的交流互动过于稀少，这也是黑格尔和萨特等人的弱点。而康德在这个方面是现代思想的先驱。只有在康德认识论的基础上才有可能建立起与精神体系既相对立又合一的生命体的哲学体系，在胡塞尔和黑格尔的认识论上则没有这种可能。

所以我提出"矛盾的大自然"的终极设定，这个设定不仅能确定"某物"的存在，还要认识这个某物，将这个某物就在经验中实现出来，这就大大提升了人的主观与客观的能动性，并使狭隘的"我"扩展为博大的、能动性更高的矛盾之我，这个"我"与自然大"我"融为一体，于是二者就都变得空前的丰富了。并且这种设定也将对于"客观性"的定义从纯精神规定转向了生命体。小自我不再是纯精神，而成了灵与肉的合一与斗争的矛盾体，大自我（即大自然）亦如此。这种互动的辩证矛盾认识论在二元论的基础上已大步向前推进了。这样一来，物质在精神中，精神在物质中；客观在主观中，主观也在客观中。两方都有能动性，并互为本质。在超越中你通过我来实现，我又通过你来确证，自我的认识运动就将整个大自然全都调动起来了。同康德当年建立的思辨范畴体系相比，这样的活的体系不是更有气势和整体性，自由度也更大吗？

## 二

当然，同胡塞尔的纯（理性）直观的认识方法相比，康德的范畴法在今天来说更有实践价值。胡塞尔反复强调他的认识论的绝对性和必然性，认为他的法则是出自根源（纯意识结构）的法则，是自明的、不用检验的。他也不关心具体的真理如何检验操作的问题，他的真理都是自明自证的。他的现象学基本上是一种执着于主观性一端的直观加逻辑推论，将物性经验征服、抹平与理顺的哲学，所重视的是理想化的认识，是真理的绝对性和必然性，而不是在现实生活中改造与建构我们的客观和主观世界，制定原则。因为他的绝对性和必然性是不需要通过实践去检验的自明的内直观，所以说他的理论同实践脱节也不为过。当一个人抛开他的一切质料性实践经验，纯粹地以书房里沉思得到的意识法则为基础去认识事物时，物性经验事物（包括直接的和间接的）会对他做出什么样的反应，应该是每一个具有正常思维的人都能预料到的吧。即使他不在乎物性事物的反应，将这反应“悬置”，他的法则能否贯彻到事物中去（指用理想法则去规定物性事物和关于它们的种种质料性意识形态），有多大可行性，这些都是没有把握的，很成问题的。[①] 于是主观性很可能还是停留于主观性，并不具有超越到客观性的领域中去起作用的那种可能性。胡塞尔并非没有觉察到自己的意识征服论的空洞性，所以他在书中分析认识结构时一直努力对他的先验设定加以合理性解释，他写道：“因此我通过还原所获得的每一个纯粹主观的东西，总是，并且未被这个还原触及地，随身带有一种由未被禁止的诸客观有效性之那种紧密结合中产生出来的客观有效成分。”[②] 我认为他是无法达到理论的客观性功能的。因为如康德所说，先验原理只有一个客观的运用领域，即经验领域。当然，这种直接的作用并不是胡塞尔所求，他只想在主观中穷尽一切知识的可能性的先天条件，并认为这就足以保证这些知识的客观性了。相比之下，反倒是康德制定的那些范畴，和他所进行的先验区分的原则，虽然由于他低估人类认识论的意义和等级而不完善确切，也不太纯粹，却很有可能在今天经过改善而成为一种高层次的辩证方法，发展成具有可行性的实践法则（指新型辩证矛盾实践法则），并成为检验真理的标准。这是因为他尊重经验知识，相信自己的身体的存在，相信自然科学经验，也相信一切精神事物与物性事物之间都有亲和性，这一点是范畴和时空的先验的规定所造成的，而真理是二者的契合。尽管有不可知论的元素，康德的认识论仍是人类向着真正的先验论迈进的成功尝试，因为他的认识论中的主要元素有可能经过重组将实践认识纳入整体认识论结构，所以也就具有摆脱千年来一元论哲学那种

---

① 参见胡塞尔《第一哲学》上卷，王炳文译，商务印书馆，2013，第 314 页。此处是胡塞尔对其理论的捍卫和辩解。我认为关键性的问题在于按他的方法如何操作实践活动，失效了的抽象对象怎样被赋予“客观有效的意义”，意义仅仅是由先验原则单方面可以规定的吗？

② 胡塞尔：《第一哲学》下卷，王炳文译，商务印书馆，2013，第 205 页。

循环自证的可能性的萌芽。

康德的范畴法的运用主张理性必须一手执着自己的原则，另一手执着它按照这些原则设想出来的实验而走向自然，强迫自然回答它所提出的问题。[①] 并且它的规律是需要到自然中去经受经验的检验的（不像胡塞尔的规律仅仅在人的大脑之中构成，或如他所说有种纯客观的主观性需要人通过沉思去意识到，然后直接将其贯彻到先验化了的质料中去），因为它只能直接或间接地运用到经验世界中，否则没有别的用途。而且康德已经谈到了物性经验中深藏着理性的要素，他说："甚至在我们的经验中就混有一些必然具有其先天来源的知识，它们也许只是用来给我们的诸感官表象带来关联的。"[②] 理性的任务是将经验的层次不断提升，在提升中也让经验检验自身。于是，初级经验不断被打破，新的经验不断被重构出来。其实当康德说理性强迫（物性）自然回答它的问题时，也可以看作物性自然以其嬗变强迫理性给它的新图型命名。整个大自然就是这样在思转化为物、物转化为思的辩证运动中发展着的。并且精神的大自然中从来就不缺少物性的内容，二者之间的关系可以用但丁《神曲》中那位砍下头颅当作引路明灯的人所说的话来形容："二而一，一而二"[③]。

康德所举的哥白尼的思维变革的例子也是非常精彩的。他所强调的是以人的经验直观和理性概念的颠倒关系来重构认识论中的天体运动图型。但我们也可以顺着康德的思路反过来想，哥白尼难道不是以人的身体参与到运动中去，以生命体的物性体验的革命来支持他的思维方式的革命，又以直观和理性思维来支持他的生命体的体验吗？这样构成的图型由于有了人体（扩展开来看也就是整个物性大自然）自身运动的参与，不是更有根基，更能以其实体化达于真理的完美吗？经验就是实验，我们在生活中每时每刻都在做实验。不依仗经验和身体功能的认识只会是空话，而要依仗经验就得每时每刻投入物质生活，通过物性经验来找出理性的规律，舍此没有第二条道路。这也是康德认识论的核心。然而康德的实验还只能证明人的精神之外"有某物"，它造成了我们在精神中的经验认识的现象，但它本身是不可认识的。"我"的实验则要证

① 参见《康德三大批判合集》（上），邓晓芒译，杨祖陶校，人民出版社，2009，序言第12页。

② 《康德三大批判合集》（上），邓晓芒译，杨祖陶校，人民出版社，2009，导言第4页注释①。

③ 但丁：《神曲》，朱维基译，上海译文出版社，1995，第196页。

明这个某物本身是可以认识的，因为它就是我们的“身体”，即那个作为客体的大自然，它不但可以被认识，它还可以主宰人的认识活动，它通过发挥作用来反证理性的合理性与不合理性。此外，如将“我”设为身体，身体之外也“有某物”，这个某物就是精神性的自然，作为生命体的“我”既主宰某物，也要由这个某物来描述与规范。这两种关于物自体和“我”的设定其实就是同一个设定。

胡塞尔的先验现象学的认识论机械地将认识的元素区分为主动性和被动性两类，这倒不是什么新鲜的划分，只不过是遵循传统罢了。问题在于他将物性经验事物搁置之后就不予理睬了，仅仅从理性直观一方出发去规定所有那些“被动的”失效的经验事物，规定完了后才居高临下地给予它们再生的意义。因此物性经验在这种书房里构思出来的认识活动中是完全没有可能取得合法地位的。[①] 在我看来，这种机械的方法还远远比不上解剖尸体所获得的真知灼见。康德的方法虽然也机械，但他的认识终究是建立于物性经验之上，并承认事物的物性的作用，根据那些作用来验证其正确性。虽然他也没有看出物质事物的能动反作用力，这是他也是所有唯心论者的弱点，但他没有像胡塞尔这样采取将物性经验逐出认识论圈子、不承认其作用的决绝态度。完全剔除了外部经验的事物会是什么样的事物？能有人说得出吗？在我看来那只是无质料或假质料的伪事物，对于伪事物的认识，所谓“回到事物本身”，就是再理想化，也不是真正的认识，谈不上真理性。纯物性经验是有局限的，所以需要与理论相结合才能达到真理；正如纯理论也有局限，需要以物性经验实践去证实它、尝试它才能付诸实现。

康德的认识机制就是朝这个方向做出的努力，他的努力已包含了可能发展出来的新型终极设定的隐约的轮廓。而胡塞尔对于康德认识论这个方面的武断批判，无疑是遮蔽了他的理论发展的新的可能性。胡塞尔本人就是因为抽掉了经验认识这个认识论之基底，才在他的后期探索中渐渐地对自己的“第一哲学”产生了迷惑和动摇，甚至要批判自己早期的一些极端化倾向的。[②] 这就可见物质和经验在终极设定和认识论中都是多么必不可少。你不理会它，它却并不“被动”，它还要来干预你的理论生活，使你过不了这道坎。物质在世界和

---

① 参见胡塞尔《第一哲学》上卷，王炳文译，商务印书馆，2013，第 256 页。

② 参见鲁道夫·博姆为《第一哲学》的上卷和下卷所写的“编者导言”。

自我的建构中是决定性的构成因素，它既有被动性也有主动性，正如精神。在个体自我与世界自我中精神与物质这二者是互为本质的。没有物质的主动性，精神就没法诞生与发展。像胡塞尔那样将物性事物看作认识论的纯被动的承载者和“被给予者”且撇开其主动作用的时代已经过去了，在这个方面正确的道路应是在革新的基础上吸取康德理论中的合理成分，并对其加以提升与发展。

胡塞尔还在批判康德时将真理划分为“事实性真理”和“绝对真理”。[①] 这种显然是机械的区分也是来自他的很纯粹的一元论设定。他将意识过程中的认识说成事实性真理，将先验理论原理规定说成达不到的绝对真理。然而，一方面，单从意识原理出发去规定事物就是错误的；另一方面，其实世上没有什么绝对真理，只有真理的绝对性、绝对原则的设定。所有的人所获得的认识都是相对真理，但所有的相对真理都有绝对性和必然性。这一点胡塞尔自己也在书中另外的地方谈到过。但由于缺少真正的辩证眼光与立场，胡塞尔的僵硬的“第一哲学”到了后期连自己也很难说服了，这使得他提出了朝着现象学还原的几条并列的道路。从他的论述来看，他的认识论的现象学还原的第一条道路其实是对他的“第一哲学”理念也就是笛卡尔理念[②]的原理性阐述。即我们“看见”的这个世界，也就是经验的世界是靠不住的，偶然的，需要以主观性理念去不断澄清的，外部的肉体的知觉活动确立的事物常常是无意义的假象，必须以主观性来重建。只有从“我思”出发（而不是从人类学出发）的本质性认识才能达到绝对确真性的真理。但这一点很难为人们所意识到（意识结构总是深深地隐藏在经验事物中），所以必须进行先验现象学的实践运用的操练。[③] 他认为笛卡尔的“我思”理论提出了纯精神宇宙的确立的问题。第一条道路的核心对立面即纯主观性理念——自然经验世界。这也就是第一哲学的核心图型。然而在第一条道路这个纲领性的阐述的后面，紧随的是以心理意识分析为主的第二条道路（而且它与第一条道路并列）的阐述。这就有点令人诧异了。[④] 心理意识难道不是自然经验吗？如何并列？而且据他在这一篇中分

---

① 参见胡塞尔《第一哲学》上卷，王炳文译，商务印书馆，2013，第 514 页。

② 参见胡塞尔《第一哲学》下卷，王炳文译，商务印书馆，2013，第 132 页。这是他在第一条道路的阐述中对现象学还原的理论之核心说明。

③ 参见胡塞尔《第一哲学》下卷，王炳文译，商务印书馆，2013，第 88 ~ 105 页。

④ 参见胡塞尔《第一哲学》下卷，王炳文译，商务印书馆，2013，第 134 ~ 194 页。

析，还有并列的第三、第四条现象学还原的道路。也许这不是胡塞尔一时的逻辑上的疏忽，而是第一条道路和第一哲学本身缺少内容所致的一种补缺的努力吧。

在高调地鼓吹了理想之“纯”、之不可抵达之后，胡塞尔在后期似乎放下身段来讨论具体实践的问题了。因为他的终极原理的设定不可能通过“做”来实现与证实，所以他所获取的和在其上操练的经验其实是伪经验。他的实践是“看”，而不是做。我不知道先验现象学的认识论是如何同“客观有效性”结合的。用主观性理念去征服一个被抽空了（以往）经验的、概念似的“事物”就是同客观有效性紧密结合了吗？总不能将主观性理念自身单独说成经验吧，即使它可以转化成（内在的，理想性的）新经验，那也不是通过单方面的征服或“赋予”（以“看”的方法）可以达到的，它必须在同（以往的）经验，也就是身体事物的纠缠中去达到新经验。[①] 从第一哲学出发去赋予自然经验事物以绝对真理的意义，以使世界和自然经验还原到先验现象学的理想世界，这有多么难，他本人大概也觉察到了。所以在阐述完第一条道路的纲领性设定之后，他就直接进入了对批判传统心理学，建立新型心理学的第二条道路的阐述。这第二条道路里有许多同经验有关的阐述（我并不同意胡塞尔的现象学的主观性的“唯我论”设定[②]），也许待写的第三、第四条道路也同样是这种内容。但他的阐述是有问题的，唯我论主观性设定的认识方法不可能真正认识事物，只会将事物简化成一些准概念（所谓“事实性真理”），达不到真正的本质认识。他的那种对经验材料的解释其实是从一个固定模式出发的解释，等于纯意识理念原则的强行规定。即使暂且不论这些，他的这种排列（第一、第二、第三、第四条道路之并列）也显得缺少依据和机械，难怪博姆说他的两条道路“很难区别开”。[③] 在我看来，除了第一条道路的终极性区分规定，后面那些道路都是补第一条道路的缺，而且是用一种固定的原则去重新解释所有的经验，在其中看不到经验活动本身的真实情况，冥想的成分居多。总的来说，第一条道路的原理性设定是个空架子，无法实现与实践的原理性规定（世界如何通过人的魔法似的“看”而自动生成？）。我认为胡塞尔在这个

---

① 参见胡塞尔《第一哲学》下卷，王炳文译，商务印书馆，2013，第 206 页。
② 参见胡塞尔《第一哲学》下卷，王炳文译，商务印书馆，2013，第 114 页。
③ 参见胡塞尔《第一哲学》下卷，王炳文译，商务印书馆，2013，第 28 页。

核心问题上的看法是有迷惑与动摇的，所以他才会不得不用一些次一级的实践来对他的终极设定进行补缺。

胡塞尔在理论后期向心理学求助，康德的认识论从人类学中找终极根源，这些倾向都有其内在的必然性。它们说明了物质存在的强大的威力，也说明了经典哲学理论中的一元化终极设定的不合理性。我们人的认识活动既有理想性也有局限性，我们在像康德一样承认具体真理的局限性时并不是要放弃对真理的永恒意义的追求，因为真理的绝对性、必然性正好存在于其局限性、相对性之中。我们无限地追求下去，每时每刻都在实现着真理的绝对性与必然性。我们不会因此过分悲观，而会明智地看待真理的这两种辩证属性。胡塞尔的思索不可谓不精深，但为什么在对真理的规定上还是达不到他所追求的严格的科学区分呢？为什么如此明显地脱离辩证思维（指他所说的两条，或第三、第四条并列的道路之设定①）？根源还在于他对物质事物的轻视和看低。一元论的理论倾向使得他的思路走向简单化，在认识复杂事物时缺乏科学（哲学）思维应有的审慎。相较之下康德的认知风格更具有现代性。他承认来自物自体的经验与人的思维有天然契合的倾向，事物是可以通过经验认识的（哪怕认识到的只是现象）。这是一种稀有的、能够从宏观上全面把握的能力，一种真正能覆盖一切的、在动荡中发展的可能的终极图型的模糊轮廓。与康德相比，黑格尔和胡塞尔在深度方面都有所不及，所以两人的理论的片面性也是明显的。

经验中有图型，这种图型就是新型哲学图型的具体化，真理是矛盾图型，人的主观精神的作用就在于投入物性经验中去促成和建构、打乱和在调整中重组这些经验图型（当然物性经验本身在这个活动中同主观精神一样也有主动性和被动性）。这些看法和思路在康德的范畴理论中都有可能性，也在他的终极设定中有原始的倾向。② 康德将两位古希腊的伟大哲学家的对立的世界观作为终极问题在书的末尾提出来，也就是挑明了他撰写《纯粹理性批判》的初衷和他所追求的哲学最高境界，他所提出的是世纪最大的终极问题。而康德的这些可能性与倾向在后来的哲学理论中并没有得到梳理与发展，反而被哲学家们忽略，并各自向着独断论的方向发展出一方天地，却没有再返回到我们的生命体。有的哲学家——如梅洛－庞蒂——有返回的努力，却因为在终极设定上

---

① 参见胡塞尔《第一哲学》下卷，王炳文译，商务印书馆，2013，第27～28页。

② 参见康德在《纯粹理性批判》的结尾处对伊壁鸠鲁和柏拉图理论的对比之论述。

缺少辩证矛盾的立场而未能成功。梅洛－庞蒂发展了胡塞尔的哲学直观理论，补了一些缺。他作为一位有洞察力的心理学家在感性直观方面的精彩阐述可说是哲学上的新颖的创见。他在对先验直观（包括物性直观）的推崇，对主观性的一体化的强调方面达到了理论上的彻底性之极致。他认为人的认识必须执着于主观（体现在客观上的）先验性，只有这样才能真正达于客体的存在。尽管他也许同样受到康德的影响，曾作为一位心理学家到自然经验（心理学经验）中去寻找精神的图型，而且获得了很大的成功；但在总结这些成功经验时，他仍然将其归于类似于胡塞尔的纯粹的先验一元论根源性解释。这就使得他的理论找不到突破口，仍然只能落于唯理论和有神论的传统领域中，并且只能循环自证。比如他在《知觉现象学》一书中写道："看来，应该用另一种认知表象来代替我们在描述置身于其世界中的主体时得到的认知表象，这另一种认知表象认为主体构造或构成这个世界本身，它比第一种认知表象更真实，因为只有当主体首先使物体为他存在，把物体安置在他周围，并使物体摆脱他自己的背景时，主体与其周围物体的联系才是可能的。"① 这段话是他沉思笛卡尔的"我思"境界时写下的。可以看出他的这种观点基本上是胡塞尔的观点的翻版。他认为人只要进入了和掌握了主体之先验性规定，就能达于客体的存在。当然他在先验直观的双向性（指直观对"我"和直观对对象）方面的阐述还是很精彩的。可惜的是他未能将二者辩证地统一于矛盾之中，反而让"对象"被"我"吃掉了。如今是时候了，身体已觉醒，大自然的构成性本质要素要成为最大的研究课题。

在胡塞尔的《第一哲学》中，有大量的对于将心理学理论设为终极真理这种心理主义倾向的批判，此外他还批判了康德从人类学找根据，将其设为认识论根源的做法。这些批判都相当精彩。当今的问题是，将这些从哲学设定来看有局限性的科学理论从"第一哲学"剥离之后，哲学的认识论最高设定如要实现出来，什么是它的内容？像先验现象学所提倡的那种以纯形式的意识结构设定的"先验化"了的质料能取代认识活动的内容吗？这种设定一旦运用到认识活动中，认识本身不是被架空了吗？考虑到这种困境，回过头来再看康德的范畴对于经验的运用，不能不佩服康德所具有的远见。心理学和人类学的

① 莫里斯·梅洛－庞蒂：《知觉现象学》，姜志辉译，商务印书馆，2012，第 464～465 页。

理论的确不能作为哲学认识论的前提与最高设定，但心理学和人类学（包括物理学、社会学等一切物性事物的科学和一切具有间接物性的精神方面的学说）的经验却永远是哲学认识论的基础。当人根据理论规则在这些基础上进行实践时，他一定要将物性的经验当真，也就是要在实践的互动中将其当作检验理论正确与否的标准。只有两方面契合的真理才是实现出来的真理。如果像胡塞尔那样搁置心理学和人类学的经验，以另开一桌的方法去实践，认识活动就被架空了，成为完全没有可行性的空想活动。要知道即使以胡塞尔所说的“纯粹内在经验”去进行操作，那种内在经验也是由外在经验支持的，谈不上什么“澄清”。然而在将心理学和人类学这类专门科学的经验纳入哲学认识论时，这种认识论对于具体经验的解释的高度、角度、立场等，同专门科学的理论的解释肯定是不同的，因为二者的设定就不同。尽管不同，理论认识仍然不能脱离经验，而要在同它交融互动的矛盾运动中去实现自身。胡塞尔的问题其实在黑格尔的理论中就存在，而黑格尔也没有解决这个问题，因为他对物质不感兴趣，他的物质也没有独立性。康德的存在论并非如胡塞尔所说的那样是混乱的，他也不是思维力不够，而是一种更深远意义上的全盘考虑，一种犹豫的产物。

继承康德理论遗产应向他学习深入挖掘的探索精神，而不是以偏概全，堵死他的理论发展的其他可能性。正是康德的先天综合判断的区分具有提升的可能性，胡塞尔和黑格尔的理论则分别从纯粹直观和纯粹思辨两个方面堵死了这种可能性。康德留下的缺口有可能由后人发展出一种超越于心理学和人类学的、宇宙的矛盾本质设定的新型体系。比如人在社会认识实践中，大量的物质性经验偶然因素（所谓“不切合”因素）会涌现出来，然而正是各式各样的偶然因素里面包含着、构成着一种事物发展的必然性。所以人的认识与实践绝对不应该搁置这些物性经验，反而要盯住它们，到它们当中去不断搅动，令真理的图型显现出来。在批判康德认识论中的人类学根源性设定的片面性（这种设定没能扩展到整个大自然的真正本质，也没能将人的主观与客观能动性全部调动起来）时，不应笼统地将他的认识论中的正确设定也一笔勾销，使得他的理论被抽空。要知道在认识活动中物性的“偶然”经验并不是一味“服从”纯理性，被思辨理性所“占有”的，这些经验内部蕴含着强大的质料性冲力，它们往往能颠覆人的推理或直观的判断，迫使人做出根本性的调整。一名经验丰富，具有辩证思维的实践者一定不断地经历过这种创造性认识的历程（比如康德就将纯粹理性的理念的功能规定为“调节性功能”，这是他的一大创见）。他或她也会在过程中执着于生命体的物质性感受，使其同理论性的规定在矛盾的抗衡中不断斗争和协调，最终产生出真理图型。这就是我们提升康德理论的可能的实践。

康德和胡塞尔两人对于认识活动的描述都强调一种“被给予”说。康德的感性认识最初由物自身刺激感官而产生；胡塞尔的直观认识则由“客观的”主观性对于事物的主动给予而产生。胡塞尔的主观性赋予了质料以意义，质料因此被给予了存在。康德的感官的被刺激出来的被给予之物则构成了经验世界。两人的区别在于：康德的经过认识的被给予物是有物性规定的经验事物，人的身体性事物；而胡塞尔的被给予事物则是被“澄清”了的，只具有一种纯粹精神意义的理想化事物。所以同是“被给予”，二者还是区别很大的。康德的经验性认识论有主观性与客观性（虽然他对“客观性”的定义和我相反）相互交融的倾向，并且他的理性并不单方面改变经验质料，而只是规整经验质料。胡塞尔的先验现象学的认识则绝不交融，是单纯的意识的征服占有。在这一点上胡塞尔、萨特与黑格尔三位很接近，康德则与这三位有不同。当然康德的“被给予”的认识方法也还是不完善的，其中人的主观能动性不够，人的客观能动性全无。但他的思考毕竟更为深入，抵达的层面也更广阔，所以他才并未像那三位那样仅仅固执一端，进行实际上是空对空的操练。这也就意味着，康德的认识论中有一种物质化的世俗倾向，这体现在将经验定为认识的根本要素之上。这种倾向对于当今的哲学现代化是很有意义的。通过悬置而升上了半空的胡塞尔现象学的认识论已不完全适合当今越来越复杂的时代了，如今所有的认识都要落到实处，所有的理论都要经受物性实践的检验。此外，认识就是互动，不是什么单方面的主动给予和单方面的被动接受。把对象或对方当活体的实践才有现代性，才有希望深入事物的本质，不然就只能是单方面的武断。一个尊重自己的身体，也尊重别人的身体的时代已在酝酿之中，征服占有的理论将为人类所抛弃。

## 三

关于认识和自由的关系，关于人应该如何达到自由境界的问题，从胡塞尔的整个理论论述中可以看出，他认为人只要执着于纯主观性的精神追求，即使达不到终极目标，也能在过程中不断体验那种渴望。而这就是人作为人的至高自由境界。并且他以自己的一生的理论追求（其中不乏犹豫和痛苦）为研究者做出了榜样。他在阐述自己如何通过认识论达到理想主义自由境界时，对于康德的那种务实的认识论是不以为然的，他认为康德的认识论永远达不到自由。在这个方面胡塞尔的理论同萨特倒是有类似之处，即都是追求一种“纯”的精神上的自由境界，都对世俗生活感到痛苦，将承担“活”在世上的痛苦看作精英们对于这个世界的义务。相较之下，康德的自由观要平实、朴素得多。虽然他认为人在对大自然的认识中不能获得自由，人必须到道德和信仰中去寻求自由，但他并未像萨特那样将人的经验生活，也就是物性生活看作无意义的、必须忍受的生活，而是满怀热情与兴趣地致力于对于这种物质生活的探讨，并为其制定出法则，找出规律。尽管从纯粹理性出发，但他的范畴是落实到经验之上的，所以才具有我提倡的这种常识性、客观性。当然，康德的“绝对命令”不是从物质生活中找到的规律，而是完全先天地从纯粹实践理性中按照逻辑的不矛盾律制定的，排除了一切感性经验的成分，而成为一种“为义务而义务”的普遍抽象原则，只不过他认为这是每个普通人心目中潜藏着的理性本能，在日常生活中随时支配着人的道德判断标准而不自知。虽然每个人都不可能完全做到纯粹的为义务而义务，但这毕竟是普通人甚至罪犯内心所摆脱不了的良知，能够使他们了解自身的有限性、罪性和道德使命，这就使康德自认为不是为那些思想卓越的有识之士提供道德规范，而是为下层百姓寻求道德归宿，其基点确实是更为平民化的。所以读康德，便令作为当代人的我感到亲切，读胡塞尔和萨特，则令我感到本质上的某种格格不入。

康德理论的时代局限在于他的设定中缺少辩证法，所以实践起来有矛盾。他的二元论自由论相当于宣告：人在世俗的条件的限制中难以获得自由，但在思想上和由思想指导的个人修养的实践操练中可以达到自由的境界，人应该满足于大自然的这种先验规定。我现在作为研究者提出辩证矛盾论的终极设定，这种设定将物质（物性大自然）提升到最高的位置上（与精神平起平坐），并将“自由”也设定为有质的自由，身体的自由，这就从康德设定中的自相矛盾的困境中解脱出来了。于是我们当代人的追求就成了这种模式：精神的自由在物性自由中实现，反之亦然。自由是限制的本质，限制是自由的实现。自由的绝对性只能在相对中体现，而相对的、现实中的世俗生活正是体现着自由的永恒性。我相信，我认为的这种设定才是大自然的真实本意。我们的时代不是正在缓慢地、一步一步地趋向于这种意志的实现吗？人类有力量认识自然的本质，这力量就来自大自然的结构本身。如果作为自然之子的人不去发挥这种力量，岂不是暴殄天物吗？人的认识的相对性也是大自然的结构使然，它为人类的世俗生活赋予了理想的意义，使得短暂的个人的生活充满了拼搏和创造，也充满了诗意。我的辩证矛盾论的更进一步的推论和实践则可以达到这种认识，即自由是由物性经验认识所支持的，只有有质的认识运动才最具有创造力，而自由度的大小，正是根据人的创造力来决定的。以我的自由标准，任何实质性的建构，无论是意识形态方面的，还是物性方面的，都要高于盲目的信仰。

康德反复强调，是由于他划出了经验的地盘（在我看来应该将“地盘”扩展地规定为无限的物性大自然王国），纯粹理性才得以自由地发展。康德对于人性的洞悉使得他能在那个时代走出了决定性的一步，将认识论的结构进行了合理的布局，让理性有了用武之地。可以说，康德的纯粹理性批判理论的产生正是哲学从困境中突围的体现。当时的哲学形而上学的各种派别纷纷撇开人类的物性经验，依仗思维与概念独自去建立一些空中楼阁似的神话理论，导致哲学脱离人类文明，坠入野蛮与荒谬中。康德的理论对于理性的拯救是从经验出发的，抓住了经验也就是生命体验这个根本，也就给理性的发展带来了生机。他也为这种发展建立起了科学合理的方法论，为哲学真正走向人的哲学而勾画出了初步的轮廓。这种理论的建立就如同文明的曙光一样穿透了那个时代思想界的黑暗。所以当胡塞尔作为后来者却看不到康德理论的这个最重要的意义，居然提出一种搁置物性经验的方法论，从客观效果来看，这就颇有回归旧传统的意味了。当然胡塞尔自己认为他的理论是遵循科学（哲学）的本质的，最彻底的。他想要做的是与那些自然经验至上的科学主义对抗，建立理想主义的纯精神王国。可是他这种将纯精神纯思辨的作用无限放大，却又撇开经验常识（也就是撇开生命体）的方法论和终极设定，不是说明了旧的传统元素依然渗透在他的思维之中吗？人的哲学思想的形成的历程是漫长的，如康德所描述的那样，哲学家们总在来回探索，历史在等待转机的出现。康德所说的这些就像先知的预言，勾画出了自那时以来哲学的发展状况。康德不是神，他不可能一旦建立起一种革命性的新理论立刻就撇清了一切旧传统的影响。人类对哲学的攀登总是一步一个脚印，逐渐趋向完美的，哲学家只能根据现有的经验（当时的哲学和科学的成果）去突破，去发展出他的新体系。我们今天的研究者来读康德的理论，应以找出这种理论的深层结构和其发展的可能性为主要目标。

很显然，康德的理性体系和方法论都是将物性自然和经验的作用包含在内的，他甚至将这个体系称为“自然的形而上学”。① 在他那个时代，精神还没有被看作自然，他能将物性经验的自然植入认识论之中，这是他作为一名优秀科学家（尤其是体现在他对数学和物理这两门最接近哲学理论的科学的精通上）的本能使然。他的这一设定具有深远的哲学史的意义，也令后人不断从中受益。我认为康德的认识论结构是最具有现代性的，而胡塞尔的体系由于其根基单薄，很难进行真正的认识活动的操作，也几乎不可能仅仅依仗它来追求到哲学真理。这是因为它里面有矛盾（产生矛盾的原因康德已经在抨击传统形而上学理论时分析过了），只能在逻辑的层面上进行直观和推论，无法贯彻到实践中去，也难以真正证实。它令人想起康德对于独断论的定义：要依照理性早已运用的原则、单从概念（哲学概念）中来推断某种纯粹知识，而从不调查理性达到这些知识的方式和权利。② 再回想一下胡塞尔的认识论，那不正是具有康德所批判的这种倾向吗？康德的关于认识论的一个教诲在今天对于我们研究者来说仍然适用，这就是到自然中去寻找规律，向自然学习（这个自然也包括人自身的认识主体，他认为精神结构已被先验地植入了自然之中，人所能做的就是让这些植入物显现出来）。当然我所提出的自然设定已经更进一步地提升了，它成了精神与物质合一的矛盾体，谈论精神性自然就也是在谈论物性自然，人的认识活动成了到物性自然中去寻找精神规律又到精神性自然中去寻找物性事物的存在这样一种相互验证、相互超越、共同提升的运动。我的这种矛盾设定就是从康德的二元论设定中得到启示而产生出来的。

虽然康德的存在论还有神的影子，但一旦涉及纯粹理性认识论，他就成了彻底的科学家。这体现在他坚定不移地将人的先天的（包括内感官的）规则运用到自然科学经验中，以形成自然规律这一点上。他认为除了（直接的和间接的）物性经验，没有第二种事物可以确定与验证理性认识的正确性。即

---

① 参见《康德三大批判合集》（上），邓晓芒译，杨祖陶校，人民出版社，2009，序言第 11 页。

② 参见《康德三大批判合集》（上），邓晓芒译，杨祖陶校，人民出版社，2009，序言第 22 页。

使他的物性经验在认识活动中还比较被动和缺少独立性，但他的天才的设定还是为后人的继续探索提供了可能性。他的认识论对于今天的哲学的最大的启示在于，他始终不变地将认识看作先验的主观性规则与经验对象的交融活动，以客观有效性（也就是先验主观性条件与经验的综合）作为认识的实现之标准，以此建立了范畴的客观演绎体系。当然这个体系的缺陷还是很明显的。它仍然给人一种先验理性至上，物性经验的活动被其遮蔽的印象。要改变认识论的单向运动，使其接近真实情况，只有以矛盾的双向互动的设定来全面取代它。将生命体纳入矛盾运动之后，认识就成了身心合力的具有实践特征的运动。

胡塞尔的认识活动是通过由主观性也就是“内部经验”赋予事物意义来进行的。他在认识活动中将所有的事物的物性搁置，为它们的质料赋予先验性，只留下内部经验即时间的持存，也即康德所说的“我的存有”。胡塞尔认为澄清了外部经验就可以达到本质认识。那么他的内部经验也就是时间经验是怎么来的，靠什么支持的呢？如康德所分析的，只能从外部的感官或空间经验而来。① 像胡塞尔那样撇开时间与空间的相互依仗的关系，强行设定一元化的先验主观性，在现实实践中就很可能碰壁。与外部经验不发生关系的内部经验只能是抽象的逻辑推理，只有要么直接，要么间接地同外部经验联动，“自我”（我的内部存有）才有可能进行认识活动。② 从这个意义上说，任何客观有效的“我思”都是经验认识，都是内部经验与外部经验的相互转化。康德当年出于理性主义立场而对外部经验的评价不太高，并因此对人能否认识自我的本质持否定态度，他认为人只能知道“有”自我，“有”物自身，却不能认识它们。这是他的局限。而胡塞尔的那种空的知性直观，想要用它来认识自我

---

① “我们不能把时间这种毕竟不是任何外部直观对象的东西以别的方式设想，除非在一条我所引出来的直线的形象之下来设想，没有这样一种表现方式，我们将根本不可能认识时间量度的单一性。”（参见康德《纯粹理性批判》，邓晓芒译，杨祖陶校，人民出版社，2004，第 104 页）“我意识到我的存有是在时间中被规定了的。一切时间规定都以知觉中某种持存的东西为前提。但这种持存的东西不可能是某种在我里面的东西……所以对这种持存之物的知觉只通过外在于我的一个物，而不是通过外在于我的一个物的单纯表象，才是可能的。”（参见康德《纯粹理性批判》，邓晓芒译，杨祖陶校，人民出版社，2004，第 203 页）这都说明了在康德眼里时间对空间的依赖性。

② 胡塞尔在《内时间意识现象学》中，一开始就把客观时间排除在他的考虑之外了，他认为现象学分析“必须完全排除任何与客观时间有关的设想、确定、信念（排除所有对实存之物的超越预设）”。参见胡塞尔《内时间意识形象学》，倪梁康译，商务印书馆，2009，第 34 页。

就更难了。因为人不能单靠逻辑推出一个自我来，哪怕这逻辑是先验的，它也得与外部经验结合才会有内容。胡塞尔在知（理）性直观的提出上比康德进了一步，但在对外部物性经验的排斥与贬低上则从现代哲学的水平大大地退步了。

我认为内部经验正如康德所说的那样，也是时空互构（间接地）的，但我还认为这个互构的事物体现了人的知性直观。因为分裂了的客观性自我（身体、他我或经验事物）也可以跳开来在质料意识中看主观性自我，而主观性自我也可以由客观性自我来得到实现。如胡塞尔所说，人是可以认识自我的。[①] 但只有运用辩证矛盾法，让时间与空间，内在经验与外部经验互动互证，才有可操作性。通过这种新型的操作，可以看到，灵魂和身体的确是可以认识的，而自我，是由我们每个人自己建构起来的。“做”，成了自我认识的决定性步骤。对于康德理论的认识论，我会说，不仅要知道自我“有”，还要知道它是“什么”；对于胡塞尔理论的认识论，我会说，理性直观取决于“做”，要有物性实践的可行性才能成立。内部理性直观是用来干什么的？只能是用来选择外部经验材料，以建构真正的矛盾性自我的。当然在过程中理性认识本身也被选择和被修正，二者是共同建构自我的。关于人的认识的功能，康德和胡塞尔各做了一半的解释。康德的解释不彻底，胡塞尔的解释缺少内容，两个人的缺陷都来自纯理性主义的认识论的终极设定的缺陷。只有从终极本体设定上进行改造，认识论才有可能变得完整。在辩证矛盾法的运用中，人会体会到，自我知性直观的确是可能的，还可以得到证实。人也会进一步体会到，纯精神必须靠肉体来滋养才能获得存在，才能作为自我的要素不断发展。这种新型认识论可以使我们摆脱盲目信仰的局限，在同亲爱的大自然的同体联动中抵达那种理想的认识境界。

最后，胡塞尔的先验现象学的最大的自相矛盾之体现还在于它要在认识活动中保持一种纯思辨直观本质学的态度，要从先验论的先验性过渡到先验论的事实却又达不到目的，于是只好进行一些折中。他的这个事实就是各类经验科学（包括心理学）所构成的体系（他要将它们全部先验化），并且现象学认识的前提又是搁置客观的经验性认识对象的。按胡塞尔的解释，本质学的态度即

① 参见胡塞尔《第一哲学》下卷，王炳文译，商务印书馆，2013，第183页。

意识至上、用意识结构去统一事物，使原来的经验不起作用的、以纯意识理想来赋予事物以新的意义的态度。由于他对康德在认识论中启用经验的做法不满，而他的本质论中又只有意识或主观性这一维是起作用的，要想用这一维去征服质料经验（哪一种科学又不是经验的产物？哪一种美学又不是情感经验的本质的学说？），必定会陷入仍要启用经验、依仗经验的自相矛盾的窘境之中。当然胡塞尔自己认为自己的先验现象学绝对不是蔑视经验科学的理论的，他是将“自在的”科学理论真理当作“事实性”真理看待的，他的认识论的贯彻就是将这些事实性真理赋予主观性的理想含义，提升它们的存在的档次。他还认为机械自然观与目的论自然观可以通过他的先验现象学达成真正的和解。[①] 但我认为要和解就不能搁置经验，反而要投入经验之中。再说他所宣称的宗旨能否实现？你将自然科学的本来意义搁置了，仅仅空洞地承认它的事实性，那和不承认有很大的区别吗？“事实性真理”是可以由你意识到的主观性来任意赋予意义的吗？它会马上放弃自己原有的理想性，来被动接受你直接赋予它的理想性意义吗？这些问题不经过实践的检验都不能验证。

胡塞尔之所以认为认识活动要将经验认识搁置，使其不起作用，根源性的思想还在于他的一元论排斥物质与精神、我与他我、肉体与理念之间的真正沟通。这是他与萨特的共同致命弱点。他们都处在沟通的呼声越来越迫近的时代的前夕，理性主义的一元论设定受到威胁，所以他们才会各自提出一种标新立异的主张进行突围。但这似乎是一条铁的规律：不沟通，就注定跳不出无形的圈子的限制。胡塞尔的主观愿望是好的，他要反对当时统治理论界的科学主义思潮，要让人性回到高贵的理性。但他的主观性是一个封闭的系统，并未深入质料事物的核心中去与其互动和起作用。我承认有一个对象，我一思考，就只能思考对象，二者同一。我必须从主观性出发赋予经验对象以意义，这个意义仅仅来自我的主观性，我将意义赋予这事物了，这个事物才存在了。但他从来就没有反思过，主观性的意识和客观性经验是否可能通过沟通来存在，这种沟通远不仅仅是表面的移情，也不完全是他所假定的“共主观性”（他的“共主观性”也是来自康德的归纳性界定），而是矛盾中异质事物之间的切身的互动，互为本质。我认为一定要将经验事物看作活体（生命体），你的认识才会

---

① 参见胡塞尔《第一哲学》上卷，王炳文译，商务印书馆，2013，第 502 页。

有进展，你才能建构。胡塞尔在后期之所以要提出与“第一哲学”的笛卡尔道路并列的第二条先验道路的根源即在此。但第二条道路的权宜之计（即将心理学理论提升）是说不通的，也违反他自己的设定。他的第一哲学的认识论原则性设定是排除了物性经验的。康德启用经验不是由于他的理论的逻辑不彻底，而是他的哲学本能使然。而胡塞尔的本质设定里面应包括物性事物的设定，否则就会失去根据，会成为不可行的抽空了的教条。所以他的第一哲学的“道路”尽管听起来很美，却连他自己都说服不了，导致了他后期的自相矛盾。

胡塞尔那种单一僵硬的本质设定只有经历了变革之后才能真正进入物性事物，并建构事物——认识是复杂的、辩证的过程，只有走出书房投入物质的海洋中去实践才有可行性。胡塞尔看到的是康德不忠于意识至上的一元论的倾向，他将这称为思维的混乱；我看到的则是康德坚守哲学本能做学问的科学精神和深谋远虑的哲学家境界。某些古老的哲学智慧往往出现在这些开创性的巨人的理论中。关于哲学观中的（存在或世界的）终极本质之设定已争论了几千年，虽然至今仍在争论中，（因为这种设定只能是辩证的设定，所以永远会在争论中发展），但哲学毫无疑问并不会停滞不前，那是违反宇宙或大自然的意志与规律的。我认为世界思想界正在一步步向那个更为全面和真实的目标迈进，虽缓慢却并不会长时期倒退。

## 四

我还想在这篇文章的末尾谈谈我对康德提出的认识结构的看法。康德在他所写的《纯粹理性批判》第二版序言的最后一段里有一个很长的注解①，他在这个注解中描述了他的复杂的认识机制——外感官与内感官的关系；内在主观性自我（内部的“我的存有”）与外部持存之物（物自身，实际上就是客观性自我，但康德将其看作由未知的事物在经验材料上展示其现象、人通过现象去揣测它的那样一种“某物”）之间的关系；外部经验与内部直观的沟通的问题等。虽然不完全同意康德的观点，但我认为这个描述确实显示了他的罕见的天

① 参见《康德三大批判合集》（上），邓晓芒译，杨祖陶校，人民出版社，2009，序言第24页注解。

才和思维力的强大，也使我们进一步理解了他为什么要在哲学上采取二元论的深层考虑。康德进入了人的意识的最深处，从那里发现了真实的结构，这就是，人的内在的主观性自我（所谓“我的存有”）是从外部感官那里摄取经验材料而得以建立的，切断了这个来源，主观性自我便会消失。当人意识到了主观性自我时也就意识到了外部经验物的本质性存在，这种内与外相结合相依仗的结构是不会改变的、先验的。每当我感到了外部的某物对我的作用时，我也就感到了我内部的存有。你要丰富发展你的内在自我，你就要通过实践去训练强化你自己对于外部事物的感受力。认识只能是这样一个模式。按康德的解释，由于内部现象性自我意识是由外部感性支持的，所以我们的自我意识无法达于自我的本质存在，人的有限性就在这里。不论是对于外部事物还是对于内部经验，人都不可能有知性直观，除非他是上帝。但在认识中人的物性经验是撇不开的，舍此便无主观性自我。反之，不建立起主观性体系也不能确立外部世界的存在。内部世界与外部世界需要互证。我不同意康德认识论的地方在于他的设定的机械性和对于人的能力的不够自信，尤其是对于物性感知的看低。他认为一切经验事物都是由先验主观性的综合与时空条件通过想象力的联结来主动建构的，物性经验自身则无主动性。例如他对于空间的规定就显示了他的机械性区分之僵硬和不合理，他认为空间本身虽然称作“外部直观”，但本质上是先验主观性（“接受能力”的）内在直观，不是经验客观性的外部直观。我认为这里面应该有一种主客交融的同构或共构。他这种区分限定其实是仅仅将人的主观能力当作规则了，却不曾细思规则和规律如何在实践中实现这个问题。在我看来，直观应分为感性直观和知性直观，被康德规定为主观性内直观的直观其实就是知性直观。人还具有由感官决定的外直观，也就是客观的感性直观。内与外，概念与经验事物必须互为本质、相互依仗，在认识活动的实现中同时存在，并处在不断转化之中。两种直观你中有我，我中有你，很难说谁比谁更深刻。所谓先天性存在应该是精神与物质的契合性本质存在。正是因为康德将空间直观定为纯感性的主观性直观形式，所以他才认为人认识不了物自身（或物自体），只能认识现象。因为要认识物自身，人必须具有知性直观。我认为空间既是内直观也是外直观，既是感性直观也是知性直观，是二者的结合。就像中国人喜欢说的“悟性”，既可以是指外直观，也可以是指内直观。当它指外直观时，是指从事物中看出事物的结构的能力；当它指内直观时，则是指从思维结构中看出物的存在的能力。但不论感性直观或知性直观都是由（直接的或间接的）经验来支持的。撇开经验的直观不能成立。两种直观在与推论相结合的过程中完全可以达于理性直观。

因此，我认为人的自我意识是可以通过灵肉的共同努力而达于事物的本质存在的。因为这个本质存在属于我们自身，它既是我们内部的存有，也是这个存有之对象（之本质存在）。大自然将这两个东西植入我们心中和身体内，就是为了让我们认识它们，并通过认识它们来体验自由。这种植入的设定是无限的永恒的过程，虽然每一具体认识有局限，但局限是为了更好地向无限突进。再说外部的物性认识也并非纯感性的，将物性认识（身体直观、悟性和感性经验）简化为较表层的纯感性是错误的，这种错误导致了康德将人的局限性归于人的感性，这是急需我们今天来澄清的核心问题。

感性经验、身体直观和悟性是不可分的整体，它们都属于物性认识，但是多少年里哲学界总是将物性认识仅仅归于表层的纯感性，康德当然在这方面也有含糊的认同。其实物性认识是从“体”出发的认识，它不仅包括感官的感性，也包括人的外直观上升为对于物性经验的深层的倾向与可能性的“悟”。这种认识的威力一点也不亚于精神性的内部认识，它的起源还更为深邃和原始。就认识来说，并非主观内部认识更深，而客观外部认识相对较浅。这种观点是传统偏见所致，非常机械，没有看到内和外之间的辩证关系。所以我认为对物性认识做出细致明确的规定是当代哲学的最紧迫的任务。这项任务涉及人的情商素质的培养，创造性的激发，人与人之间的健康合理的关系的建立，社会的多元丰富发展和人的思想的包容性，以及身体的自由度等。康德的伟大在于他并不像胡塞尔那样搁置物性经验，反而在其精深的意识结构的分析中将物性经验植入认识机制中，让认识活动成为内与外的联动，这是只有他才能做到的，是在那个时代哲学家努力建构自我的初步尝试。我认为康德的范畴论和时空先验感性论都可以经过改造转化成新型的辩证矛盾论，将当代人的自然观的结构充实进去，使其焕发出新的活力。康德的含糊性还在于他没能对感性和物性这两个概念做出进一步的区分，因为他的认识论的最高设定仍是理性主义设定。但他作为优秀的自然科学家对于“经验”范围的规定是非常准确的。一切都是经验，经验就是物性大自然，精神本身也要以物性经验为基质，上述注解的深层含义就在此。读了注解之后再对照胡塞尔的认识体系，我不得不承认胡塞尔的原始思维力还没有达到康德的层次，那个体系中还有某种飘浮无根的东西。这是值得我们今天的哲学研究者深思的。要克服经典哲学的这个致命弱点，走出书斋，认真地投入世俗生活中去发现、总结规律是关键。在这个方面，康德的关于理性的“亲和力”的教诲至今仍有重大的意义。

# 相对主义的心理主义是荒谬的吗？[*]

## ——以胡塞尔《逻辑研究》第一卷中的论证为例

李岱巍[**]

**［内容提要］**　胡塞尔在《逻辑研究》第一卷《纯粹逻辑导引》第七章中针对作为相对主义的心理主义提出了强有力的批判，他认为心理主义最为严重的问题在于它将导致某种怀疑论的相对主义，而相对主义作为一种有问题的学说是荒谬且不可接受的。在本文中，我将通过对胡塞尔论证的分析指出，胡塞尔的论证由于预先设定了对真的一个明见性理解从而在某种程度上犯了窃题的错误。同时我还将通过对相对主义的自我反驳性论证问题在当代认识论中的讨论试图表明，单单从逻辑形式上对相对主义进行反驳存在的问题和局限性，而后期的胡塞尔也显然认识到了这一点。

**［关键词］**　胡塞尔　反心理主义　相对主义　自我反驳

几乎每一个胡塞尔现象学的初学者都会首先接触到心理主义问题。多数的评论者认为心理主义通过胡塞尔（当然还有弗雷格）的批判被证明是完全错误的。这一观点一度非常盛行，但最近心理主义却大有回潮之势。一方面很多哲学家陆续发文指出胡塞尔和弗雷格反心理主义论证所存在的问题，另一方面

---

* 本文受国家留学基金委建设高水平大学公派研究生项目（项目编号：201506260182）资助。

** 李岱巍，德国亚琛工业大学哲学系博士生，主要研究方向为胡塞尔现象学、当代知识论和分析美学。

心理主义伴随着当代哲学界的“自然主义”倾向获得了越来越多的支持者。这种发展向我们表明了足够的理由重新系统和仔细考察反心理主义论证的必要性。[①] 鉴于胡塞尔认为心理主义最为严重的问题在于其相对主义后果所蕴含着的某种矛盾和不一致性，对胡塞尔反心理主义的论证有效性的再考察也应从这里开始。下面我将通过细致分析胡塞尔《逻辑研究》第一卷《纯粹逻辑导引》（以下简称《导引》）第七章中的反相对主义证明及当代知识论中对相关问题的讨论来说明为什么这一方向的论证策略现今已经不再令人信服。

## 一 心理主义作为一种相对主义

《导引》的批判对象主要是逻辑的心理主义。逻辑心理主义认为心理学作为一种科学可对逻辑的客观性做最终的判定，逻辑知识是建立在对心理事实的研究基础之上的。因此，逻辑知识必须接受经验知识的验证和考察。心理学的逻辑学家认为逻辑命题是通过对某种心理事实——我们心理的特征或本性的描述而获得的。

例如，在密尔（Mill）——弗雷格和胡塞尔批判心理主义都将其视为典型——那里，矛盾律被规定为：“［矛盾律］是指两个论断，同时思考它们的肯定和否定是不可能的。人们不得不说，同时相信它们的肯定和否定是不行的。”[②] “［矛盾律］的基础，我将其视为相信和不相信两种不同的心理状态，并且两者只能选其一。”[③] 如果情况正如密尔所说，那么逻辑就成了心理学的一个分支，它的基础必须依赖于经验心理学对逻辑定律的观察解释。

另一方面，相对主义，在其最为直观的意义上来解释，就是指某物相对于某物而定。比如，“X 相对于 Y”，X 是指相对项，Y 是指被相对化项。“相对于”可解释为“依赖于”“取决于”——相对项 X 的任何变化都是由被相对

---

① 对心理主义争论的背景介绍及演变可参见喻郭飞《重估弗雷格与胡塞尔的反心理主义思想》，《德国哲学》2017 年第 1 期。

② John Stuart Mill, “An Examination of Sir William Hamilton's Philosophy,” in J. M. Robson edits, *The Collected Works of John Stuart Mill*, *Vol. 9* (Routledge and University of Toronto Press, ［1865］ 1979), p. 376.

③ John Stuart Mill, “A System of Logic,” in J. M. Robson edits, *The Collected Works of John Stuart Mill*, *Vol. 7* (Routledge and University of Toronto Press, ［1843］ 1973/1974), p. 277.

化项 Y 组成或特殊化而成。因此心理主义就可以依据这一模式而解释为“逻辑学依赖于心理学”。

胡塞尔在《导引》第七章中将相对主义分为个人相对主义和种类相对主义（人类主义）。普罗泰戈拉式的主体相对主义可以被看作最为极端的相对主义，他将个人视为真理的标准。“所有的真理（与知识）都是相对的——相对于认知主体而言。”① 种类相对主义则将评判标准从个人替换为生物学意义上的种类。而人类主义也是某种种类相对主义。“种类相对主义断言：任何事物的真都是相对于被给定的判断种类而言，基于其构造和思维法则而被看作真的。”② 在组织了一系列的对这两种相对主义类型的批判后，胡塞尔强调：“在我们对相对主义进行攻击时我们当然也不能忘记心理主义，心理主义的所有变种事实上都是相对主义。”③ 胡塞尔随后对此并未做更进一步的说明，但是根据前面的论述我们应该能够明了，任何理论只要它将逻辑真理的研究划归或倚傍到对（心理）事实进行研究的学科之上，它就同时也是将其“相对化”了。因此，心理主义就是相对主义。

## 二 胡塞尔反相对主义的心理主义的论证

### 1. 胡塞尔的反相对主义路径

胡塞尔在《导引》第三章到第十章给出了大量反心理主义的论证。它们大致可分为三种类型：错误结论型、心理主义作为怀疑论的相对主义型、虚假偏见型。本文所要分析的第二种类型在我看来是对心理主义最为有说服力也最具有教导意义的反驳。

胡塞尔的反相对主义论证的思路简单概括就是：相对主义是前后矛盾的和不一致的，我们可称之为自我否定论证（self-refutation）。

自我否定论证在哲学史上由来已久，也许是人们最为耳熟能详的反对相对

---

① Edmund Husserl, *Logische Untersuchungen*, *Vol.* 1: *Prolegomena zur reinen Logik*, in E. Holenstein edits, *Husserliana XVIII* (Nijhoff: The Hague, [1900], 1975), p. 122.

② Edmund Husserl, *Logische Untersuchungen*, *Vol.* 1: *Prolegomena zur reinen Logik*, in E. Holenstein edits, *Husserliana XVIII* (Nijhoff: The Hague, [1900], 1975), p. 124.

③ Edmund Husserl, *Logische Untersuchungen*, *Vol.* 1: *Prolegomena zur reinen Logik*, in E. Holenstein edits, *Husserliana XVIII* (Nijhoff: The Hague, [1900], 1975), p. 131.

主义的方式。它最早始于柏拉图对话录的《泰阿泰德篇》和亚里士多德的《形而上学》。这个论证的基本观点在于：如果相对主义宣称："对某人看起来是真的，那就是真的。"[①] 那么，这个宣称自身内在地或隐秘地包含至少一个绝对的事实或真理，即相对主义必须承认它自己的相对主义理论不仅仅是对它自己有效。然而如果情况如此，相对主义就违背了它自己的最初的观点。胡塞尔对相对主义的批判也始于这样一种指责，不过我将通过之后的分析表明胡塞尔的观点与之有所背离。他对个人相对主义和种类相对主义（西格瓦特和埃德曼）的批判都更多地诉诸他对真理绝对性的预设而不是更多地指责相对主义的自我矛盾性。也就是说胡塞尔自己的对相对主义的自我反驳性论证更多地需要以明见性概念为基础。另一方面，在当代认识论中关于相对主义的自我反驳问题则基本是以柏拉图的理论为原型，通过与当代观点的对照我们可以更好地看出胡塞尔理论中存在的问题。

**2. 胡塞尔的论证**

（A）对个人相对主义的批判

个人相对主义在胡塞尔看来是："一个如此赤裸裸的和厚颜的怀疑论" 并且 "是一个甚至无须拿起立马就可以舍弃了的理论"。[②] 个人相对主义看起来一点也不值得花太多时间考察就可以认为它是不一致的并轻松舍弃。因此胡塞尔对个人相对主义的自我反驳性批判论述得相当简短。他首先对个人相对主义做了普罗泰戈拉式的理解："个体的人是一切真理的尺度。对任何人来说，他觉得是真的东西便是为真；对这个人来说是真的可能对其他人不为真。"[③] 这个理论是错的是因为，相对主义者的观点 "所有真都是相对真的" 将会使得任何一个有效的理论建构（包括这个观点本身）成为不可能。

胡塞尔的批判性观点是："［个人相对主义者］会回答说：我用我的理论陈述我的立场，这个立场对我来说为真，并且不一定非得对其他人也真。他声称自己的主观意见这一事实也只对他自己的自我而言为真，而不是自在地为真……怀疑论的学说在最真正、最严格的意义上是悖谬的，这种悖谬在于：怀疑论主

---

① Plato, Theaetetus: 170a.

② Edmund Husserl, *Logische Untersuchungen*, *Vol.* 1: *Prolegomena zur reinen Logik*, in E. Holenstein edits, *Husserliana XVIII* (Nijhoff: The Hague, [1900], 1975), p. 123.

③ Edmund Husserl, *Logische Untersuchungen*, *Vol.* 1: *Prolegomena zur reinen Logik*, in E. Holenstein edits, *Husserliana XVIII* (Nijhoff: The Hague, [1900], 1975), p. 122.

张的内容否定了属于任何一个主张的意义或内容并因此而无法合乎意义地与任何一个主张分离的东西。”①

胡塞尔的观点已经清晰呈现，下面我将其重构为一个更为明确的论证。

P1：个人相对主义认为个人相信为真的就是真。

P2：P1 作为一个观点蕴含了绝对真理。

C：个人相对主义预设了一个他自身反对的概念，因此是矛盾的。所以个人相对主义是错误的。

在上述论证中，前提 2 显然是成问题的，因为它预设了“真”这个字的语言学意义，因而致使整个论证都是窃题的。罗伯特·汉纳（Robert Hanna）②也持相同的观点，但是他给出了自己的新的论证以避免窃题问题。

P1：相对主义者认为个人认为真的就是真。

P2：个人相对主义认为 p 为真，那么 p 是真的（p：个人相对主义的理论）。

P3：反相对主义者认为非 p 为真，那么非 p 为真。

P4：p 和非 p 同时为真。

C：个人相对主义（p）是自我否定的并且是假的，归谬。

汉纳认为改进版的论证“可以让对个人相对主义的反驳更为清晰化”。并且这个论证是可以从胡塞尔的观点里“轻松得出的，”随后可以“将更多精力放在对种类相对主义的批判上”。我承认第二个论证更为清晰明确也更可行，但是，虽然胡塞尔能够“轻松地给出”这样一个论证，这样一个论证却不是他所持有的。在胡塞尔对种类相对主义的反驳中，他一次次诉诸真理概念的绝对确定性，并且即便胡塞尔真的得出了汉纳的论证，在他看来，这个论证得以成立的基础——矛盾律的有效性也必然要诉诸真理的明见。

“矛盾律和排中律告诉我们的无非是蕴含在语词‘真’和‘假’中的意义。”③

“纯粹的逻辑真理是观念法则，它们的整个基础都是建立于‘真理’，‘命

① Edmund Husserl, *Logische Untersuchungen*, *Vol.* 1: *Prolegomena zur reinen Logik*, in E. Holenstein edits, *Husserliana XVIII* (Nijhoff: The Hague, [1900], 1975), p. 123.

② Robert Hanna, “Logical Cognition: Husserl's Prolegomena and the Truth in Psychologism,” *Philosophy and Phenomenological Research*, *Vol.* 53, *No.* 2 (1993), p. 271.

③ Edmund Husserl, *Logische Untersuchungen*, *Vol.* 1: *Prolegomena zur reinen Logik*, in E. Holenstein edits, *Husserliana XVIII* (Nijhoff: The Hague, [1900], 1975), p. 124.

题’，‘对象’，‘性质’，‘关系’，‘连接’，‘法则’，‘事实’等概念的‘意义’，‘本质’或‘内容’之上的。”①

“逻辑法则仅仅表达了某种植根于‘真理’，‘谬误’，‘判断’（命题）这些概念中的单纯意义。”②

由此可见，尽管有汉纳对胡塞尔批判的改进，胡塞尔心中的个人相对主义的最大问题依然是其违背了“真”的本真意义。因此胡塞尔对个人相对主义的批判是窃题的。他需要给我们一个澄清：“为什么会有一个充分定义了的，合适的语言学意义上的‘真’和它的否定；并且，这个意义是本质上排除了其他相对主义者对‘真’的解释的?”③

（B）对种类相对主义的批判

（α）种类相对主义与个人相对主义的区别

种类相对主义以及其特殊形式人类主义看起来是比个人相对主义更强更值得辩护的理论。种类相对主义认为：“对于任何一种判断生物来说，真是对于这种生物的构造及思维规律而判定为真的。”④

盖尔·索菲尔（Gail Soffer）在讨论胡塞尔的相对主义批判理论时，也区分了两种类型的相对主义——主观主义和非主观主义的相对主义。主观主义的相对主义与胡塞尔的个人相对主义类似，它的主要问题在于真被等同于表象和意见，因此使得任何严肃的理论不可能。一个真正的，负责任的和值得辩护的相对主义应该将其理论建立在某种一致性上，也即是说必须能够同时成功地劝说其他人同意相对主义并不至于滑入绝对主义当中。而这也是非主观主义的相对主义所想要达成的目标。

首先我们来看一下非主观主义的相对主义是如何避免主观主义的问题的。主观主义的困境在于它允许任何看起来可以是真的主张都是真的，任何个人都可以宣称向他显现的才是真的，他的任何信念和观点都可以为真，这样就使得

---

① Edmund Husserl, *Logische Untersuchungen*, *Vol. 1*: *Prolegomena zur reinen Logik*, in E. Holenstein edits, *Husserliana XVIII* (Nijhoff: The Hague, [1900], 1975), p. 129.

② Edmund Husserl, *Logische Untersuchungen*, *Vol. 1*: *Prolegomena zur reinen Logik*, in E. Holenstein edits, *Husserliana XVIII* (Nijhoff: The Hague, [1900], 1975), p. 144.

③ Gail Soffer, *Husserl and the Question of Relativism*, (Springer, 1991), p. 13.

④ Edmund Husserl, *Logische Untersuchungen*, *Vol. 1*: *Prolegomena zur reinen Logik*, in E. Holenstein edits, *Husserliana XVIII* (Nijhoff: The Hague, [1900], 1975), p. 124.

相对主义自身也没有什么被其他非相对主义者所认同的必要和价值了。但是，非主观主义的相对主义并不将真理划归为个人的信念或者观点，而是将其诉诸种类的构造。“这种类型的相对主义秉持一种原则，一个断言是真的是因为它与做出断定的主体所属的种类构造保持某种关系”，并且这种“关系”不能被仅仅“还原为主体的观点”。① 这样相对主义就可以说：“某个个人持有某种错误的信念，例如，他把真的错误的当成假的来看待。”主观主义的关键错误在于混淆了“客观”的相对真理和主观的意见，因为很多情况下双方确实是共同进退的。但是相对真理是取决于主体构造的，而主体构造并不能等同于主观的意见或信念，因为有可能我们并不相信一个法则为真但实际上我们的种类构造是依据这个法则的真前提构成，只是我们并不知道罢了。“因此可以看出单单是主体构造被某种法则规定并不足以导致主体自身确认这个法则（如矛盾律）为真。与此类似，某个个人的信念系统的一致性会导致某个判断为真，但这一点并非唯一决定性因素。”②

由此可以看出，对于非主观主义来说，相对主义是有效的，这一点不仅对相对主义者成立，由于具有共同的种类构造，相对主义对那些不支持它的人来说也是有效的，尽管他们的个人信念可能并不承认这一点。

现在我们回到胡塞尔的观点。在《导引》的第36节中，胡塞尔一共给出了六个论证反对种类相对主义（非主观主义的相对主义），这六个论证的主导思想与胡塞尔反对个人相对主义的观点高度一致。这里我要做出一个区分，莫汉蒂（Jitendra Mohanty）曾为胡塞尔辩护——针对佛瑟达（Dagfinn Fø llesdal）的批评，他说道：“佛瑟达认为胡塞尔对心理主义［人类主义］的批判全部是窃题的，或者说从长远来看，都是必须诉诸明见性概念的。”③ 这里他并没有注意到后面两个论证，因为佛瑟达的观点是：“［第五个证明］本质上是本体论的”，并且它“并不在弗雷格处理的逻辑学范围之内”。④ 这在我看来预示着这个证明的特殊性，这里需要短暂离题处理一下这个问题。佛瑟达的这段文本

---

① Gail Soffer, *Husserl and the Question of Relativism* (Springer, 1991), p. 4.

② Gail Soffer, *Husserl and the Question of Relativism* (Springer, 1991), p. 5.

③ Jitendra Nath Mohanty, *Husserl and Frege* (Indiana University Press, 1982), p. 28.

④ Dagfinn Fø llesdal, "Husserl and Frege: A Contribution to Elucidating the Origins of Phenomenological Philosophy," in L. Haaparanta edits, C. Hill trans., *Mind, Meaning and Mathematics* (Dordrecht: Kluwer, [1958] 1994), pp. 28–29.

主要处理的问题是，弗雷格认为在解释逻辑的客观性问题上，逻辑学家必须保持沉默，但胡塞尔认为这个问题不是无法解决的，那么他是用什么方法解决的呢？在考察了胡塞尔对种类相对主义的反驳之后，佛瑟达认为，“胡塞尔能够通过‘客观性证明’拒斥主观主义［相对主义］，是因为他的‘明见性’概念”。① 胡塞尔的第一到第四个证明都是从认识论方面来考量，但是第五个证明，佛瑟达认为这个证明的充分必要条件是“构成真理的活动（行为）存在，而这个类型的判断在弗雷格的逻辑学那里是没有的”。② 因此，对于佛瑟达来说，第五个证明并不在逻辑的或认识论范畴内。③ 基于这个证明的特殊性，将胡塞尔对种类相对主义的反驳分成认知论的和本体论的两组来讨论更为合适。不过这里还产生了另外一个问题，即是胡塞尔明确提出（《导引》第 33 节）将形而上学问题剔除出讨论中而只讨论认识论方面的问题。第 33 节的标题为“在形而上学意义上的怀疑论”，其中胡塞尔强调形而上学问题“之所以在这里被提到仅仅是为了避免对逻辑的和意识行为的论题混淆”。④ 如果情况确实如此，那么像刚刚提到的，胡塞尔又在本体论意义上来拒斥种类相对主义，这是不是造成了矛盾呢？在我看来并没有，我将在之后的论述中表明，认识论概念“明见性”贯穿胡塞尔论证的始终，而窃题的隐患始终是胡塞尔论证的最大问题。表面上看胡塞尔确实是使用了本体论的概念来证明他的观点，但是自始至终问题的焦点还是在认识论上。

（β）认识论证明

胡塞尔的认识论证明主要针对的问题在于我们关于逻辑的知识或逻辑法则是不是根据种类的不同而不同。我将它们重新表述如下。

①第一个证明。

P1：相对主义认为同一个判断可能对一个种类是真的对另一个又是假的。

---

① Dagfinn Føllesdal, “Husserl and Frege: A Contribution to Elucidating the Origins of Phenomenological Philosophy,” in L. Haaparanta edits., C. Hill trans., *Mind, Meaning and Mathematics* (Dordrecht: Kluwer, [1958] 1994), p. 26.

② Dagfinn Føllesdal, “Husserl and Frege: A Contribution to Elucidating the Origins of Phenomenological Philosophy,” in L. Haaparanta edits, C. Hill trans., *Mind, Meaning and Mathematics* (Dordrecht: Kluwer, [1958] 1994), p. 29.

③ 佛瑟达只提到第五个证明，而我认为第六个证明也是如此，后面将具体分析。

④ Edmund Husserl, *Logische Untersuchungen*, *Vol.* 1: *Prolegomena zur reinen Logik*, in E. Holenstein edits, *Husserliana XVIII* (Nijhoff: The Hague, [1900], 1975), p. 122.

P2：从“真”和“假”的单纯语词意义来看，真就是真，假就是假，同一个判断不可能同时既真又假。

C：相对主义是错误的。

这个证明显然是在说人类主义是荒谬的，因为它违背了真理的本真意义。矛盾律是真之词义的一部分，一个判断是不可能同时真又假的。“真的东西就是绝对真的，真是一个并且只有一个，无论是对人，非人，天使或上帝来说。”① 佛瑟达说这个证明“完全把问题推给了明见性”。②

②第二个证明也如出一辙。

P1：可能存在一些种类，我们人类所持的逻辑法则对它们来说并不适用，这种不适用分两种情况：a. 它们的判断并不像我们人类一样遵循这些规律；b. 它们的判断行为并不受规律的制约。

P2：b 正好证明了反心理主义的观点即逻辑规律与心理规律无关，心理主义的相对主义不会选择这条路径；而对于 a 的情况，如果对于我们来说“真”这个词对于某个其他物种是代表“树”这个字的话，那么所有的争论就仅限于语词的争论而与真理无关了。

C：相对主义是错误的。

这个证明的中心思想，正如库希（Martin Kusch）③ 所说的，种类相对主义并不能通过说有其他种类的存在来逃避真之绝对意义的规定。要么另一个种类和我们具有相同的概念系统并且基本逻辑规律如矛盾律对它们也是有效的，要么它们完全拥有某种不同的概念，但是如此一来“真”对它们就完全不是真了。

③第三个证明。

P1：种类是一个处于时空规定下的事实。

P2：但是真是永恒的。

---

① Edmund Husserl, *Logische Untersuchungen*, *Vol.* 1: *Prolegomena zur reinen Logik*, in E. Holenstein edits, *Husserliana XVIII* (Nijhoff: The Hague, [1900], 1975), p. 124.

② Dagfinn Føllesdal, "Husserl and Frege: A Contribution to Elucidating the Origins of Phenomenological Philosophy," in L. Haaparanta edits, C. Hill trans., *Mind*, *Meaning and Mathematics* (Dordrecht: Kluwer, [1958] 1994), p. 27.

③ Martin Kusch, *Psychologism*: *A Case Study in the Sociology of Philosophical Knowledge* (New York: Routledge, 1995), p. 48.

C：因此真不受种类的限制，人类主义是错误的。

第三个证明直接攻击心理主义混淆了“观念（idea）法则”和“事实（real）法则”。胡塞尔还做出过一系列类似的区分来反驳心理主义，如“心理学发生”（psychological genesis）和“证明”（justification），“原因”（cause）和“理由”（reason），以及“判断内容”（content of judgment）和“判断行为”（act of judging）。不过这些区分的有效性依然直接“包含了一个对明见性的窃题性（pcttio principii）指陈”。[①]

④第四个证明与对个人相对主义的反驳类似。

相对主义是荒谬的，因为当他们说“没有绝对真理”的时候，他们事实上是在说“有一个绝对真理：‘没有绝对真理’”。这里胡塞尔的意思很明显，他要么武断地声称相对主义者必须承认真理的绝对性，非相对性，要么他再一次诉诸对“真”的明见性理解。

到目前为止，我们所讨论的四个证明都明显的需要真的明见性证据的支撑才得以成立，因此胡塞尔的证明都犯了窃题的错误。不过莫汉蒂[②]试图为胡塞尔的窃题问题进行辩护。他首先说道：“要说服有心理学倾向的哲学家是一回事，要驳倒他们是另一回事。”他的意思是他要选择的不是说服对手，而是反驳他们。莫汉蒂相信当相对主义者试图为他们的理论进行辩护的时候，他们无论如何必须以绝对主义者的方式来进行问题的讨论。关键并不在于相对主义者是否预设了逻辑法则的绝对意义或自在的真理，问题在于“相对主义理论违背了他所要确定的意义。他提出的理论违背了一个理论得以成立条件，违背了理论的‘意义’”。莫汉蒂的看法是这样的：相对主义者作为一个阐发某种理论的人必然得表明他自己关于逻辑的论述为一种“理论”，而任何一种理论必然“是客观有效的命题间的交互连接”，这恰恰是相对主义者要否认的东西，胡塞尔对相对主义反驳的真正意味也正在于此，即相对主义者要么宣称一个绝对性的理论，要么放弃被接受的可能性。

莫汉蒂的辩护确实能在胡塞尔的文本中找到根据，在《导引》第 32 节

---

① Dagfinn Føllesdal, “Husserl and Frege: A Contribution to Elucidating the Origins of Phenomenological Philosophy,” in L. Haaparanta edits, C. Hill trans., *Mind*, *Meaning and Mathematics* (Dordrecht: Kluwer, [1958] 1994), p. 28.

② Jitendra Nath Mohanty, *Husserl and Frege* (Indiana University Press, 1982), pp. 29 - 32.

中，胡塞尔在批判种类相对主义之前，论述了“一种理论一般的观念可能性”。在这节的一开始他就表示：“对一种理论（特别是逻辑理论）的最致命的反驳就是指责它违反了一个理论一般自身的可能性条件。”胡塞尔还从主体和客体侧区分了可能性条件。从主体方面，理论一般的条件是指一种观念性或先天性条件：“这种条件植根于主体之于知识的关系侧。”从客体方面，这种条件是指某种法则“其基础纯粹建立在理论的概念上，或更特别地讲，真理的概念上，这种概念本质上植根于概念的理论统一体之中。”相对主义是在客观的意义上违背了构成一个理论的一般可能性条件，并且，当相对主义认为真就是宣称为真时，它缺乏“一个融贯的意义”。相对主义因此是自我摧毁的，因为“它的内容违背了一些对于一个理论的理性融贯意义来说所必须的条件”。①

我很赞赏莫汉蒂对胡塞尔论证窃题性的辩护，但是问题在于，将“真理”的明见性替换为“理论一般”的明见性真的有什么实质性的改变吗？真的可以就此解决窃题的问题吗？胡塞尔为达到最终目的，事实上确实不断地诉诸“明见性”概念，而无论具有明见性的是“真理”还是“理论一般，”抑或换成“命题”“判断”等，恰好是由于这些明见性造成了胡塞尔的窃题性问题。我们来看看莫汉蒂进一步的论断：“使用‘逻辑’概念一词并不是绝对主义者的一种武断的判定，而是依据逻辑这个语词的本身词义和通过我们谈论逻辑的方式来进行辩护的。”② 他还继续说，相对主义者“并不想要使用绝对的真之概念”，但他们的替代物“相对真”或“视为真”都无可避免地直接或间接指向绝对真。从莫汉蒂之后的论述看来，他除了复述胡塞尔的观点以另一种方式诉诸“自明性”，并未带给我们更多的足以支持他自己辩护的证据。因此，看起来相对主义者要想说服莫汉蒂是一回事，要想驳倒他又是另外一回事了。

经过以上论述我认为胡塞尔的反种类相对主义的前四个证明都是窃题的，即诉诸一种特殊的基本概念的性质或意义，而莫汉蒂对胡塞尔的辩护没有什么效力。索菲尔正确地指出，胡塞尔对相对主义的反驳“仅仅在于声称真的绝对真理概念是一个‘我们’所有人都共同持有和使用的概念”，而这种论证方

① Edmund Husserl, *Logische Untersuchungen*, *Vol.* 1: *Prolegomena zur reinen Logik*, in E. Holenstein edits, *Husserliana XVIII* ( Nijhoff: The Hague, [1900], 1975), pp. 118 – 119.

② Jitendra Nath Mohanty, *Husserl and Frege* (Indiana University Press, 1982), p. 30.

式看起来几乎是“最为没有希望的一种方式”了。[①]

（γ）本体论证明

为了论述胡塞尔这个类型的证明我们首先要看看胡塞尔在先验现象学转向之前所持的本体论观点。胡塞尔早期是实在论者，他认为世界是独立存在的，与我们对它的认识无关。另一方面，胡塞尔还认为“真理”“思想”“理念”这样一些实体相对于人类认知也是独立自在的，它们存在于世界之中，并且两者是紧密联系的，“如果心灵持有一些关于经验对象的真假设和信念，那么这些对象必须存在，世界必然存在”。[②] 因此胡塞尔将会认为如果没有真理，那么将不会有世界的存在，而世界的存在也要依靠关于它的观念系统。[③]

下面我们来看胡塞尔对种类相对主义的第五和第六个反证。

⑤第五个证明。

P1：相对主义：如果没有人类，那么就没有真。

C：P1 是荒谬的，因为没有真，何来人类的存在？因此，相对主义是错误的。

这个证明表明了胡塞尔的形而上学信念，任何关于某个种类的真理必须建立于这个种类存在的前提下。我们对任何关于种类论述的确认都必须自动地预设种类本身的实在性，因此，相对主义因为允许了一种荒谬的可能性存在——从种类构造的角度得出这个种类的不存在——而是错误的。

⑥第六个证明。

P1：相对主义：世界是事实真理的相关项。

P2：如果真理是相对的那么世界的存在也是相对的。

P3：但是世界是自在的。

C：P1 - P3 modus tollens，真理是非相对的。

这个证明也预设了胡塞尔的形而上学信念。维纳德（Dallas Willard）对此有很好的总结：“胡塞尔的观点在于如果将真理相对化于心灵或种类，这样做也就把世界相对化了。他的证明是，真理并不能被相对化于心灵，因为世界并

① Gail Soffer, *Husserl and the Question of Relativism* (Springer, 1991), p. 13.

② Dallas Willard, *Logic and the Objectivity of Knowledge: A Study in Husserl's Early Philosophy* (Athens, Ohio State University Press, 1984), p. 237.

③ 1907 年之后胡塞尔逐渐放弃实在论观点，他“越来越多地倾向于先验观念论，认为所有意义和存在都是先验自我的构造结果”。(Dermot Moran and Joseph Cohen, *The Husserl Dictionary*, A&C Black, 2012, p. 272)

非心灵的产物，心灵应该是世界的一部分，如果相对化真理也就会同时将世界相对化，世界就会被相对化于它自己的一部分。”①

对于这种本体论的证明，相对主义者可以通过否认胡塞尔的本体论假定来回应胡塞尔的批判，争论的中心由此就会从认识论转移到本体论上面去。但我前面讲过，胡塞尔并不愿意将讨论范围扩大到形而上学领域，那么问题在于，形而上学的假定之于胡塞尔的证明是必要的吗？我认为不是，下面我将依循索菲尔的分析来详细讨论胡塞尔的本体论证明的内涵。

在前文我已经提到，非主观主义的相对主义者可以通过区分决定于主体构造的“客观的”相对真理和主观意见来避免针对个人相对主义的反驳，因为主体构造不会被诉诸个人意见和信念上，相对主义者可以一致地宣称相对主义不仅对他是真的，对其他人也是。但是，根据索菲尔的观点，（非主观主义的）相对主义依然面对一个更为严重的问题，那就是“它预设了非相对真理的存在，至少，主体构造自身是非相对的，这样对它的论述才能得以相对化”。② 她总结胡塞尔对西格瓦特批判中的一段话来支持她的观点：“把真理相对化的同时又宣称存在的客观性是不可能的。真理的相对化预设了存在之客观性，因此相对主义是不一致的。”③ 索菲尔这里的观点与胡塞尔的本体论证明的路径是一致的，“非主体主义的相对主义认为真以及其相关的实在性相对于不同的人之主体是不同的，而这必然预设这样一个观点，关于主体构造自身的真理不是相对于主体的或者主体构造自身是相对存在的，它必须是自在的”。④ 这种证明方式可简述如下。

P1：相对主义：真是相对于认知主体的。

P2：认知主体的绝对存在预设绝对真。

C：相对主义必须放弃自己的论断。

因此，非主体主义的相对主义的关键问题在于其必须将论断建立在论断主体的绝对存在之基础上，而这至少肯定了一个绝对真的命题，由此使得相对主义不得不放弃自己的理论。

---

① Dallas Willard, *Logic and the Objectivity of Knowledge: A Study in Husserl's Early Philosophy* (Athens, Ohio State University Press, 1984), p. 237.

② Gail Soffer, *Husserl and the Question of Relativism* (Springer, 1991), p. 7.

③ Gail Soffer, *Husserl and the Question of Relativism* (Springer, 1991), p. 7.

④ Gail Soffer, *Husserl and the Question of Relativism* (Springer, 1991), p. 7.

相对主义者针对上述证明可以拒绝前提 2，他可以说关于主体的事实或“关于人类认知能力表现的事实”并不是绝对的而同样是相对的，这样就意味着可能存在其他不同认知构造的种类拥有不同的背景信念。情况有两种：一种是同一个定律（如不矛盾律）相对于人类来说是真的而相对于其他种族是假的；另一种情况是一个定律对人类来说是真的，但是对于其他种族来说，这个定律对人是假的。第一种情况是人类学的观点，而在第二种情况下，“甚至可能并不存在一个单一的事实关涉不矛盾律的相对真理”。相对主义的这种观点可能造成一个无限循环问题，“如果承认没有一个唯一的而是多元的事实关涉主体特征的话，每一个事实相对于一个更高一级的主体特征都将是相对的”。①

针对上述问题，索菲尔认为相对主义者有两个可能的方法来阻止循环问题，但都是行不通的，两个方法的基本思路都是试图证明相对主义者可以通过寻找某种具有非相对性存在的构造行为或程序来使得真理是可决定的。但我认为索菲尔为相对主义找的两条解决之路从一开始就是有问题的，并且是不会被相对主义者接受的，因为如果相对主义者试图寻找某种非相对的存在物，那么相对主义者就预设了非相对的真理，而这是他们不会接受的。

索菲尔对两个路径的反驳如下。

第 ·个。

P1：相对主义：主体的构造行为和被构造的主体是有区别的，前者是非相对的。

P2：如果把主体的构造行为作为一个被认知的对象看成自在的，那么相对主义者就违背了它自己的观点。

C：相对主义是错的。

第一个反驳与我刚才的论述一致，但我不认为这是相对主义者会采取的策略。

第二个。

P'1：相对主义：我们对主体构造没有直接的知识，但是它作为我们认知的原因是必然存在的。

P'2：基于相似的理由我们也可以将某些非相对的存在当作某种客观原因。

---

① Gail Soffer, *Husserl and the Question of Relativism*（Springer，1991），pp. 7 – 9.

C'1：主体的和非主体的构造都能够被非相对化。

C'2：C'1违背了相对主义的原则，因此相对主义是错误的。

对于第二个反驳，首先我认为命题1（P'1）是有问题的，因为主体的原因也可以不是必然且非决定的，因此这个命题未必像索菲尔所宣称的那样是相对主义者最好的选择。其次命题2（P'2）要想成立，需要更多的解释和说明，因为她想当然地认为外在原因像知识的构造行为作为一个主观原因是间接的或非确定的。再次我并不能看出为什么意识表象的其他非主体原因的非相对化需要"摒弃相对主义"。问题的核心是主体构造行为作为某种非相对之物要能够阻止循环问题的发生（尽管如上所述，这对相对主义者来说是不会采用的）而无论其他原因是相对的抑或非相对的。索菲尔的理由是："现在如果在一种间接的认知主体原因的困难下，相对主义者可以将其归结为一种非相对的特征，那么将客观知识不可通达的困难当作其相对化的基础也是可行的。"① 她假设了对于外在原因知识的认知困难，但随后又说"对主体构造的间接认知……可能是不可知的"。② 无论对相对主义者还是其反对者都没有进行很好的区分和澄清，这使她的论证看起来没有什么效力。

所以对于索菲尔对非主体主义的相对主义的反驳，我认为通过找寻非相对之物作为基础终止无限循环问题从一开始就不会作为相对主义者的选项。换句话说，为相对主义理论寻找非相对的根基并非可行之策。

我个人对无限循环的问题的回应是：相对主义者可以同意主体特征本身也是同真理一样是相对的，因此也就承认了事实的相对性和无限循环的可发生性。不过，套用埃曼德（Benno Erdmann）的话："我们只能认知我们自己的思想也只能通过它来认知。一个不同于我们认知的种类的思想及其思维构造是我们所不可认知的。"③ 其他的不同的信念系统的存在是可能的，在它们那里不矛盾律可以是假的，但这对我们人来说是不可知的。在人类的认知中，人自身的认知构造是唯一可知的，因此循环并没有发生。对于这个回应，胡塞尔又会说这违背了真的既定含义，讨论由此又会回到明见性问题上。最后，正如佛

---

① Gail Soffer, *Husserl and the Question of Relativism* (Springer, 1991), p. 10.

② Gail Soffer, *Husserl and the Question of Relativism* (Springer, 1991), p. 11.

③ Benno Erdmann, *Logik. Bd.* 1. *Logische Elementarlehre*, *zweite völlig umgearbeitete Auflag* (Halle: Niemeyer, 1907), p. 527.

瑟达所述，本体论论证也要诉诸对明见性概念的论述上："相对主义明显违背了直接被直观存在的明见性，如内在知觉的明见性及其不可取消的意义。"①

通过以上论述可以看出，胡塞尔的反相对主义论证确实可限制于认识论，并且全部要诉诸他对明见性概念的解释。

## 三　自我反驳论证的当代讨论

胡塞尔的自我反驳论证与传统的论证有所不同，他的所有论证都取决于明见性真理的合法性。但是这并不表明在当代学界的讨论中，自我反驳论证一定要诉诸这种明见性。在苏格拉底和柏拉图的追随者眼中，自我反驳论证"依然保持对普罗泰戈拉相对主义及其变种的有效打击和拒斥"。② 哈维·西格（Havery Siegel）作为这种观点在当代的代言人在《拒斥相对主义》一书中详细讨论了自我反驳论证，我将从他的讨论开始。

### 1. 认知相对主义及其困境

到目前为止，我们讨论问题都是限于认识论范畴，认识论是讨论知识的本质及其为真的辩护的，自柏拉图以降就是哲学讨论的中心问题，而第一个关于知识的相对主义观点始于普罗泰戈拉。我在前面已经以个人相对主义的名义讨论了他的观点。西格给出了认知相对主义的更为精准的概括，以便"将相对主义的起源置于一种有例可循的标准上而不是各种不同的意见上，这样就可以适用到现今的相对主义者如库恩，荣格，布洛尔，巴哈斯，文奇，维特根斯坦等等"③。提摩太·莫斯特勒（Timothy Mosteller）将西格对认知相对主义的定义分成了两个部分。

第一个是合取标准："对任何知识 P，P 只有通过一个或另一个背景体系或标准 $S_1$……Sn 来建立，评判或评价。"

① Dagfinn Fø llesdal, "Husserl and Frege: A Contribution to Elucidating the Origins of Phenomenological Philosophy," in L. Haaparanta edits, C. Hill trans., *Mind*, *Meaning and Mathematics* (Dordrecht: Kluwer, [1958] 1994), p. 29.

② Havery Siegel, *Relativism Refuted*: *A Critique of Contemporary Epistemological Relativism* (Dordrecht: Reidel, 1987), p. 31.

③ Havery Siegel, *Relativism Refuted*: *A Critique of Contemporary Epistemological Relativism* (Dordrecht: Reidel, 1987), p. 7.

第二个是非中立标准："对于不同的评价体系或标准 $S'_1 \cdots\cdots S'n$，并没有一个中立的方式对两个或者多个体系进行理性的或真的评价。P 的真或对其进行理性的评价仅仅适用于某种对 P 的标准而言。"①

正如莫斯特勒指出的，当代认知相对主义的两个关键承诺在于相干性标准和认识中立性的缺失。玛利亚·巴哈米安（Maria Baghramian）也持类似观点，她将认知相对主义定义为："一种观点认为真或假，理性或非理性，实在或非实在是相对于不同的社会，文化及历史时期而不同的，并且没有一个超文化的或非历史的方法或标准来对这些相冲突的认知法则和实践进行评判。"② 还有其他哲学家也认同这种对当代认知相对主义的定义。③

西格与苏格拉底一样认为认知相对主义最主要的问题就是自我否定，他依据苏格拉底的观点提炼了两个反认知相对主义的证明。

第一个证明是相对主义"破坏了正确性概念"："相对主义是不一致的，因为如果它是对的，那么正确性概念就被破坏了，由此相对主义也不可能正确。"

P1：如果认知相对主义是理性地被证明的，那么一定是从一些非相对的，中立的框架或基础中得出的。

P2：但是根据认知相对主义的定义，并不存在一个非相对的，中立化的框架或基础。

C：因此，认知相对主义不是被理性证明的。

第二个是"某些信念必然错误"证明："相对主义是不一致的，因为它认为所有信念和意见都是真的，但是，由于存在关于它的相反的信念必然也为真，这样就使得相对主义不为真了"。④

P1：如果存在一个判定标准判定认知相对主义是错的，那么认知相对主义就是错的。

---

① Timothy Mosteller, *Relativism in Contemporary American Philosophy*: *MacIntyre*, *Putnam*, *and Rorty* (*Bloomsbury Academic*, *2006*), p. 6.

② Maria Baghramian, *Relativism* (Routledge, 2004), p. 5.

③ 更多讨论见 T. Mosteller, *Relativism in Contemporary American Philosophy*: *MacIntyre*, *Putnam*, *and Rorty* (*Bloomsbury Academic*, *2006*), pp. 3 – 5。

④ Havery Siegel, *Relativism Refuted*: *A Critique of Contemporary Epistemological Relativism* (Dordrecht: Reidel, 1987), p. 6.

P2：存在一个这样的标准。

C：认知相对主义是错的。

这个证明的要点在前面谈到的关于汉纳对胡塞尔反个人相对主义证明的重构中已经提到，在那个论证中，认知相对主义可以被看作命题 P。根据相对主义的说法，相对主义的理论根据不同的个人或种族而各不相同，那么相对主义就不能够劝说除了他自己以外的其他人信服他的理论。我认为第二个论证比第一个论证更为关涉相对主义和绝对主义争论的核心，因为它的问题更为根本：一个可行的、可接受的理论必须包含某种非相对的概念或法则吗？西格在接下来的段落中同样着重讨论第二个证明。他认为第二个论证指出了“相对主义的无力性”（impotence），意思是说，“认知的价值或优越性由于采用了相对真理而被放弃……相对主义者不能说‘我应该相信 P’，或‘P 对我来说是正当的，因为 P 相对我为真’，因为 P 的相对真理（从相对主义自己的观点来说）无论如何也不能担负起任何形式的认知效力或保证。因此相对主义者不能把他自己的信念转换为有担当的，有价值的信念”。[①] 要么是独断论，要么无力说服别人，这就是相对主义的命运。

得益于西格的分析我们可以将争论的问题更为明了化：在什么样的意义上相对主义者有资格参与到论争当中来？显然相对主义者并不能以接受非相对主义准则的方式加入与非相对主义者的讨论。那么问题来了，为了能够有效地说服对方相信你的说辞是有益的而不是空洞之辞，包含非相对概念的断言式（assertoric）是唯一表达观点的方式吗？绝对主义者把它当成理所当然的，相对主义者则可以追问：A. 断言式是否必然包含绝对的真理概念；B. 断言式是唯一可行的理论表述方式吗。关于这两个追问，我将通过对当代两位对相对主义持同情立场的哲学家的理论的考察来展开，他们分别是杰克·麦兰德的相对真理理论和约瑟夫·马格里斯的强硬相对主义。

**2. 两种回应自我反驳问题的方式**

在我们评价自我反驳论证反对相对主义的效力时，我们对相对主义本身的理解是否准确也是很重要的，或者说，应该看看相对主义者对这个问题的解释，我们必须同时考虑论辩双方的观点，因此，下面我们将来看看相对主义者

---

① Havery Siegel, *Relativism Refuted: A Critique of Contemporary Epistemological Relativism* (Dordrecht: Reidel, 1987), p. 20.

是如何回应自我反驳论证的。

（A）杰克·麦兰德的相对真理及其错误

杰克·W. 麦兰德（Jack W. Meiland）是少数对关于真的相对主义提出系统和细致的理论以应对不一致问题的哲学家，他在其 1977 年的文章《相对真理概念》中明确反对胡塞尔在《导引》中对相对主义的反驳（主要针对第四个反对种类相对主义的论证）。他反对胡塞尔的理由在于相对主义者能够“以一种不包含绝对真理的方式解释相对真理的概念”。①

胡塞尔的反相对主义观点认为相对主义必须使用真理概念，而这种真理概念是所有断言句的必然内容，并且，相对主义也违背了矛盾律，这个规律必然是与真的意义共同存在的。麦兰德的回应是“相对主义并不是在胡塞尔和其他非相对主义者的意义上使用‘真’一词”。② 但是胡塞尔否认其他“真”之意义的存在可能性。“真的东西就是绝对的，内在真的：真理是一个且同一个，无论人、非人、天使或上帝来把握它或对它做出判断。”③ 换句话说，“胡塞尔认为对于相对主义所用的表达‘对 X 为真’来说，唯一有意义的方式就是使用绝对真理”。④

很显然，讨论到这里，对于相对主义者来说，他的任务就是要解释相对真理概念是如何在不使用绝对真理概念的同时，合理地取代绝对真理概念并躲避自我反驳问题。麦兰德的策略是相对真理概念是一个三元关系词，关乎命题，世界和第三个词如人、世界观、历史和文化情境。相对而言，绝对真理概念是一个关乎命题和事实（或事态）的二元关系词。

“（1）绝对真理概念看起来是一个二元关系词关于陈述（或命题）和事实（或事态）之间的关系的。但是相对主义所用的相对真理概念看起来是一个三元关系词关于陈述，世界和第三个关涉人、世界观或历史的和文化境遇的词组之间的关系。

“（2）‘绝对真理’这个表达所指陈的关系经常被说成一个相关概念。相对主义使用这个概念表达‘相对于 W，P 是真的’所表述的意义无非是‘从

① Jack Meiland, “The Concept of Relative Truth,” *Monist*, *Vol. 60*, 1977, p. 571.

② Jack Meiland, “The Concept of Relative Truth,” *Monist*, *Vol. 60*, 1977, p. 570.

③ Edmund Husserl, *Logische Untersuchungen*, *Vol. 1*: *Prolegomena zur reinen Logik*, in E. Holenstein edits, *Husserliana XVIII* (Nijhoff: The Hague, [1900], 1975), p. 124.

④ Jack Meiland, “The Concept of Relative Truth,” *Monist*, *Vol. 60*, 1977, p. 571.

W 的角度而言，P 是相关某种事实的'（W 是指一个人，一组定理，一个世界观或一个情景）。"①

在做出这个区分之后，当相对主义者做出一个陈述"ø 相对于 W 为真"（ø is true for W），从相对主义者的角度来看对这一表述正确的理解是"ø 相对于－W－为真"（ø is true-for-W）。其中横杠线的作用是很重要的，因为它们显示出相对主义并不是想要说"简单的真"（truth simpliciter）而是要说"真－对于－W"（truth-for-W）。麦兰德相信以这种方式，当相对主义在说某物为真时可以避免假设绝对真理。

麦兰德的这种理论吸引了当代很多哲学家的注意并遭到了批判，在分析哲学阵营有哈维·西格、玛利亚·巴哈米安和提摩太·莫斯特尔，现象学阵营有吉特达安那斯·莫汉蒂。我下面主要考察分析阵营对麦兰德理论的批判，他们都认为麦兰德的观点是不成立的，相对真理概念并不能很好地避免自我反驳问题。

对麦兰德理论的反驳分两步。

a. 三元关系词的不可行性。

对于麦兰德将相对真理处理为一个"关于陈述，世界和第三方关于人，世界观的或历史的情境的三元关系词"的做法，西格首先对其可行性提出了怀疑。他认为这种三元区分没有让人信得过的理论基础，因为"要想构建一个真正的三元关系词，对每个个体必须能够独立化并且两两区分"。在绝对真理的二元关系词的情况下，类似的区分很容易做出——世界和关于它的命题。但是相对真理的三元关系词呢？西格认为这种区分就不是很明显了，特别是世界和第三个关系项 W（人，世界观，历史或文化的情境），因为"在相对主义的概念下，世界不能被看作独立于 W 的，如果情况如此，那么相对主义的三元关系还是可以被划归为绝对主义的两元关系，世界显然是相对于 W 而独立存在的。但这是相对主义不可接受的"。② 不过，西格自己也意识到，这样一个反驳由于预设了一些形而上学假设而未必是认识论的相对主义者愿意承认的。巴哈米安也认为这个反驳并不是对麦兰德理论最致命的一个。相对主义者和绝对主义者都可以

① Jack Meiland, "The Concept of Relative Truth," *Monist*, *Vol. 60*, 1977, p. 571.

② Havery Siegel, *Relativism Refuted: A Critique of Contemporary Epistemological Relativism* (Dordrecht: Reidel, 1987), p. 13.

承认世界的自在特征，但是相对主义可以认为如果“没有隐秘的或明显的概念或文化框架”①，世界之于我们是不可知的。因此，看起来相对真理的三元划分是可以保留的。西格也意识到这个反证的效力并不是很强，这点“自身看起来并不足以击败麦兰德的观点”。正如巴哈米安指出的：“麦兰德对相对主义的分析错误是在其他方面”，即在于他无理由宣称“真”在“对－W－为真”（true-for-W）中没有使用任何“简单真”（true simpliciter）的概念。

b.“真”在“相对于－W－真”中不是“简单真”（true simpliciter）吗？

假使我们承认麦兰德的三元关系词对相对真理具有可行的解释效力，但他试图建立一个融贯的概念来避免不一致问题，这对于相对主义依然是徒劳的。麦兰德在文章中全篇都在强调“相对于－W－真”（true-for-W）指陈了一个特别的关系，这个关系并不将绝对真理当作自己的一部分。② 西格指出，“这一点对麦兰德特别的重要，因为一旦这点成立，那么他就能将相对主义者从一种指责中解救出来，这种指责是声称相对真理概念要依赖于绝对真理，因此相对主义就因为这种依赖性而放弃了自身的观点”。③ 但是，问题在于，很难想象这么一个重要的论据，麦兰德通篇都未能给予一个充分的论证，他只是简单地“想让绝对主义者相信，相对于相对主义批判者通常认为的观点来说，相对真理概念往往比这观点要多出一些东西”。④ 麦兰德在随后的段落中以较为隐晦的方式对自己的观点进行了说明：在“相对－W－为真”（true-for-W）中的横杠线是非常重要的，这些横杠线表明了相对主义者不是在说“绝对真”，而是在说“相对－W－为真”，就像人们问“猫”（cat）这个词在“牛”（cattle）这个词中有什么意义是毫无道理的一样，人们试图询问“相对－W－为真”（true-for-W）中“真”所具有的意义也是没有合理性的。⑤ 这就是麦兰德在通篇文章中唯一可循的对他最关键论据的证明，但这个说法是存在很大问题的。西格正确地指出麦兰德的这种类比式的论证没有任何效力，在第一个例子中“猫”（cat）的三个字母在“牛”（cattle）中所扮演的角色和字母组“at”或

① Maria Baghramian, *Relativism* (Routledge, 2004), p. 99.

② Jack Meiland, "The Concept of Relative Truth," *Monist*, *Vol. 60*, 1977, p. 574.

③ Havery Siegel, *Relativism Refuted: A Critique of Contemporary Epistemological Relativism* (Dordrecht: Reidel, 1987), p. 13.

④ Jack Meiland, "The Concept of Relative Truth," *Monist*, *Vol. 60*, 1977, p. 572.

⑤ Jack Meiland, "The Concept of Relative Truth," *Monist*, *Vol. 60*, 1977, p. 574.

“ca” 与在 “牛”（cattel）中扮演的角色没有任何区别，前者和后两者一样都不具有什么具体的含义，只是对 “牛”（cattle）这个词中的字母的截取，但是在第二个例子中，“真”（true）在 “相对 – W – 为真”（true-for-W）中是保持其本身意义的，不仅仅是组成它的字母组，“加上横杠线的连接词并未消除真的概念……‘真（true）’ 在 ‘相对 – W – 为真（true-fro-W）’ 中的作用并不能类同于 ‘猫（cat）’ 在 ‘牛（cattle）’ 中的作用”。①

至此，我们可以得出结论，麦兰德提出的相对主义真理的策略并没有成功地说明相对真理这个概念如何能够避免诉诸绝对真理概念并由此避免自我反驳问题；就算我们允许麦兰德用相对真理概念来解决问题，他也依然缺乏足够的论据证明，如 “相对 – W – 真” 这样的词组是如何融贯地并不包含绝对真理概念的。因此，我们可以说麦兰德对相对主义进行辩护的方式并不成功。

（B）约瑟夫·马格里斯的强硬相对主义及其可行性

约瑟夫·马格里斯（Joseph Margolis）主要在《对相对主义而言的真理》（*The Truth about Relativism*）和《历史思想，被构建的世界》（*Historied Thought, Constructed World*）中提出了他的 “强硬相对主义”（robust relativism）。

在《历史思想，被构建的世界》一书中，马格里斯指出哲学家们毫无批判地接受了柏拉图 – 亚里士多德式的观点——“（2.1）实体具有不变的构造并且是被明了地认知的，这一点是必然的。”② 马格里斯首先从反对这个命题开始，“实体具有某种不变的结构和本质并不是概念上必然的”。③ 亚里士多德在反对普罗泰戈拉式的相对主义时认为，后者因为预设了基本规律（不矛盾律）为真而是错误的。马格里斯并不接受亚里士多德的这个证明，他认为这是建立在一种错误的前设上的，“根据（2.1），古希腊哲学家（巴门尼德斯，柏拉图和亚里士多德）的核心假定——‘实在就是不变的’ 并不是必然真理”。④ 如果我们放弃那个假定，亚里士多德的反相对主义证明也不是必然为真的。但

① Havery Siegel, *Relativism Refuted: A Critique of Contemporary Epistemological Relativism* (Dordrecht: Reidel, 1987), p. 14.

② Joseph Margolis, *Historied Thought, Constructed World* (University of California Press, 1995), p. 24.

③ Joseph Margolis, *Historied Thought, Constructed World* (University of California Press, 1995), p. 25.

④ Joseph Margolis, *Historied Thought, Constructed World* (University of California Press, 1995), p. 26.

是我们以什么样的理由否认核心假定呢？马格里斯认为我们不能任由二值逻辑系统无限制地使用，换句话说，严格执行二值逻辑规则并不是概念必然的，我们对于逻辑的理解在更深意义上是建立在我们对实在世界的前思考基础之上的。因此，世界的某处可能有某种不一致性（incongruent），但不一定全是逻辑不一致性（incoherence），基于前一种类型的相对主义是没有必要拒斥的，因为前者是遵循一种多值逻辑系统，而非后者的只有“真”和“假”两种类型的二值逻辑系统。

在《对相对主义而言的真理》一书中，马格里斯区分了两种类型的相对主义，或者按他的说法，“两种真之解读的相对主义”。他称第一种相对主义是关系主义（relationalism），真值或类真值（truth-like）被相对化，“真”被系统地转换为“在 Lk 中为真”，Lk 是指某些特殊的语言，视角，心灵习惯，社会风俗，传统等。另一种相对主义就是马格里斯的强硬的相对主义，在这里二元真值整个被多值逻辑或类真值所取代，如此一来，二值逻辑系统下的不一致性也就被替换为“逻辑的不相容性”（incongruences）。马格里斯确信第一种情况的相对主义（关系主义）确实会不可避免地陷入自我反驳的麻烦中，但是第二种则不会。

下面我们来看看马格里斯对他的强硬的相对主义所做的说明。

“强硬的相对主义理论是说并不存在一种纯粹形式上的理由，来规定多元真值也应该有像二元真值一样的不一致性；或者说这些多元真值可以以这样或那样有利的方式被运用于各个特殊的考察领域中。”①

因此，马格里斯的强硬相对主义立场并不是要为一种将真相对化的相对主义辩护，而是要说二元真值（非真即假）不再适用于某些知识场合或领域的讨论。

“如果我们（尽管武断地）基于一种实用的律令来规定二值逻辑真值的非应用性并秉持其他逻辑真值或类真值，譬如逼真的（plausible），有道理的（reasonalbe），妥当的（apt）等，那么相对主义即使被认为是形式上不一致的也无妨。”②

马格里斯理论的指导思想是他试图用多值逻辑来取代我们传统的二值逻

① Joseph Margolis, *The Truth about Relativism* (Oxford: Blackwell, 1991), p. 9.

② Joseph Margolis, "Historicism, Universalism, and the Threat of Relativism," *Monist*, *Vol. 67*, 1984, p. 319.

辑，例如用“真”“大体真”“大体假”“假”“主要真”“一般真”等这些多元的真值来对各种判断进行赋值。又如我们设定真取值 1，假取值 0，而在 0 到 1 之间会有无数个不同的真值，像 0.1，0.23，0.56，0.9 等。

至此我们已经基本明了马格里斯相对主义理论的基本观点，前面还说到考察他的观点需要从他的整体理论出发，下面是从他各个著作中总结出的关于强硬相对主义的基本论据。

a. 关于真理的哲学相对主义是一个三重的理论。第一重是关于真的，与真的本质有关；第二重是认识论层面的，讨论的是关于真之知识的条件；第三重涉及本体论，关涉真理、知识、实体之间的关系，以及世界的结构。

b. 相对主义的三个领域相互交织，不可分割，如果我们要讨论第一重领域——真，我们必然要回答其他两个领域的问题，而在其他两个领域，二元真值标准不再适用。

c. 对于第二、三重领域的知识，可得出五个历史性的结论。

c－1：实体是认知不透明的（cognitively intransparent）。也即是说，我们所做的任何关于世界的说明都要通过我们的概念系统或局限于我们的语言，我们既说我们知道什么又说它们独立于我们的认识，这是不可能的情况。

c－2：实体的结构和思想的结构是同构的（symbiotized，被象征的）。就是说，我们不可能知道世界的明显的可认知性为我们的心灵提供了什么和世界自身为那些看起来的可认知性提供了什么。

c－3：思维行为是历史性的。我们所认为的普遍的，理性的，逻辑的，必然的，正确的行为，自然的法则等，不过是不同社会或社会群体在一定历史条件下的附属产物。所有这些东西都是可变的。

c－4：思维行为的结构是逐渐形成的。我们的思维是从幼年到成年在一定的文化背景下形成的。婴儿从诞生之初便处于一个遍布各种法则和语言的整体环境之中。我们一代代地改进着我们思维的各种条件和结构。

c－5：人类的文化及人类是社会化的构成。也就是说人是历史性的。

d. 结论。

从 c－1 到 c－5 可看出在认知论和本体论领域，真的知识是历史的和相对的，而第一个领域的知识必须与其他两个领域一致，所以真最终是相对的。

马格里斯在他的很多文章和著作中不断地为上述论据进行辩护。我们的问题是，他的理论行得通吗？

保罗·奥格雷迪（Paul O'Grady）[1] 对马格里斯的理论提出了三点怀疑。第一，是否有除了二元真值以外的第三个真值是不确定的事。可能确实存在一些命题是无法确定真假的，但这并不是我们引进一个新的真值的必然理由。第二，奥格雷迪认为即使有其他真值，但仅仅使用像“主要”“大体”“部分”这样的修饰词是否真的改变了我们传统认知上的真理概念。最后一点指责与第二点类似，认为马格里斯的类真值概念依然潜在地依赖于传统的二元真值概念。

玛利亚·巴哈米安[2]的讨论涉及面要更广一些。她注意到马格里斯的相对主义理论不单单是形式上的证明。她认为马格里斯的相对主义有两个部分，第一个部分是关于真的实在论和反实在论的讨论，不过很遗憾，巴哈米安并没有花篇幅讨论这一问题，她也主要是声讨马格里斯的多值逻辑理论，她认为即使我们承认多值逻辑的运用，我们依然可以宣称命题“真理是相对的”是真的的程度要低于它是假的的程度的，因此也就是说相对主义的不真所具有的程度要高于它的真。巴哈米安最后得出结论说：“相对主义者并没有为支持相对主义提供任何理由来改变人们心中对这一话题的固有观点。”

但是我想说的是，是马格里斯没有提供足够的论据支持，还是只是批判家们没有耐心对他的著作进行细致的考察呢？我认为是后者，无论是奥格雷迪还是巴哈米安，单单从他们所列的参考文献中就可以看出，两人都没有对马格里斯的相对主义理论进行充分的考察就简单地得出了结论。奥格雷迪甚至没有注意到马格里斯对相对主义理论做出的三重区分。另外，奥格雷迪在论述中除了重复前人的自我反驳论证以外并没有什么新的东西来反驳马格里斯的理论。尤其是奥格雷迪在反驳马格里斯的理论时也使用了不矛盾律，而我们前面已经说过，这一定律的有效性是马格里斯从一开始就提出了怀疑的。至于巴哈米安，我认为她并未提供给我们完整的论证来拒斥马格里斯的理论，尽管相较于奥格雷迪她注意到了马格里斯对相对主义理论的三重规定，说“任何通过使用真的认知概念来克服相对主义所做的努力都必须直面一系列关涉［实在的和非实在的］概念的批评”[3]，不过很遗憾的是，巴哈米安并没有对这一论题做更

① Paul O'Grady, *Relativism* (Chesham: Acumen Press, 2002), pp. 34–35.

② Maria Baghramian, *Relativism* (Routledge, 2004), pp. 104–105.

③ Maria Baghramian, *Relativism* (Routledge, 2004), p. 104.

进一步的讨论。另外，关于她所说的即便接受多值逻辑，也还是可以宣称相对主义的非真拥有比其真更高一级的真之程度，我认为一旦多值逻辑的运用被称为是合法的，那么关于相对主义的逻辑不一致性的自我反驳问题就解决了，至于相对主义所拥有的真的程度是高一级的还是低一级的，这似乎是另外一个问题，并且需要另外的说明。也就是说，如果非相对主义者想要拒斥相对主义，他们似乎得另外提供新的证明。

由此，我认为无论是奥格雷迪还是巴哈米安都没有对马格里斯的理论给予足够的考察，也没有提供足够的论据来拒斥强硬的相对主义。

大卫·卡尔（David Carr）在他的《解释胡塞尔》（*Interpreting Husserl*）一书中提出了类似马格里斯的观点，他认为胡塞尔对相对主义的描述并不准确且过于狭义化，胡塞尔的反相对主义证明也是失败的：“［胡塞尔的］反驳失败了……因为他对相对主义各种类型的覆盖面太窄。相对主义者如海德格尔，德里达或福柯——还有后期维特根斯坦——都不在这样的讨论之列，即单单通过逻辑准则是得不到证明的，就好像诉诸一种客观的、非时间的真一样。应当说，通过格言，比喻（尤其是福柯的工作），一种理论是可以被非形式化地确立的。胡塞尔反驳的唯一效力在于避免一种传统的哲学论证下的问题。相对主义者的信念同时也影响着哲学的写作方式。胡塞尔的反驳（在《导引》中）之弱点在于并未针对信念内容进行批判而仅仅在传统语言表达下进行。”①

根据卡尔的观点，相对主义者可以通过扩大理论阐释的形式来避免自我反驳问题，如采用非断言的（non-assertoric）表达形式像质疑，建议等。换句话说，只要相对主义者不以传统的哲学语言来表述他的信念，他就可以自由地相信相对主义理论而不用担心受困于自我矛盾问题。卡尔的看法与马格里斯有相似之处，他们都认为断言式并不是哲学论述的唯一表述方式，其他许多诸如“可信性”“有道理性”“妥当性”等类真值的表述的应用完全可以避免自我反驳问题。

事实上，胡塞尔自己也转向了这种观点，他后期逐渐放弃了其早期对真的纯粹形式逻辑上的规定和理解，真的运用也不再是排他性的仅仅是逻辑有效性的了。在他对生活世界（lifeworld）的分析中，早期《导引》中的“绝对”概

① David Carr, *Interpreting Husserl: Critical and Comparative Studies* (Springer, 1987), p. 221.

念仅仅被看作一个未完成的现象学描述下的后果，真则是在一种有限的可通达的交互主体性下实用的可验证性。并且参照现象学基本原则（原则的原则）——给予性原则：在直观中被给予必须被认为是最准确的，无论真这一概念是相对的还是非相对的，它都必须能够在明见的经验中得到验证，直观给予的经验才是最终的评判标准。因此，真的相对与否问题就不单单是可以从形式逻辑角度得到验证的了。关于对胡塞尔后期真理理论之相对性的分析的进一步讨论可以参见卡尔[①]，伯尔纳德·沃登菲尔斯（Bernhard Waldenfels）[②] 及盖尔·索菲尔[③]的论述，这里我们只需要确定胡塞尔后期的生活世界理论基本放弃了他早期关于真的“普遍主义”的预设，并认为对真的形式理解完全不能应对相对主义对自我反驳论证的反驳就可以了。

基于上述对四种与马格里斯相关理论的描述，我认为至少可以确认一点，即在形式意义上的“真”之理解并不能完全说服相对主义者。可以用乌果·齐力沃利（Ugo Zilioli）的话来作为结语：“重要的一点是，我们反对相对主义是通过这样一种方式：相对主义者不可避免地需要采用客观的实体和知识概念，而这同时使得相对主义具有了一种建立于客观主义之上的逻辑一致性……［但］如果相对主义可以从形式上被认为是自我反驳的而被拒斥，那么基于相类似的基础客观主义也可以具有类似的不一致性。这类争论只是澄清了一点，那就是关于相对主义和客观主义纯粹诉诸逻辑是无用的。如果情况属实，那么也许对于那些想要反驳相对主义的人来说，除了在《泰阿泰德篇》中的自我反驳证明，他们应该去寻找更具说服力的理由。”[④]

① David Carr, *Phenomenology and the Problem of History*: *A Study of Husserl's Transcendental Philosophy* (Evanston: Northwestern University Press, 1974).

② Bernhard Waldenfels, "Die Abgrünnigkeit des Sinnes," In den *Netzen der Lebenswelt* (Frankfurt a. M.: Suhrkamp, [1977] 1985).

③ Gail Soffer, *Husserl and the Question of Relativism* (Springer, 1991).

④ Ugo Zilioli, *Protagoras and the Challenge of Relativism* (Ashgate, 2007), p. 140.

# 海德格尔论此在与日常生活的审美化

张贤根*

**[内容提要]** 在当代社会，日常生活的审美化，既与在世生活的人相关，同时又涉及如何向存在本身的回归。海德格尔之所以对存在加以历史性追问，乃是因为人们所关注的往往都是存在者，而遗忘了存在本身，从而导致存在成为根本性的问题。在世界之中存在，此在不仅与他人共在，同时它又与自身发生游离，从而成为陷入日常状态的人。此在常常忙于日常生活方式而难以抽身，致使此在自身的存在本性被遮蔽。但日常性此在业已丧失于常人与他人之中，日常生活的审美化必定相关于此在及其向自身的回归。审美现代性与后现代文化，无不渗透进人们的生存与日常生活里。但这又可能使日常生活及其审美化，异化在大众文化与消费主义的症候里。在海德格尔那里，日常生活的审美化并不是感性化与情感化的过程，而是经验经由艺术文本向存在本身的通达。在晚期思想阶段，海德格尔并没有停留在对此在及其日常生活的一般把握上，而是将存在作为此在本性通达的根本指向与旨归，并将此在理解与阐释为与天、地、神发生游戏的人。海德格尔的天、地、人、神的四元游戏，其实也是对他中期世界与大地之争执的回应。尽管说，这种争执将不断成为争执并且建构出自身

* 张贤根，1962年生，博士，武汉纺织大学时尚与美学研究中心教授，主要从事西方美学与艺术现象学研究，著有《存在·真理·语言——海德格尔美学思想研究》（武汉大学出版社，2004）、《艺术、审美与设计研究——一种现象学的视角》（武汉出版社，2008）、《艺术现象学导论》（湖北人民出版社，2015）等。

的意义，但在回归存在的过程中，艺术也难以彻底摆脱与日常生活的牵涉。作为对日常生活的祛蔽与理性形而上学的克服，人的诗意居住为生活审美化做出了根本性的奠基。

[关键词] 此在 日常生活 审美化 诗意

在当代社会，日常生活的审美化，既与在世生活的人相关，同时又涉及如何向存在本身的回归。海德格尔之所以对存在加以历史性追问，乃是因为人们所关注的往往都是存在者，而遗忘了存在本身，从而导致存在成为根本性的问题。在海德格尔那里，这种追问是基于基础存在论而得以展开的，而基础存在论又是相关于此在并由此得以建构自身的。海德格尔力图经由对此在的生存状态的分析，揭示此在的存在自身及其生成本性的意义。但海德格尔的这种追问，其实是根本不可能离开世界，以及此在与世界的生成性关联的。在本性上，此在即在世界之中存在，这表明此在存在于一个不可分离的整体之中。作为一种在世界之中的存在，此在的存在往往沦为常人而离开了自身，也即常人的日常在世是此在的在世状态。从早期思想开始，海德格尔就注重将人们的日常生活纳入"在世界之中存在"里加以探究。虽然说，日常生活遮蔽了此在的存在本身，但它也使得此在的存在的显现成为可能，当然这种显现本身就是一种道路。在海德格尔那里，此在与日常生活难以摆脱的密切关联，却是此在向存在自身回归的必由环节。通过此在的在世存在及其问题，揭示与阐释日常生活的审美化的独特路径，正是海德格尔存在追问与存在论美学的应有之义，这同时又是以反对理性哲学与传统美学为前提的。对于不同民族的此在也就是民族性此在来说，日常生活及其审美化显然也涉及地方性与世界性的复杂关联。

## 一 从此在到常人的沉沦之路

在海德格尔那里，追问存在本身涉及此在（Dasein）及其何以向存在通达的问题，这其实离不开此在生存及其所关切的世界。在世界之中存在，此在不仅与他人共在，同时它又与自身发生游离，从而成为陷入日常状态的人。在平均的日常状态中，以及在非本真的生存模式中，此在也先天地具有生存论结构。在这里，此在以其特有的生存性区别于其他实体，而常人代表着作为一个集体的此在的全部可能性。常人状态构成个体在其中可以怎样，以及应该如何行为的生存语境。在某种意义上，在世界之中存在其实就是每个常人与他人的共在。此在被抛到这个世界上，其可能性的存在就受制于实际性。此在的被抛表明了在世的非自主选择性，但此在又使存在问题的提出成为可能。显而易见的是，海德格尔将基础存在论与此在的生存分析作为存在追问的思想准备。在非本真的生活方式里，此在难免沦为常人而消弭于无形之中，又对基于时间性的历史性存在视而不见。作为表象得以可能的主体，人正在成为世界的主宰与中心，并凌驾于万物与众多存在者之上。作为一种完成了的形而上学，现代技术虽然不乏祛蔽的功能，但它在对存在者的促逼之中，让人与万物陷入深重的遮蔽深渊中去。

作为人的根本性规定，此在实质上是对主体人的一种悬置或消解，它以特有的开放性不同于一般处于幽闭状态的实体。海德格尔认为，此在存在于其与周围世界（Umwelt）的关联之中。通过学习常人如何生活，人们赋予自己与周围世界以意义。其实，人们总是以常人的身份与他人发生关联。但是否具有本真性，却规定了此在能否成为自己，而成为常人却可能导致此在本真性的丧失。可以说，日常性是此在首要的、最重要的与无差别的存在模式，海德格尔把这种无差别特质称为平均化。与此同时，“共在就是生存论上的‘为他人之故’；在这样的共在中，他人已在其此在中展开了”。[①]在日常生活世界里，此在其实就是所有他人中的普通一员，正因为如此，此在也就难免牵制于他人与公众意见。在存在论语境里，不能以科学规律或者某些神祇来理解我们的世界，而是有待于投身到社会情境与生存境域中，进而介入常人体现出种种习惯的世界中，无疑只有这样才能给予世界以可理解性。在日常生存过程中，此在成为常人、他人而非此在自身，而一切他人似乎都是可替代的存在者。由于在世存在的被抛与不可选择，存在论所建构的此在向常人的沉沦是不可避免的。而且，常人迷失于其所操劳的与被纷扰的世界而难以自拔。

因为，此在在日常生活方式里已偏离了自身的本性，这是此在不可避免与不得不接受的在世状态。每个他人都与其自我处于分离状态，人们什么都可以

① 海德格尔：《存在与时间》，陈嘉映、王庆节译，生活·读书·新知三联书店，1999，第 143 页。

是，但没有人是其自身。在此在的领悟之中，共同存在其实已经包含了对他人的领悟。传统的主体与主体论被此在所消解，而与一切存在者共在的“在之中”得到了强调。人的出生与生存于世，从来都不是由自身来选择的，自由面临着非自由的悖论式难题。正是因为被抛，此在不得不与他人共在于世，这是此在成为常人的生存论前提。常人是此在世界的具体化，也是此在的个人的可能性，也即“人之能在”的具体化。这里的常人既可能是艺术家、政治家，同时也可能是大众与普通人。在胡塞尔那里，先验自我的实现被看成现象学的还原，但这种先验自我并没有被海德格尔使用，存在尚未在胡塞尔思想里形成根本性问题。在被抛在世的过程中，此在难免消失在芸芸众生的他者之中。在海德格尔那里，常人标明为衡量事物标准的平均状态，而这个标准似乎无可置疑地适合于每一个人。应当说，日常性凸显了此在无关与关切存在问题的两种前哲学的理解方式，它是此在“在世界之中存在”的一般情形。

在日常生活中，此在虽然具有自主的规定性，但它又必须与他人共处而存在。海德格尔以“das Dasein”这个中性词表达此在，旨在强调对主体及其性别特质的消解。毫无疑问，此在的世界乃是与他人共在的共同世界。在与世界打交道的时候，人们难免具有完全地投身于世界之中的倾向。在日常的诱惑、安定与自我异化等沉沦之中，此在失去了成为本真自我的生存状态。在本性上，此在既不是主体，也不是对象，却是可能通达存在的存在者。人为何在日常生活里与自身相分离，这乃是因为，“这种倾向性是事实生活对真正的自我感到厌恶的基本倾向的表述；它具有沉沦（Verfallen）的倾向”。①应当说，此在为存在的敞开与显现提供了可能性。但只有在这种敞开的林中空地中，此在的存在才能被经验到。在这个意义上，海德格尔认为人们是在不真实地生存着。而且，海德格尔的这种生存的不真实性，与人的日常生活分不开，它常常被包裹与遮蔽在日常真实之中。在接近自然的状态下，此在处于日常生活之中而难以超拔出来。在本性上，常人其实就是无人，还可表明为无此人。无此人似乎消解了主体，但也消除了不同个体之间的差异性存在。

在海德格尔看来，个人不再由一种人性本质构成，而是由常人构成。此在要进入一个由常人的日常共在的结构性境域，在此结构性境域中得到阐释并获

① 约瑟夫·科克尔曼斯：《海德格尔的〈存在与时间〉》，陈小文、李超杰、刘宗坤译，商务印书馆，1996，第29页。

得意义，并且也就由此能够明晰此在的生存论结构。人之所以成为常人，在于每个人来到这个世界上，都不得不与他人共在并成为他人。共在表明此在有与他人打交道的能力，这种打交道就是一种原初的领悟。其实，此在总是在逃避自身而进入常人之中，常人是此在不可避免的在世方式或身份。在这里，海德格尔将此在的非本真存在称为沉沦，但这并非在道德与伦理层面上的指责。在日常生活方式之中，人们为了生计而奔波，为各种事务纠缠与劳累，这是常人难以摆脱的在世命运。虽然说，每个人都有其特定的此在，但又无时不在逃离人自身，此在也就因此成为常人。在海德格尔看来，人类在本性上是由他们生存在世界之中的方式来规定的。因此，对此在的分析就是从日常实践活动开始的。在对此在日常状态的分析里，将时间看成一个视域乃是一个直接目标，而这种时间性特质往往外在于传统理性哲学与形而上学及其对艺术、审美的揭示与阐释。

正是在这个意义上，此在乃是在世界之中的存在，也就是沉沦于此的存在。沉沦在此表明，此在的本真状态消逝于日常生活之中，这是在世存在不可逃避的处境与命运。与此同时，此在也就不得不将自身表征为常人。而且，不同民族或族群的此在都共在于这个世界上，尽管这个世界还可分解为诸多的可能世界，如交往的世界、艺术的世界等。此在首先是被抛入常人的公众意见之中，而为这个公众世界烦心和操持，难以摆脱牵涉而得到超越。虽然说，此在与常人互为他者，但一方的建构却离不开另外一方。海德格尔把此在对自身的日常解释，作为其“自然而然”的出发点，但这里的“自然而然”却尚未经由现象学的祛蔽来生成自身。而且，“这个常人不是任何确定的人，一切人——却不是作为总和——倒都是这个常人。就是这个常人指定着日常生活的存在方式”。[①] 这也就是此在的沉沦在世的根本方式，也即此在成为常人，而且不得不成为常人。在沉沦之中，此在以常人的方式与自己照面，而与本真自我失之交臂，从而导致了自我存在的迷失。此在的迷失，是在存在论意义上来说的。此在所关切的周围世界，是人们日常生活所能经验的世界。作为此在摆脱不了的在世命运，日常性为此在的在世存在带来了问题与困境。而且，现代社会的规格化与技术标准正在对各种个性化加以压制，将那些具有差异性特质

① 海德格尔：《存在与时间》，陈嘉映、王庆节译，生活·读书·新知三联书店，1999，第14页。

的人碾压成了无生趣的平均化常人，沉沦之路由此带来问题与困境就是不可避免的了。

## 二　此在存在的日常性与困境

在本性上，海德格尔将此在理解与把握为面向未来的在世存在，但日常性是存在的平均化与无差异的生存特质。因为，此在最基本与最原始的生存状态，就是在世界之中存在。可以说，此在之存在是无法与周围世界隔绝的，因此如要理解此在及其与世界的关联，就必须澄清何谓"世界"这个问题。存在可能向此在在世敞开或遮蔽自身，更会让面向将来的可能性被现实性所牵涉与遮蔽。生存经验与日常生活的关涉与难以区分，成为海德格尔克服胡塞尔先验自我的存在论基础。但生存又可能将此在变为常人，进而与存在本身相分离。作为一种可能性存在，此在是能够理解存在的独特存在者，但它的在世往往又摆脱不了这种日常性特质，并将自身陷入沉沦及其困境之中。应当说，离开存在者尤其是此在及其存在，谈论与敞开存在本身其实都是不可能的。这种日常生活总是与大众文化、民间习俗分不开，但又难免遭遇到自身的琐碎、无聊与迷失等问题。在对此在及其存在的分析与阐释上，海德格尔的存在论是从存在这一根本性问题出发的，并由此与心理学、人类学、神学等诸多学科的视角相区分。其实，在人们的日常生活之中，并不是说没有艺术创作与审美的存在，而是说这种存在仍然被日常生活所遮蔽，比如，颜料与各种质料仍然被看成手上之物，而作品则被把握为一种具有实体性与营利性的物品等。

作为独特的存在者，此在不仅在其生存中有所领会地对存在有所作为，同时又是人自己向来所是的那个独特与不可替代的存在者。只有此在，才是能够切近与理解存在本身的存在者，并以此区别于其他的存在者及其存在。在这个意义上，日常此在的自我可以说就是常人的自我，这源于此在不得不在世并与他人共在。根据海德格尔的观点，传统的本体论不可能从时间性去理解此在的存在。值得关注的是，"正如早先说明的那样，当我们将此在之存在方式简称为生存（Existenz）之时，这就意味着，此在生存决不像物那样现成存在"。[①]

① 海德格尔：《现象学之基本问题》，丁耘译，上海译文出版社，2008，第79页。

在这里，生成性是此在与存在的本性之所在。在日常的繁忙里，此在总是绝对而又坚定地依赖于他人而遮蔽了自身。与此同时，正是共在把他人的生存向我们展现出来并相互托付。虽然说，此在与常人都不是现成的存在者，但两者的生成性又并不相同。常人越是不可捉摸，就越不是无，甚至还成为实在的主体。对于此在来说，存在本身在本性上是虚无。但这里的虚无，并不是空无一物，而是对各种既有的悬置，旨在消解实体论与理性形而上学及其问题。在日常生活方式里，似乎一切都是自明而毫无疑问的，但这只是一种被遮蔽了的惯常情形，这是因为万物与存在者，要么是手前之物要么是手上之物，而不是它们自身。在海德格尔看来，技艺只是一种认知，而这种认知遮蔽了物自身。

根据海德格尔的观点，如果仅仅停留在存在者的描写上，还不属于现象学意义上的，也无关于现象学之根本。这乃是因为，现象学把“现象”规定在存在及其结构方面。针对存在者的一般现象之描写，无助于使存在本身得以显现。在本性上，此在在其存在中与存在本身相关切，并作为对存在本身的通达与显现的可能性而存在。但此在与存在既不是特殊与一般、具象与抽象的关系，也不能把存在作为普遍本质来看待，并依此去推演此在及其在世。在海德格尔的存在论里，归纳与演绎等诸多概念模式都是要被解构的，从而旨在向存在的回归与存在的生成本性的揭示。在日常生活之中，此在之存在虽然是关切于存在的，但这种关切并非总能是直接性的。对此在的理解必须从其存在入手，但此在本身又往往被日常生活所遮蔽。生活的日常性表明，此在在日常生活里存在的方式与特质，这种日常的方式与特质既是不可避免的，同时又是亟待祛蔽与敞开的。与艺术家一样，保存者与鉴赏者也是艺术的创作者，但对作品的保存往往被人们当成货物，只不过是更值钱一些而已。至于艺术与审美的意义与旨趣，还没有引起人们在存在维度上加以充分的关注与重视。此在的展开状态是由现身、领悟、沉沦与逻各斯构成的，但这些状态又是对存在本性的遮蔽。

在近代，实体的存在是一种无须其他存在者的存在，实体论也因此遇到了难以克服的问题与困境。在海德格尔看来，笛卡儿回避了实体的存在论问题，这是因为笛卡儿那里的实体的实体性，其实是根本无法通达的。但无论是理性，还是感性、经验，其实都不可能揭示此在及其存在，因为它们都陷入了二元分立之中。人要成为自己既要诉诸内心的勇气，还要克服他人与社会的干扰与压制。然而，“庸庸碌碌，平均状态，平整作用，都是常人的存在方式，这几种方式组建着我们认之为‘公众意见’的东西”。[①]除了成为自己，人们可以成为任何人，特别是被别人与公众所认同的人。从非本真的意义上看，这也表明了日常的此在是另类可能的存在。作为进入抽象理论的路径，日常世界往往处于未被人们充分关注的状态。人们共处同在、人云亦云，得过且过，还不亦乐乎，甚至乐此不疲，更不必承担自己存在的责任，所有这些表明平均状态正是常人的生存论特质。在海德格尔那里，艺术之谜其实就是不解的存在之谜，但人们在日常生活中，老是陷入经由谈论甚至指望对不解之谜的规律式破解里而难以自拔。毫无疑问，这种对不解之谜的规律式破解，反而遮蔽了作品及其向艺术与存在的切近与通达。

但任何面向未来的可能，往往难免在现实生活里变成不可能。应当看到，世界这一生存论环节却是任何人不可超越的，它不可避免地将人陷入非本真状态中去。因此，人的在世存在是不可摆脱与回避的根本性事件。关于此在的分析，涉及世界、共在与在之中等方面，此在是揭示自然存在者的重要通道，但这种揭示仍然有赖于此在在世的一定样式。在世界之中存在，表明了一种不可分割的整体结构，也就是此在与万物的共在于世和彼此生成，而且，这种结构是人在此展开其生存过程所具有的基本的、原始的结构。甚至可以说，此在日常在世的存在也就是平均的日常状态，它无疑是此在首要的与通常的在世存在方式。在笛卡儿那里，人们的存在受制于理性与思想，在根本意义上，他所强调的只是理性对存在的规定，而不是本真地在世界之中存在。此在的存在表明与强调了某种面向未来的可能性，但这种可能性又不得不被遮蔽在日常性及其非时间性特质里。但此在总是从各自的生存境遇出发，去面对与回应独特的生活世界与在世处境。在海德格尔看来，对技术的工具主义理解与阐释，无疑源于亚里士多德的四因说。虽然说，此在所陷入的日常性是难以避免的，但这种日常性本身尚未得到质疑与反思。

还应看到，此在尽管已现身却难免被遮蔽着，使此在在世存在的本性难以显现。不同于其他的存在者，此在的存在是以领悟自身之存在的方式而存在的，因此它也是一种可能性的、最切近的存在方式。在本性上，此在的存在属

---

① 海德格尔：《存在与时间》，陈嘉映、王庆节译，生活·读书·新知·三联书店，1999，第148页。

于每个人自己，并力图与他人、常人区分开来，但日常在世又不得不使此在成为常人。在主体与客体相对峙的世界里，以及由技术所支配的日常生活中，艺术与审美所建构的文化张力的意义不可忽视。更为重要的是，“这个常人却是无此人，而一切此在在共处中又总已经听任这个无此人摆布了”。①虽然，此在具有某种超越性特质，并以此区分于其他存在者，它却无法与周围世界隔绝开来，又必须与万物共在于这个世界之中。作为一种独特的此在样式，各个民族或地域的人们的生活方式，也照样难免会陷入一种无特质的日常模式里，这种平均化又在全球化时代得到了强调甚至极端化。因此，一致性与独特性的生成性关联，也成为全球化时代无法回避的问题。虽然说，每个此在都有其自己独特的世界，但这些不同的世界间的差异被日常性所遮蔽与消解。在海德格尔那里，向死存在是一种本真性的、以死为死的存在，但它又往往被日常生活所掩盖与遮蔽。在海德格尔那里，自杀被看成对死亡可能性非本真与不合适的回应，但这也与人们对在世生活的无聊情绪的曲解和误判分不开。

## 三　此在的存在的遮蔽与祛蔽

当在事实上生存着的时候，此在在本性上总是以一定的可能性在世，并由此排除其他的可能性及其存在。此在的日常存在常常遮蔽了此在自身，此在在世的三种情态是情绪、领会与言谈，但这些情态也正是此在被日常遮蔽的样式与情形。情绪是此在最初的情态，领会使此在向着可能性投射自身，言谈把生存在语言上展开，并使情绪与领会相关切。在日常生活方式之中，作为常人的此在的独创性被压制，他（她）往往服从于公众意见与人云亦云。一切常人其实都是他人，没有什么他人是其自己。此在常常忙于日常生活方式而难以抽身，致使此在自身的存在本性被遮蔽。而且，言谈在敞开中还会陷入闲谈、好奇与模棱两可之中。在与所有存在者共在的日常生活之中，此在以首先与通常所是的那样显示着自身。因此，应当在此在平均的日常状态中显示这个存在者。此在对存在的领悟与适应存在者，其实都只能而且已在人的生存之中。但海德格尔对此在及其存在的经验性的强调，无疑是切入与揭示日常生活本性的

① 海德格尔：《存在与时间》，陈嘉映、王庆节译，生活·读书·新知·三联书店，1999，第149页。

存在论基础。与此同时，艺术也难免会将万物当成表象，并从日常生活里建构出来，而日常的与传统的审美，只不过是把经验当成认识的相关物而已。在本性上，艺术与审美亟待突破感性与理性及其传统的二元分离的问题与困境，旨在切近与通达存在本身。

还要意识到，沉沦是此在对自身的遮蔽，而畏的牵涉比“怕”更为根本，它关联于此在的存在自身，而不是那些具体有所指涉的存在者。但无论是沉沦，还是怕或畏，它们都是既关切此在又遮蔽此在的情结。由于不可避免的日常性介入，此在的世界成为共同的世界，人们对万物的理解离不开他人。在海德格尔那里，日常生活总是强调日常的平庸与琐屑，此在在世存在的本性难以得到本真显现。尽管说，在人们的日常生活中，闲聊与废话可以打发时间，但人们却忘却了对存在的经验。与此同时，“……在这种日常生活中，人变成了似对象物——和本真的精神生活相互对立……”①因此可以说，沉沦的此在与他人、常人，在本性上无差异地存在于这个世界上，从而丧失了此在自身的存在及其独特的意义。人们在世存在的各种独特性并非不存在，而是消解在日常生活的某种一致性之中。由于日常的在世处于一种平均化的状态，各种民族性此在之差异也可能消失在这种状态之中。而向日常生活本身的切近与回归，无疑是回应存在被遮蔽所应有的必要执态，但仍需剥离这种日常性而回归到存在本身。在这里，表象不再是古希腊人所理解的自身祛蔽，而是对物与存在者的设置、掌控与支配，以及受制于理性哲学与形而上学的规定。

这里的问题其实是，日常生活一定会遮蔽此在的本真存在吗？这是毫无疑问的，而这种遮蔽还可以理解为此在在世不可避免的宿命。这就应考虑到，被抛在世的此在，往往消散在其所现身与所繁忙的世界里。此在之所以解释为林中空地，它既显现又遮蔽，并在遮蔽与显现的游戏里成为自身。此在通过不断地剥离与区分，来融入“在之中”这一整体，而存在论上的这一整体之于认识论上的一切认知活动，无疑都是在先的与根本性的。但在日常生活之中，此在陷入了一种平均化的生存状态，人人都是如此，没有任何例外。常人只有一个标准，所有人都依凭与使用这个标准。这里的常人并不是说，这个人没有什么本事，或者是缺乏所谓的个性与爱好，而是旨在表明，一个人即使颇具过人

---

① 本·海默尔：《日常生活与文化理论导论》，王志宏译，商务印书馆，2008，第206页。

的本领与才能，也同样毫无例外地被抛与沉沦于世，这也许就是人的存在不可避免的根本命运。被抛在世并非人的自主选择，这使得此在不得不被遮蔽在日常生活之中。还可以说，任何颇具个性与独特气质的人，其实都不可能摆脱常人的平均化状态，虽然这遮蔽了存在及其生成的本性，但也并不是人的什么错。在本性上，此在既在此处，同时又不在此处，它并没有一个固定不变的位置。在日常生活中，观念、材料与技法对艺术现身的介入，往往只是一种实体论与决定论的，还远远没有被看成现象学尤其是生成论现象学的事情本身。

毫无疑问，无差别地对待各种现成的存在者，其实正是日常此在最基本的存在论特质，但这种无差别并不是存在意义上的，而是在存在者层面上的特质。人们就日常状态提供出来的东西，不应是某些任意的偶然的结构，而应是本质的结构。无论此在处于何种存在方式，这种本质性结构都应保持其为规定着此在存在的结构。虽然作为此在，不再把经验存在当成必需的任务，这与日常生活对此在的遮蔽分不开。此在既与万物打交道、非沉思性地与存在者相遇，又难免被遮蔽在与万物、存在者的共在之中。应当说，还要注意到，日常生活往往还会遮蔽自身的本性与特质。更为重要的是，“日常活动的技术化，以一种深远的方式——海德格尔认为可能也是灾难性的方式——自然而然地改变着我们生活的特征”。[①]任何人的自我都难以摆脱常人这一根本性特质，这虽然有待于克服主体论及其问题与困境来加以缓解，但此在本性的存在仍然在日常生活里被遮蔽着。对此在来说，成为常人就是成为他者，这其实并非奇怪之事，也没有什么了不起的，甚至不值一提。而且，日常生活也使得此在与存在自身的时间性被遮蔽，此在甚至成为某种一成不变的日常存在者。此在的这种被遮蔽及其日常性特质，从来都是未经深思与追问的，即使有所思也是认识论的，而不是存在论的。艺术虽然被习惯、传统与日常生活所遮蔽，但它又无时不在挑战着各种既已形成的惯例与规范。

当此在事实上生存着的时候，也总是与一定的可能性相关联，但这种可能性往往被现实生活与日常性所遮蔽，不再向未来的可变与多元的可能敞开自身。在世界存在之中，此在又难免陷入日常的现实纠缠与关涉里，难以抽身并成为自身。海德格尔指出，此在的日常状态的这种无差异性并不是无，而是存

① 马克·拉索尔：《向着大地和天空，凡人和诸神：海德格尔导读》，姜奕晖译，中信出版集团，2015，第 156 页。

在者的一种积极的现象性质。而且，人们似乎并不反感这种了无自我的日常在世生活，此在的个性特质被遮蔽在其日常在世之中。这种日常状态本身无疑是对存在的一种遮蔽，当然是一种作为特定显现的遮蔽方式。一切如其所是的生存活动，都从这一日常在世的存在方式中来，而后又回到这一存在方式中去。当人们刻意保持某种独特个性，甚至力图离群索居之时，仍然摆脱不了与人共在的平均状态，甚至反而使人的这种无特质彰显无遗。当今，人们的日常生活仍然离不开一般性与平均化的常态。任何刻意的回避与逃离，其实都是对日常在世的一种另类的确认，这反而更加表明了日常生活的不可摆脱性。此在本身仍然亟待从日常性的他人超拔出来，进而回归到让存在本身得以显现的本真此在上来。作为一种对象化与形而上学的设置，表象化也是艺术应加以克服的审美问题。虽然说，表演与行为艺术是身体与观念的互动，但它们指向的却是此在与人的存在的生成本身。

而且，此在平均的日常性状态，构成了这种存在者在存在者层次上的当下情况，而存在本身仍然被众多日常的存在状态所遮蔽与掩盖。芸芸众生其实也很少对这种日常遮蔽感到有什么应该需要加以质疑的地方。在日常生活之中，一切人的“我”都完全淹没在常人里，从来都难以敞开与呈现自身的存在。在此在的在世存在之中，世界总是以一种无法为人们控制的方式出现。海德格尔也看到了，生活体验往往成为艺术死亡的根本原因之所在，因为这种生活体验摆脱不了经验认识的困境，并不能与存在本身相关切。在当代城市化运动之中，由钢筋与水泥构成的、突兀与恐怖的高楼森林，其实就是海德格尔所说的技术规定的表象与模具，它们阻止了人与大地天然的生成性关切。“在本性上，此在的时间性包含两种可能性，即以天命为特质的决定性存在的可能性与在公共时间领域算计时间的存在的可能性。”①在存在者层次上，最近的和最熟知的东西，在存在论上却是最远的、不为人知的东西，而就其存在论意义而言，它们又是不断被遮蔽的东西。人们从来都没有认为沉沦于世的常人有何不对，远离存在本身的此在与日常生活，往往被视为再正常不过的事情了。因此，艺术与审美对于此在的意义与旨趣，其实就是极其重要甚至不可或缺的。毫无疑问，艺术与审美有助于人从日常的遮蔽回到存在自身。

---

① Alexander García Düttmann, *The Memory of Thought*: *An Essay on Heidegger and Adorno*, London: Continuum, 2002, pp. 169 – 170.

## 四 艺术、审美与此在的回归

在海德格尔看来，即使在平均日常状态之中，此在仍以某种方式为它的存在而存在，只不过这里的此在属于非本真的样式而已，甚或处于逃避与遗忘它本身的存在的过程中。此在沉沦于作为世内存在者整体的世界之中，从而丧失了自己原初独特的存在方式。通过揭示日常在世的遮蔽性，才有可能为此在提供通达存在的根本性前提，但这种前提是生存论而非实体论。海德格尔当然也看到了，在对存在者的领悟中，存在实际上都得到了某种揭示与阐释，并为存在及其本性的回归提供了可能性。与此在的自我性（selfhood）相关的问题在于，我想成为“我自己”是否可能？日常生活里的我难道不是已丧失自我的“我”了吗？考虑到理性哲学与形而上学对此在的遮蔽，向此在及其存在本身的回归，因此成为艺术与审美所关切与指向的根本性事情。向此在本身的回归，还相关于为艺术与审美做出存在论甚至生成论的奠基。艺术与审美向日常生活的渗透与介入，旨在回归到存在自身，既非简单地抛弃与悬置日常生活，也不是回归到传统的艺术与美学中去，但即使如此也仍然难免被日常生活所异化。但还是可以说，艺术与审美为理解存在及其生成本性，以及让此在不再为主体论与日常生活所困提供了可能性。在海德格尔那里，唯美主义与现代主义艺术对自律与一致的诉求，并没有在根本意义上克服与摆脱日常生活的模式与局限。

在世界之中存在，必然导致此在被日常生活习惯所困扰，但这种被困扰却不是什么可以克服的缺憾与错误。海德格尔指出，我们所选择的那样一种通达此在，以及解释此在的方式，必须使这种存在者能够在其本身与从其本身显示出来。由于此在残留的主体论及其形而上学痕迹，海德格尔在中期不再使用早期的此在，也悬置了作为创作者的艺术家，而是强调作品的存在本源，以及作品（存在者）与艺术（存在）的相互生成。人能否成为自己，在此成为关切于此在真正的存在论问题。但在沉沦中，此在丧失的是本真性，它不再是其存在自身。“现在我们看到的是，存在与思想一道归属于一种同一性，这种同一性的本性源于那种‘让共属’。”① 应当说，这种“让共属”也是一种相互生

① Martin Heidegger, *Identität Und Differenz*, Pfullingen: Neske Verlag, 1990, p. 27.

成。在向此在本身的回归中，他者也同样是不可或缺的，正如他者之于此在的异化一样。这种向此在本身的回归，显然也离不开凭借艺术素养、审美情趣来与日常生活相区分，这种区分也是日常生活审美化及其与先前日常性分离的应有之义。在日常生活中，操心既要涉及自我、他人与万物，同时又关联与影响到艺术家的创作。但万物、一切存在者甚至人，都在这个技术化时代成为可以利用的资源，而人力资源本身就是人的专业化的生成之物，因此向存在自身的回归是人与万物的存在论现象学还原。

在生存与日常生活中，此在与他人无差异地共在一起，为了回归本真的存在，此在又必须与他人相区分并成为自身。作为一种呼唤，良知诉诸此在，并将此在向其最本己的能在召唤。此在在本性上是一个生成的过程，却并没有手段与目的的二元分离，向此在的回归其实也就是此在的自我生成。在此在那里，各种时间交织在一起，因为它根据自己本真的过去，让自我在现在存在，此在同时又是面向未来的存在。为了消解艺术家这一主体论预设，海德格尔强调了艺术（存在）之于作品（存在者）的本源性意义。但艺术与美并不是对认识论真理的一般表述，而是对存在论真理与存在本身的显现与敞开。此在只有克服与超越了沉沦，才能真正面对自己并回归到本己。在这个技术时代，人们正在日益陷入快捷性、易用性与致幻性而难以自拔。在艺术创作与审美建构过程中，生成论对主体论的彻底悬置也是此在回归所不可或缺的。艺术与审美既有助于日常生活意义的揭示与建构，又为避免生活陷入平均化与无差异状态提供了可能性。在这里，艺术世界建构着人们对艺术的理解与阐释，但艺术又有待于克服来自艺术世界的限制。虽然说，存在与否并不由人自己来决定，但如何存在与生活却与人的选择密不可分。

而且，也只有在此在将自身从常人中带回时，常人也才能成为常人自身。只有成为常人，此在才有可能意识到自身及其本真存在，并为向此在的回归奠定日常生活的基础。其实，现象学所说的显现与遮蔽，总是不可分割地关联在一起。在中期思想阶段，海德格尔通过解释学循环对艺术家加以消解，正是为了放逐主体以克服主客二分的认识论困境。在弗洛伊德那里，无意识就存在于人们的日常生活之中，并对人们的艺术创作与审美经验产生极其重要的影响。还应看到，进入沉沦也是洞察生活之必需，当然这还要凭借对沉沦的否定与解构。在这里，“建立一个世界和制造大地，乃是作品之作品存在的两个基本特征”。[①] 其实，艺术就发生在世界与大地的争执之中，美乃是经由这种争执与和解及其张力的建构来显现存在本身的。海德格尔之所以如此强调艺术及其生成本身，旨在克服此在可能陷入的主体论与理性形而上学困境。可以说，艺术尤其是先锋与前卫的艺术，往往经由他者的样式来消解与解构规则。即使在海德格尔晚期所强调的诗意的居住之中，世界与大地的争执虽然得以缓解也并未甚至永远不会终结。然而，技术的介入、项目经理与业务外包，正在导致当代艺术失去与存在本身的密切关联。

但世界与大地之间的冲突，仍然有待于获得审美与文化上的和解。既然人的死亡是不可回避的根本宿命，每个人都应该承受自己的死亡。死亡是此在的“终结”，因此在死的面前此在是最本己的。在日常生活里，死亡似乎总是与己无关的，它只是属于他人的，从来都不属于自己。因此，难以使此在真切地透过死亡的经验而感悟此在本身。在存在论里，死亡只是向死而存在，它使此在对生存的把握更为确切。只有向死而生，此在才有可能回到本真的存在，而艺术与审美有助于此在的这种回归。之所以向存在的回归是可能的，乃是因为生存本身就是基于对存在的领悟。但向此在本身的回归，并不意味着重返主体甚至日常性此在，而是旨在回到此在本身及其生成本性上。在海德格尔那里，世界也不能离开此在而存在与显现。艺术、审美既是与日常生活相关的，同时又构成了与日常生活的区分。在现实的挤压下，以及与生存的遭遇里，唯美主义也不得不面对许多亟待解决的问题。当代艺术及其审美经验，既为走出日常生活做了铺垫，还为克服古典艺术对人的限定提供了可能性。丹托（Arthur Danto，1924－2013）的美的滥用说，忽视了美也会发生变化，并与艺术发生呼应与对话。但与艺术相关的展览、商谈与销售等行业，在让作品得以显现的同时又遮蔽了艺术与存在本身。在这个大数据时代，人的生活世界更是被精致化甚至模型化，艺术与审美也难以摆脱技术化的压抑与遏制。

此在要深刻地领悟到死的真谛，才能摆脱常人的统治与日常的遮蔽，成为本真的自己并承担自己的自由与责任。但此在及其在世已被各种不同的学科与理论建构着，同时诸多学科从各自的视角遮蔽着此在的本性，特别是，这还可能导致此在与存在的生成本性的固化。日常性的悖论在于，人们不得不被抛而

---

① 海德格尔：《林中路》，孙周兴译，上海译文出版社，2004，第 34 页。

日常在世，但这种日常在世又是对存在的一种遮蔽，正是这种日常在世隐藏了存在本身的意义与旨趣。应当注意到，各种艺术行业与文化体制都可能阻碍艺术向存在本身的通达。根据海德格尔的观点，任何艺术行业与体制都是一种存在者，它们在表现与展示艺术的时候又会带来遮蔽。“所以，艺术作品对人的实现之所以是重要的，乃是因为通过它且只能通过它，完整或意义才是可能的。”① 此在只有通过非本真的存在方式，才能通达本真的存在及其生成本性，但这又必须经由现象学的祛蔽来实现。而且，本真的此在仍然具有返回到非本真状态的可能性。考虑到此在不可避免的日常共处的存在，向此在的回归根本不可能完全脱离日常生活。各种此在在生存过程中来照面，并由此共同构成人类的日常在世生活，这还有待于基于对主体论的消解而发生的审美生成论重构。应当说，日常经验如何制约与影响艺术创作与审美活动依然值得深入研究。但日常性此在业已丧失于常人与他人之中，日常生活的审美化必定相关于此在及其向自身的回归。

## 五　日常生活的重建与审美化

在海德格尔看来，日常生活是一个先在的、已然的与既成的世界，也就是说，日常生活是直接的与现实的生存领域，反映和展现着人的具体的生存状态和生存方式。但此在又根本不可能脱离日常生存状态，因为此在总是首先并不得不生存于这个世界之中的。当然，此在所关联的日常生活本身，其实也是在生存论语境里得以生成其意义的。但日常生活本身并非无可置疑，因为它必定导致对存在及其生成本性的遮蔽，并往往成为人自身异化的场所与地方。此在向存在本性的回归，以及能够以死为死也关联日常生活的重建。除了日常生活的世界外，海德格尔还将生活世界分为审美的、科学的、伦理的与宗教的等，这些生活世界又以其特定方式促成与激发着人们的行为。在所有这些不同的生活世界里，艺术与审美构成了向存在回归的本真路径，但仍应对可能面临的艺术与审美形而上学加以反思。与此同时，人们日常的艺术创作既不同于一般的日常生活，又难免仍然会受制于日常生活的规限。在日常生活的审美化中，还

① Julian Young, *Heidegger's Philosophy of Art*, Cambridge: Cambridge University Press, 2001, p. 57.

涉及对艺术理论与美学体系，以及各学科可能带来的遮蔽加以分析与批判，而且艺术也同样不可能彻底摆脱成为持存物这一根本性宿命，尤其是艺术甚至还会重新陷入技术化而难以自拔。

因此，日常生活的审美化，就涉及如何对人们的日常生活加以重构的问题。应当说，日常生活与社会的现代性进程密切相关，因此既需要对人的生存执态加以揭示与阐释，更有待于在存在的语境里去反思人的生存处境。人们只能从特定生活世界的真实性去理解生活，但这种对生活的理解又可能会偏离生活本身。应当看到，生活本身的回归与建构从来都离不开存在。海德格尔所说的世界与大地，不同于人们在日常生活里形成的理解。诗人与艺术家虽然生存于世界里，但无法以常人的方式进行创作与表现，而是旨在生成对艺术、真理与存在本身的切近与敞开。毫无疑问，日常生活不乏各种异化的现实境况，有时面临的困境甚至还是触目惊心的。在本性上，“诗人们的天职就是让美的东西在美的投射中显现出来”。[①]其实，让美自身得以显现正是诗人与艺术家的根本性旨归。在海德格尔那里，日常生活异化与否的界限其实并不明显。技术与现代性介入了日常生活，日常生活自身也发生着诸多的变化，导致异化问题及其复杂性情形的出现。为此，对技术及其座架本性的反思与克服本身，在此就是生活审美化所不可或缺的必要构成。但当艺术被不断复制之时，它就难免陷入行业与日常性的限制之中。还可以说，此在总是处于可能性之中，这是其得以自由存在的基础，但由于此在往往处于某种可能性而非其他可能性，这显然也表明了此在自由的限度、约束与排他性。

启蒙运动所倡导的理性诉求，导致了简单、刻板与碎片化的现代日常生活的形成。正因为如此，对技术及其形而上学的批判是回归日常生活之必须，也是摆脱技术对日常生活操纵与宰制所必不可少的。与此同时，还要让日常生活回到存在自身的语境里，天地人神的相互生成是这种语境不可分离的构成。审美现代性与后现代文化，无不渗透进人们的生存与日常生活里。但这又可能使日常生活及其审美化都异化在大众文化与消费主义的情景里。为了追逐各种欲望与享乐的刺激，当代的日常生活日益偏离它原初的日常性，甚至成为享乐主义与虚无主义得以发生的乐园。从生存论视域出发，海德格尔将日常生活理解

---

① Martin Heidegger, *Erläuterungen zu Hölderlins Dichtung*, Frankfurt am Main: Vittorio Klostermann Verlag, 1996, p. 135.

为此在的一种原初的与不可逃避的生存情形。如果我们把艺术看成一种生活态度的话，那么就可以说“人人都应当成为艺术家”。但对于艺术与审美来说，其实仍然关联到对生存与生活的日常性的回应与超越等问题，这当然不只是解构日常生活，而且重构日常生活及其存在的意义。应当说，诗意居住之所以可能，还相关于大地及其神圣性特质，但在人们关注世界的时候，却往往忽视了大地的独特意义。根据海德格尔的观点，诗先行于语言，它是原语言（Ur-sprache），因此，人们不可能从语言的本质去经验诗为何物。在海德格尔看来，诗人的旨归就是将存在的神秘性作为神圣来命名与守护。

此在在世界之中存在，以及由此所遭遇的主体论与认识论困境，反而为对日常生活异化的克服与消解，进而由此向存在本身的回归提供了可能。海德格尔其实并没有停留在对此在及其日常生活的一般把握上，而是将存在作为此在本性通达的根本指向与旨归，并将此在理解与阐释为与天、地、神发生游戏的人。在这里，艺术是日常生活不可或缺的重要构成，但艺术又隐藏着相异于日常生活的精神与文化特质。在将争执建构与保持为争执的过程中，先锋与前卫艺术对创作习俗的解构意义不可忽视。而且，“这不仅仅断言，审美思维方式的前提条件和原初模型，是内在于日常思维的异质复合体之中，它同时断言，审美体验也总是以某种形式出现于这一复合体之中”。[①] 但艺术与审美在异化的过程中，仍然可能使日常生活偏离存在本身。日常生活的审美化并不是在表象上实现的外加之美，而是在生成论上对存在美的历史性揭示与语境性阐发。尤其是，本真的生活并不处在沉沦着的日常生活之中，但依然难以与这种沉沦性特质相分离。此在还得将自身从其他世内存在者区分开来，这仍然有待于对来自日常状态的遮蔽加以祛蔽。但人类或族群主体的任意行为及其危害，仍然是应加以警惕与克服的重要问题。在海德格尔那里，拯救的力量源于审美对日常生活的祛蔽，以及由此开启的向存在本性的回归。此在的超越、自由与本真能在，使实体被看成可能性而非现实性，而这正是万物与日常生活审美化的存在论基础。

还可以说，正是死亡可能使人们意识到，日常生活对人自身生存的本真性的遮蔽。日常生活的不断遮蔽与祛蔽，或许正是回归人的本真存在的现象学之

① 阿格妮丝·赫勒：《日常生活》，衣俊卿译，黑龙江大学出版社，2010，第104页。

路。还应将人自身回归到天、地、人、神四元的游戏之中，以消解与解构此在残留的主体痕迹。既应当意识到艺术与审美是日常生活回归存在的可能路径，也应当警惕这种回归变成对存在的另类遮蔽。对日常生活及其各种遮蔽的祛蔽，并不是简单地抛弃日常性本身，而是不断反思处于异化中的日常性。在此基础上，让日常生活回到诗意居住与存在自身上来。但由于生存的关涉与牵连，此在又难以彻底地通达存在本身，因此生存于日常生活与存在本身之间，就成为此在的一种暧昧的与不可逃避的在世命运。但日常生活的审美化，并不是要把日常生活作为传统的审美对象来加以审美观照，而是旨在让日常生活回归到存在的本性上来生成自身。在日常性与非日常性之间，还应建构一种审美与文化张力以弥合其隔阂，这种隔阂会使人迷失在如何生活的问题上。在东方美学与哲学思想里，神也可以理解与把握为道及其规定。全球化及其对一致性的诉求，如果缺乏差异性对一致性的对冲与和解，此在就会因重陷理性哲学与形而上学而遭受宰制。荷尔德林强调，人虽然充满劳绩地生存着，却可以诗意地居住在大地上。但波德里亚的拟像与仿真，也会为对对象化与表象化的克服带来新的可能性与问题。

在这里，海德格尔对向存在的回归的主张与强调，无疑有助于人们克服与抛弃对艺术与生活、世界的关系的各种成见。其实，日常生活的审美化也离不开海德格尔所说的原始语言，因为这种作为语言本身的原始语言，所提供的感受对于祛除日常语言对艺术与美的遮蔽有所助益。现实生活的真实性既是日常的，同时也是由存在自身所规定的。应当看到，在海德格尔那里，日常生活的审美化并不是感性化与情感化，而是经验经由艺术文本向存在本身的通达。而且，“诗意的东西”（Dichterische）意味着，人们能够合乎某种“尺度”地居住在这个大地上。实际上，“真正的居住困境在于：要死者总是重新寻求居住的本性，他们首先必须学会居住”。① 此在及其向存在的通达，无疑是基于对主体论残余的不断清除，仍然有待于在日常性与非日常性之间，重建一种基于存在的审美与文化的张力。在人被规定为要死者、有限者之后，此在所残存的主体论痕迹，将消融在海德格尔晚期天、地、人、神四元游戏之中。与此同时，海德格尔晚期的天、地、人、神四元游戏，其实也是对他中期世界与大地

① Martin Heidegger, *Poetry, Language, Thought*, New York: Harper & Row, 1971, p. 161.

之争执的回应。尽管说，这种争执将不断成为争执并且建构出自身的意义，但在回归存在的过程中，艺术也难以彻底摆脱与日常生活的牵涉。作为对日常生活的祛蔽与对艺术形而上学的克服，人的诗意居住为生活审美化做出了根本性的奠基。

# 卡西尔哲学专题研究

# 恩斯特·卡西尔与20世纪西方学术思想史

石若凡*

[内容提要]　在哲学史上，恩斯特·卡西尔以新康德学派的代表人物与杰出的康德学者著称，但他的符号形式哲学在学术思想史上并未得到正确的对待与评价。卡西尔的哲学本身与20世纪西方思想主潮，如现象学、存在主义、结构主义等有着千丝万缕的关联，厘清它们之间的关系，是客观评价卡西尔哲学的必然要求。本文以语言学、符号学、文化研究这三大思潮为代表，通过辨析卡西尔哲学与它们之间的关联，尤其是差异方面，从而认为其在20世纪西方学术思想史上应独占一隅之地。

[关键词]　符号形式哲学　语言学　符号学　文化研究

## 一

恩斯特·卡西尔（Ernst Cassirer，1874－1945），20世纪上半叶著名的德国哲学家，是继赫尔曼·柯亨及保尔·那托普之后新康德主义马堡学派的主将，是10卷本《康德著作集》（1912）的编者，以《康德的生活与思想》（1918）一书成就了其作为杰出的康德阐释者的地位。然而，成也康德，败也康德。长期

* 石若凡，1979年生，湖北大学文学院讲师，中山大学文艺学博士，研究方向为德国哲学、美学。

以来，对卡西尔在学术史上的定位几乎成为定论的是——一如哈默迈斯特毫不犹豫地冠于他名字之前的定语那样——“康德学者”（Kant Scholar）。[①] 在很大程度上，卡西尔自身的符号形式哲学（Philosophy of Symbolic Forms）几乎完全被先哲的光环遮蔽，为学术界所忽视。

基于此前的卡西尔研究呈现出的碎片化状态——以“美国在世哲学家文库”的《卡西尔的哲学》最为典型。1987 年，克罗伊斯（John Micheal Krois）出版了《卡西尔：符号形式与历史》（*Cassirer：Symbolic Forms and History*）一书，其目的在于提供对卡西尔哲学的一个完整的、系统的阐释与概观。然而，这一目的的实现更涉及一个为卡西尔哲学“正名”的问题，重新确定卡西尔哲学自身的历史地位，即符号形式哲学如何被理解为一种原创性（original）哲学的问题。在该书中，克罗伊斯首先总结了此前学术界对卡西尔哲学的阐释，将之归纳为两种模式：欧陆式的阐释（the Continental interpretation）与英美式的阐释（the Anglo-American interpretation）。前者将卡西尔哲学等同于知识的先验理论，等同于新康德主义——致命的是，克罗伊斯特别指出，这种论断并非建立在对卡西尔著作的批判性研究基础上，而是将之表述为一个事实；后者则认为卡西尔哲学没有一个内在的目的或目的的和谐，以使其构成一个有机的整体，因此，与其说卡西尔是一位思辨哲学家，不如说是一位卓著的、长于反思的学者——这种错误看法则主要应归咎于把《人论》一书完全等同于《符号形式的哲学》的重写本与缩略版。对前人的总结与评价构成克罗伊斯自己的卡西尔研究一个重要线索和贡献，使他的著作表现出显著的针对性。譬如，针对欧陆模式的片面性，克罗伊斯着重论述了卡西尔的伦理观；针对英美模式，他则辨明了《人论》与《符号形式的哲学》之间的联系与区别。客观来看，这种针对性具有突出与集中的优点，但同时使得他偏离了既定的目标。克罗伊斯不是描画出卡西尔哲学的全景图，而是构建了一组组强烈的“特写镜头”；其色彩主要不是概观的，而是争辩的。但是，不可否认的是，克罗伊斯的研究以对卡西尔著作的批判性分析，以其分析的广度和深度标志着卡西尔研究的全新开端与典范作用。

正是在克罗伊斯的影响下，尤尔根·哈贝马斯也发出遗憾的感慨：“相较于他们那一代的其他哲学家，恩斯特·卡西尔和卡尔·雅斯贝斯的著作还没有

---

① Kai Hammermeister, *The German Aesthetic Tradition*, Cambridge: Cambridge University Press, 2002, p. 153.

在年轻的思想家们中间发出它们本应有的回响。”①

就卡西尔对后世哲学家的影响来说，纳尔逊·古德曼是较为明显的一位。在《构造世界的多种方式》一书中，古德曼直接表明了自己的哲学与卡西尔的相通之处：“无数的世界借助于符号的使用从虚无中被构造出来——这可能是一个讽刺作家对恩斯特·卡西尔著作中的一些基本论题的简要概括。这些论题——世界的多样性，‘所予’的似是而非性，理智的创造能力，符号的多样性及其构造作用——也正是我要思考的部分内容。然而有时候我忘记了卡西尔是怎样善辩地阐明这些主题的，或许这在一定程度上是因为，他对神话的强调、对文化比较研究的关注以及对人类精神的讨论已被错误地同当前神秘的蒙昧主义、反理智的直觉主义或者反科学的人本主义倾向联系在一起了。实际上，这些态度是与卡西尔不相干的，就像与我自己的怀疑的、分析的和构造主义的倾向不相干一样。”② 在美学领域，苏珊·朗格亦承认自己对艺术的思考受益于卡西尔良多；潘诺夫斯基则在自己的著作《透视作为符号形式》（*Perspective as Symbolic Form*）中直接借用了卡西尔的“符号形式”一词。③ 在此之外，卡西尔哲学鲜见有清晰的“回响”。

值得一提的是，《人论》一书是卡西尔全部著作中唯一一部堪称“畅销书”的，不仅在其首次出版时就风靡英语世界国家，甚至当甘阳先生在20世纪80年代中期译介入中国时亦曾掀起一股热潮。然而，可以肯定的是，无论是畅销还是热潮，仅凭《人论》一书，卡西尔是无法确立自己在学术思想史上的合法地位的。

总而言之，如果从所产生的现实影响的角度来评价与确定卡西尔在20世纪西方学术思想史中的地位，显然是不恰当的——对任何哲学家的思想史价值之判断，都必须建立在其思想本身之上。本文拟将卡西尔的符号形式哲学与

---

① Jurgen Habermas, *The Liberating Power of Symbols*: *Philosophical Essays*, trans. by Peter Dews, Cambridge: The MIT Press, 2001, “Preface”.

② 纳尔逊·古德曼：《构造世界的多种方式》，姬志闯译，上海译文出版社，2008，第1页。克罗伊斯认为古德曼对卡西尔哲学的理解是存有歧误的，但古德曼在这里已经表明了，卡西尔之于他更多的是启发的作用，他本人与卡西尔之间的关联更多地体现在共同的问题上，而不是共同的论点之上。

③ 关于潘诺夫斯基与卡西尔之间的学术渊源问题，阿利斯特·内尔认为二者“在精神与主要原则上具有紧密的一致性”。参见 Allister Neher, *Panofsky*, *Cassirer*, *and Perspective as Symbolic Form*, *Dissertation*, Montreal: Concordia University, 2000, p. iii。

20 世纪西方思想史上的几种“主流”联系起来，作一简要的探讨。

## 二

20 世纪上半叶是人类历史中一个最动荡不安的时期，但是，这种动荡也广泛地引发了西方学术界对世界、对生活和对人本身的重新思考与认识，激发出许多新的思想火花，如结构主义、现象学、存在主义、解释学等。然而，就我们的问题来说，困难之处在于，卡西尔并没有困守于书斋之内，试图构建一个“黑格尔式的”哲学体系，而是怀着对新思想的高度敏感，积极吸纳新概念与新思想，并将它们改造和熔铸进自己的哲学之中。这种“百科全书式”的特征使得卡西尔哲学在清楚地表明了自身与 20 世纪这些新的哲学思想之关联的同时，却很难将其归结为其中之一。譬如，卡西尔将其《符号形式哲学》第 3 卷命名为《认知现象学》，且就“将存在问题或是暂时地或是永久地‘放到括弧里’”[①] 这一核心方法而言，直接表明和确定了自己的现象学立场——叶秀山先生在其《思·史·诗》一书中直接而充分地肯定了这一点。但是，卡西尔的哲学活动是完全独立于赫伯特·施皮格伯格所称的那场“现象学运动”的。同样地，他的关系逻辑（Logic of Relation）本身内含着“结构”的思想，因此，有学者认为，由于卡西尔使用和强调的是诸如“功能”和“关系”这类术语，“如果不是他对术语的令人遗憾的选择，他理所当然地应当被认作哲学结构主义的奠基人”。[②] 此外，卡西尔对人的个体性存在的强调与海德格尔的“此在”概念又有着丝丝缕缕的关联，对意义的多样性的肯定则与解释学立场有着某种程度的一致性。但是，在某种意义上来说，卡西尔是站在其时代的全部哲学“运动”之外的，仿佛是其时代的一位“旁观者”而非“参与者”[③]，因此，想要在 20 世纪西方学术思想史中为卡西尔找到一个确定的位置无疑是困难的。

---

① 赫伯特·施皮格伯格：《现象学运动》，王炳文、张金言译，商务印书馆，2011，“译者序”第 5 页。

② Aud Sissel Hoel, *Thinking "Difference" Differently: Cassirer Versus Derrida on Symbolic Mediation*, Synthese, 2011, p. 179.

③ 可以说，卡西尔唯一一次站在哲学舞台的中心是在 1929 年瑞典达沃斯与海德格尔就对康德哲学的理解问题发生的辩论，受到当时及其后哲学界的广泛关注。即便是这一次，笔者以为，卡西尔也并非学者们关注的真正“中心”，毋宁说，他更多地作为海德格尔的“对手”身份出现。

哈贝马斯遗憾地看到卡西尔未能在后世产生足够的影响和得到充分的研究，是不难理解的，甚至连哈贝马斯本人也是在克罗伊斯的影响下才除去卡西尔身上的“新康德主义”标签，而认识到卡西尔关于符号的思想中所蕴含着的“解放性力量”（liberating power）。因此，今天对卡西尔哲学的思想史价值之讨论，事实上都涉及将它重新“置入”20 世纪西方学术思想史的问题，这使得这一研究必然集中地显现出比较研究的特征与重新认识的色彩。显然，这也构成国内外卡西尔研究的一种共同路径。

就这一路径的具体展开来说，我们首先面临的是如何看待卡西尔哲学与“语言学转向”、符号学的兴起和文化研究潮流之间的关系的问题。应当说，语言学、符号学和文化研究并非三种截然分立的思想路径，而是彼此相互关联的。虽然就语言学与符号学的关系来说，学者们对何者为主、何者为从，抑或是归结为彼此独立的系统这一问题有着不同的认识，但得到普遍肯定的一点是“现代语言学是现代符号学的主要来源和基础”。① 就我们的问题而言，实际上可以一分为二：卡西尔的符号理论从现代语言学中继承与吸收了什么，以及它与现代符号学之间的关系如何。而符号学与文化研究的关系则更加复杂，这里仅引用两个相似的观点。赵毅衡先生认为，“符号学是人文社会学科的公分母，但是符号学的主要用武之地是文化研究”，进而提出了“符号学文化研究”的观念②；不谋而合的是，克罗伊斯发现了现代文化研究的两个主要理论生长点，即“将文化过程理解为权利关系问题和符号系统”③。就此而言，卡西尔的哲学不仅在符号理论，而且就其《人论》中集中表达的“文化哲学”（philosophy of culture）观念上与文化研究关联起来。因此，本文对卡西尔与20 世纪西方学术思想史的关系之辨析，主要地浓缩和凝聚为以上几个问题。

## 三

就 20 世纪语言学对卡西尔哲学的影响来说，可以肯定的是，卡西尔充分

---

① 陈勇：《从符号学与语言学的关系看语言符号学》，《中国俄语教学》2009 年第 3 期。

② 赵毅衡：《符号学文化研究：现状与未来趋势》，《西南民族大学学报》（人文社科版）2009 年第 12 期。

③ Gunnar Foss & Eivind Kasa, *Forms of Knowledge and Sensibility and the Human Science*, Kristiansand: Norwegian Academic Press, 2002, p. 20.

注意到这一思想的转向并积极吸纳其中富有创见的成果。更具体地说，是索绪尔和威廉·冯·洪堡，这两位其时代最著名的语言学家为卡西尔哲学思想与体系的形成做出了突出的贡献。《符号形式哲学》第 1 卷即是集中地探讨“语言”问题。但是，就两者具体的语言观念来说，洪堡之于卡西尔的影响更甚于索绪尔。

索绪尔对卡西尔的影响，一方面体现在他对语言与言语、历时与共时、组合与聚合以及能指与所指的二元区分之上，因为它们事实上构成了一种对语言问题进行分析的有效方法论。卡西尔将“符号”区分为基质层与纯智层、记号与意义两个侧面，明显地继承了索绪尔对能指与所指的这一二元划分。另一方面就对语言的具体理解而言，索绪尔之于卡西尔的意义则更多地显现为索绪尔的语言观念中揭示出来的更深刻的问题，激发卡西尔本人对这些问题的思考与解决。譬如，卡西尔并不赞同索绪尔把语言学研究置于“语言”这一层面上，而是提出“符号性孕义”概念作为自己的符号理论之一项基本原则，来重新调和索绪尔的四对二重结构。当然，最根本的区别在于：索绪尔完全将语言视为人类认知世界的一种媒介和工具，完全停留在对某种具体语言内部结构分析的层面上，而卡西尔更关注的是在认识论这一哲学层面上宏观地理解语言的生成、结构、地位和作用。

在此，洪堡的语言观念对卡西尔影响至深，甚至在一定程度上直接关系到符号形式哲学的产生。姚小平先生对此有着深刻的认识，他指出：

> 新洪堡特派在哲学领域也有一员大将，那就是卡西勒。卡西勒对语言哲学颇有兴趣。
>
> 他碰到语言问题，总忘不了像施坦塔尔提醒的那样，到洪堡特那里找一找答案。他认为，语言科学应当把探讨洪堡特提出的“内在语言形式”视为一项重要的任务。按他的解释，“内在语言形式”有这样几层含义：第一，它指的是一种语言的纯粹结构，与语言历史无关；第二，每一语言的内在形式，都表达了一种独特的世界观；第三，要了解内在语言形式（或语言世界观），不能指望泛泛的哲学思考，而是必须深入至一种具体语言，对它作直接的、直观的认识，通过精微的感觉来把握整个语言的

结节。①

其中，尤其是就第二种含义，亦即就洪堡将每一具体语言理解为某个特定的民族对世界的看法和存在于世的经验之记录，理解为一种独特的“世界观”来说，我们才能理解卡西尔何以将语言视为符号形式之一种，而这一点又是卡西尔在对语言的理解上与一切工具论的语言——包括索绪尔与洪堡在内——分道而行的根本所在。对于洪堡来说，学习和掌握某个民族的语言实际上意味着进入这个民族对世界和生活的独特认识与理解之中，但他没有意识到，当他提出这一深刻的理解时，就必然要求对语言的工具性进行反思与重新定位，就意味着每一具体语言实际上都构成认识本身，而不只是认识的工具。

必须肯定的是，卡西尔并没有否认语言在人类一切文化活动中作为一种普遍性工具的地位，这导致了一种普遍的误解，即将卡西尔的语言观等同和局限于工具论的层面。客观地说，卡西尔并没有彻底地和清晰地阐发语言作为认识本身、作为一种符号形式这一自身特有的理解，因为他很快转向了语言的另一个具有普遍认识论特性的问题，即符号的多义性以及意义是如何可能和生成的。在此，卡西尔在语言的研究路径上与索绪尔和洪堡的差别也得到彰显，即后两者都是将语言作为现成的研究对象，而卡西尔则从发生学的角度切入语言学当中。因此，卡西尔对语言的讨论主要地集中于命名活动的认识论与形而上学价值、空间与时间观念对于语言构成的作用，以及表达、表现和纯粹赋义作为语言符号的意义构成模式与源泉等问题上。

简言之，卡西尔是从广义认识论与形而上学的层面来讨论语言问题，从而在治学路径上与索绪尔和洪堡这些主流的语言学家完全区别开来，因此，在语言学这一学科领域难以看到卡西尔的身影和影响，是不足为怪的。

## 四

如果从学术思想史的角度来看待语言学以及在其基础上发展起来的符号

① 〔德〕威廉·冯·洪堡：《论人类语言结构的差异及其对人类精神发展的影响》，姚小平译，商务印书馆，1999，“译序”第55页。此外，刘大基先生对洪堡之于卡西尔的影响也有直接的阐明，参见刘大基《人类文化及生命形式》，中国社会科学出版社，1990，第111～112页。

学，之所以称语言－符号学的兴起为一种“转向”，根本原因在于它代表着人类认知范式的转变，它将传统的哲学认识论问题转变成了语言学问题。因此，在某种意义上可以说，一切哲学问题都变成语言问题。[①] 其思想史价值与意义则集中表现为——如杨春时先生所明确指出的——以意义论取代实体论：

> 意义论取代实体论，促成了深层心理学，尤其是语言学、符号学的发展，它们成为探究意义的前沿学科。符号学（包括语言学）日益广泛地渗透于各门学科中去，它在人文科学中的地位相当于数学在自然科学中的地位，造成了各门科学的深刻变革。[②]

然而，应当如何理解这一“取代”，它是否如有的学者所认为的那样，导致了“语言不再是传统意义上的纯形式或纯工具，而成为唯一的结构化现实，关于世界的语言经验上升为绝对的东西”[③] 的后果，是否如维特根斯坦所认为的那样，语言的界限就是世界的界限。

应当说，就以意义论取代实体论来说，卡西尔与维特根斯坦在现代语言学与符号学的立场上是完全一致的。但是，语言－符号学的兴起与转向，显然并不是简单地归结为以一者取代另一者或是以新观念取代旧观念的问题，在这一转向中，更深层和更重要的问题是：意义论取代实体论是如何可能的；人类以语言为必要的媒介去认识生活与世界这一事实本身，是否构成这种取代的充足理由；这种“取代”应当在最彻底的意义上还是在相对的意义上来理解。杨春时先生的看法应当是比较中肯的，他看到在现代语言符号学当中，“语言符号不是被动的工具，而是制约着人类思维的意义系统”[④]。换言之，语言符号并没有褪尽其工具性的身份与地位，而只不过从一种完全被动性的工具上升为具有主动性和积极性特质的工具。与这种折中主义的立场相一致的是，意义论对实体论的取代也只可能停留在一种相对的层面上。张法先生在看到语言符号学对符号世界的发现所带来的积极性一面的同时，也看到了内蕴于“符号世

---

① 参见杨向荣《语言学转向的反思与检讨》，《学习与探索》2012 年第 10 期。

② 杨春时：《艺术符号与解释》，人民文学出版社，1989，第 7～8 页。

③ 倪志娟：《词语破碎之处何物存在——西方现代哲学的语言学转向之后》，《北方论丛》2005 年第 4 期。

④ 杨春时：《艺术符号与解释》，人民文学出版社，1989，第 7 页。

界”本身的难题，尤其是符号世界与客观世界之间的关系问题。① 同时，学者们亦已看到，语言符号学可能导向的逻辑后果，即虚无主义和对人类自身存在的真正遗忘。② 从根本上来说，这种种难题应当直接归因于语言符号学的上述相对主义和折中主义立场。

而卡西尔的哲学在受到语言学深刻影响的同时却并未使自身成为语言符号学之一个支流，其根本原因在于，他要解决当语言符号学消解了传统认识论之主体与客观二元对立的同时设立在符号世界与客观世界之间新的二元论问题，在意义论的层面重建“客观世界”和人类自身生存的价值。笔者以为，从“物”到“符号”，从存在论到意义论的转变可以作为理解卡西尔哲学的逻辑脉络；以“符号”作为卡西尔对世界的独特理解，在具体内涵上是根本区别于语言－符号学领域的“意义论取代实体论”的，因为对卡西尔来说，“符号”不再具有任何工具论的特征，而被赋予了形而上学的意义——卡西尔使用“符号的宇宙”这一表达，不是肯定而是彻底否定了在“客观世界”之外“符号世界”的存在。更确切地说，我们的现实世界、客观世界不是由一个个“物”而是由一个个“符号”构成的，换言之，世界万物本身就是一个个符号。③

从整体上来说，国内符号学研究界都肯定了卡西尔的符号理论构成现代符

① 参见张法《20 世纪的哲学难题：符号世界的发现及其后果》，《中国人民大学学报》2001 年第 4 期。然而，笔者并不赞同张法先生在对符号世界的发现这一问题上将卡西尔哲学与分析哲学和结构主义相等同的观点，而认为在卡西尔哲学中，符号世界与客观世界是完全同一的。

② 倪志娟集中而精到地描述了这些可能的逻辑后果：“一方面，在对现有语言结构的消解、颠覆的同时，终极价值或中心也正在被消解，这必然使人类文化呈现为虚无，在一片虚无之上是不可能凭空开启一个未来图景的，因为人类文化的发展不能不依赖连续性和继承性，而且正是因为传统的存在才构成了张力，使解构得以可能；另一方面，不管语言具有怎样的本体依据和文化表述功能，但语言无法代替人类生存本身，将语言作为一切的边界，也许恰好是对存在真正的遗忘。”倪志娟：《词语破碎之处何物存在——西方现代哲学的语言学转向之后》，《北方论丛》2005 年第 4 期。

③ 关于这一点，笔者目前仅在王铭玉先生那里见到类似的表达：“对符号学作用的认识，当代符号学家有两个极端，一类是过于武断和自负，另一类则过于沮丧。前者把世界万物都看作符号，认为符号学的学说是最全面的领域。后者则认为符号学作为一门学科只存在讨论话题中。”王铭玉先生一方面并未指出哪些学者将世界万物看作符号，另一方面这里的“把世界万物都看作符号”所要表达的内涵也颇为模糊——从上下文来看，他似乎想要表达的是对符号学的两种通常的但相互对立的立场，即所谓的“符号帝国主义”和对符号学本身的合法性的怀疑之间的争论；但是，如果就这一表达的字面意义来说，笔者以为，是恰好切中卡西尔对“符号”的独特理解的。参见王铭玉、宋尧《中国符号学研究 20 年》，《外国语》2003 年第 1 期。

号学运动的有机组成部分之一，但是，如何具体地理解和把握卡西尔与符号学的关系，则是一个颇为复杂的问题，根本原因还在于学者们对符号学这一学科本身的理解与界定上存在着争论或差异。① 如李幼蒸先生认为，当前最通行的一般符号学理论体系有四家，即皮尔士系统、索绪尔系统、格雷马斯系统和艾柯的一般符号学。② 而赵毅衡先生则认为符号学具有四种模式，即索绪尔的语言学模式、皮尔士的逻辑－修辞学模式、卡西尔的文化符号论和巴赫金的“语言中心马克思主义”。③ 二者对卡西尔的符号理论是否具有自成一派的资格持相反的意见。且李幼蒸先生的观点更为复杂，在否定了卡西尔的符号理论不具备一般符号学理论体系资格的同时，又认为他与皮尔士共同归属于“现代符号学哲学流派的主干”④。

本文无意深入这一争论本身，而是列举一种具有代表性的观点来切入卡西尔在符号学学科的地位问题，即“能否把卡西尔的符号理论看成是一种特殊形态的语义学，就像克罗伊斯所称呼的‘卡西尔的符号形式符号学’，甚至认为卡西尔的符号理论受到美学符号学的很大影响”。⑤ 国内亦有学者持与克罗伊斯相同的观点，认为“卡西尔的符号概念在宽泛的意义上与皮尔士及欧陆符号学的符号概念是可以通融的”。⑥ 如果说很难判断李幼蒸先生对这一问题的直接立场，那么，赵毅衡先生显然是反对将卡西尔的符号理论与其他符号理论相混同的。刘悦笛先生亦持反对立场，认为“以卡西尔哲学为真正源头的符号论及其历史脉络，却明显不同于 20 世纪‘符号科学’另外两条线索（即索绪尔的结构主义符号学传统与皮尔士的逻辑主义符号学传统——引者注），

① 参见郭鸿《对符号学的回顾和展望：论符号学的性质、范围和研究方法》，《外语与外语教学》2003 年第 5 期。在此文中，郭鸿先生还进一步指出了德国符号学家艾施巴赫所谓的“符号学危机”，即“这种危机现象不是表现于不同意见的争论，而是表现于各种理论彼此不竞争，只是各行其是，互不相侔：它们的概念已如此分歧，以至于几乎不能有共同的讨论了”。

② 李幼蒸：《理论符号学导论》，社会科学文献出版社，1999，第 12 页。

③ 赵毅衡：《符号学的一个世纪：四种模式与三个阶段》，《江海学刊》2011 年第 5 期。

④ 李幼蒸：《理论符号学导论》，社会科学文献出版社，1999，第 82 页。

⑤ 石福祁：《卡西尔符号形式哲学中的“符号性孕义”概念》，北京大学博士学位论文，2009。

⑥ 刘建辉：《符号形式与艺术符号——卡西尔符号学思想解读》，中国人民大学博士学位论文，2010。刘建辉还进一步认为：“皮尔士、索绪尔和卡西尔的符号学思想之间所存在的差异、对应关系是可以理解的，他们同时探讨符号——人与其生存于其中的世界之间的沟通、交流的具象化方式——的问题，他们之间的分歧当然存在，但也许没有初看起来那么大。”

它们基本上是颉颃而行的”。[①] 综合众家所言，“共识性”的观点是：首先，卡西尔的符号理论应当被视为现代符号学一个独立的支流；其次，卡西尔是在哲学的维度上来阐发其符号理论的。

值得一提的是，在对卡西尔符号理论的宏观认识与把握之外，国外学者已开始将它与其他符号理论作细致的比较研究。赫尔（Aud Sissel Hoel）对卡西尔与德里达的符号理论之比较，无疑能够促进对卡西尔符号理论本身的深入理解。[②] 通过比较，赫尔首先发现了根本立场或出发点的不同，即“与其拒斥客观性、同一性和真理这些由传统形而上学建立起来的前提性概念，卡西尔宁可选择通过一个激进的概念性重构重新定义这些概念。其结果是这样一个学说——用德里达式的术语来说——它既没有跳出形而上学的对立之外，也不试图将它们融入一个黑格尔式的综合之内。亦即，即便它诉诸根源，但这个学说并不能简单地被归结为在场的形而上学的另一个实例”。这一认识是深刻而重要的，它具有两方面的启示。其一，在理解卡西尔的思想时，不能简单地将他所使用的概念或术语等同于在传统形而上学或日常语言中的用法和含义。尤其是“符号世界”与“客观世界”这一对概念，我们必须充分注意到，虽然卡西尔仍然使用“现实”（reality）这一概念，但它被赋予了迥异于前人和其同时代人的含义。其二，卡西尔哲学具有深厚的形而上学色彩，但此形而上学又不同于传统形而上学，因此，在对卡西尔哲学的理解与阐释时，一种形而上学的观照和分析是必要的——费尔纳（Donald Phillip Verene）对符号形式哲学之形而上学基础的集中关注，无疑恰恰切中了进入卡西尔哲学的合理路径。赫尔看到，德里达反对一切同一性或逻各斯中心主义，在他看来，一切“在场”都是不完满、非单一的，在它之外，始终存在补充的空间，他使用“踪迹”概念来昭显“在场”与“不在”之间的张力，用“延异”概念来反对符号的一切指示性企图。然而，如果彻底解构一切意义上的同一性，那么，无论是话语还是书写都将成为不可能的，甚至连解构本身也被彻底解构掉了。因此，卡西尔更胜德里达一筹之处在于，“他引进了一种新的同一性概念，它事实上要求着

① 刘悦笛：《20世纪符号论美学新探——以卡西尔与朗格为考察中心》，《汕头大学学报》（人文社会科学版）2007年第3期。

② 参见 Aud Sissel Hoel, *Thinking "Difference" Differently: Cassirer Versus Derrida on Symbolic Mediation*, Synthese, 2011, p. 179。本部分的引文均出自该文，故不再另作标注。

‘外在的’构造性原则的干预。通过将符号、概念和直观置入一个新的因而也是前所未有的星座中，他开启了通向一种积极的原初性差异之观念的路径”。虽然赫尔并没有深入解释这一“外在的构造性原则”的具体所指，但笔者以为，它指的正是主体之功能性的符号意识和关系逻辑这一普遍性的认识论原则。简言之，符号并非对在场之实体同一性的确证，而标示着一种逻辑的或功能的同一性，在这种同一性中，内含着意义层面的差异性与多义性。正是在意义的层面（a level of meaning）①，主体与客体、同一与差异、自然与文化不再具有传统的二元对立性质，而是结合为一体的。因此，虽然卡西尔并未如德里达那样展示出一种偶像破坏的姿态，但是，就他“致使传统的对立无有是原封不动的”而言，卡西尔的哲学立场实际上比德里达更为激进。赫尔对卡西尔的符号理论之理解与阐释无疑是相当精到的，但是，他在文章的标题中直接使用的是“符号中介”（symbolic mediation）这一概念，这意味着他仍然将卡西尔的符号理论理解为工具性与中介性的，从而仅仅停留在了卡西尔符号理论的表层。

## 五

此外，赫尔还将卡西尔的符号理论视为对文化研究的预告，虽然他并没有深入和展开这一观点，但无可置疑的是，这构成了卡西尔与 20 世纪学术思想史的另一联结点。

虽然卡西尔在《符号形式哲学》中经常使用“文化”或“文化活动”这些术语，但对“文化”概念最集中的表达还在于《人论》一书中，它的副标题即是“人类文化哲学导论”。《人论》一书在国内外学界产生过重大现实影响，一方面，对《人论》的研究往往集中于“文化哲学”的维度，而另一方面，对“文化哲学”的研究同样主要地集中于《人论》一书。就文化哲学与符号形式哲学的关系而言，学界普遍认为二者之间是内在一致的，同时，前者

① 国内学者将符号学所带来的对传统本体论的反动和转变称为“意义论”，但必须看到，在西方语言中，并没有一个像“ontology”似的专有名词来表达汉语中的“意义论”，赫尔使用的“a level of meaning”是准确地表达了其含义的，或者使用“意义理论”（a theory of meaning）也较贴切。笔者跟从国内对术语的习惯性用法，仍使用“意义论”这一表达。

又比后者多了些“新”的东西。其中最明显的有两点。一是卡西尔通过“人是符号的动物”这一定义清晰地表达了《人论》的人类学维度，正是在这一维度上，文化哲学与文化研究被置于同一层面上进行研究。二是集中地对历史与艺术问题进行阐述。[①] 特别是卡西尔使用了“圆周”这一比喻，而将神话、宗教、语言、历史、艺术和科学视为这个圆周的组成扇面，这似乎与研究具体文化现象的“门类符号学”之路径不谋而合。

因此，就文化哲学与文化研究的关系来说，有两点是得到普遍肯定的。首先，在克罗伊斯那里得到了精致的表述：“今天，文化是一个符号学领域和人是‘符号的动物’，这种观点在实践中是未曾引起质疑的。无论是转向艾柯还是德里达、鲍德里亚还是吉尔兹，文化的符号本性在一切前线和诸多领域中，是被文学理论家、艺术史家、社会学家和神经学学家所接受的。”[②] 这就肯定了将卡西尔哲学置入文化研究这一学术思潮的合法性。其次，就具体的关联来说，在国内文化研究领域，一种集中的和典型的表述是：“卡西尔从符号角度揭示人与文化的本质特征，从而形成了人—符号—文化三位一体的哲学思想，大大深化了我们对人、文化及符号本身的认识，为我们的人学研究与文化研究开拓了一个崭新的视角。”[③] 但是，更深刻的问题是，如克罗伊斯进一步追问的，基于人类学与符号理论这两个相同点，我们是否可以将卡西尔的文化哲学理解为或等同于文化研究？

在《符号形式哲学》第 3 卷前言中，卡西尔对“认知现象学”这一副标题做了解释：“说到认知现象学，我在使用‘现象学’一词时，并不是就其现代意义来说的，而是就其基本的意义来使用的，就如同黑格尔所展现和系统地奠基的那样。”[④] 联系其上下文，卡西尔在第 1 卷中已直接表明了他所要论述和阐释的目标“感觉符号的不同体系的创建，确实是一种纯粹的心灵活动”[⑤]，

---

① 关于《人论》中“新”的东西，参见石福祁《〈人论〉与卡西尔人类学的进展》，《兰州大学学报》（社会科学版）2009 年第 2 期。

② Gunnar Foss & Eivind Kasa, *Forms of Knowledge and Sensibility and the Human Sciences*, Kristiansand: Norwegian Academic Press, 2002, p. 23.

③ 刘珂珂、张梅：《卡西尔符号理论视阈下的人类文化简析》，《东岳论丛》2012 年第 7 期。

④ Ernst Cassirer, *The Philosophy of Symbolic Forms. Vol. 3: The Phenomenology of Knowledge*, trans. by Ralph Manheim, New Haven: Yale University Press, 1957, p. xiv.

⑤ Ernst Cassirer, *The Philosophy of Symbolic Forms. Vol. 1: Language*, trans. by Ralph Manheim, New Haven: Yale University Press, 1955, p. 88.

由此更清楚地说明了，对于卡西尔来说，重要的并不是某一学科所取得的具体的成果，而是人类知识生产的模式与程序。因此，卡西尔之研究神话、宗教、历史、艺术等具体的“人类文化问题”，并不是从文化研究的视角，而是从其“认知现象学”的立场出发的，即便在客观上卡西尔对文化研究有独到的贡献。将卡西尔哲学理解为一种文化哲学无疑是“断章取义”之举。

综上，如同克罗伊斯独到的见解，符号形式哲学并不能与任何哲学史的分类相适应。笔者对此亦持赞同立场。若一定要对卡西尔在 20 世纪西方思想史上确定一个位置的话，那么，一个恰当的结论应当是：在哲学上，卡西尔孑然而立。[①]

至于如何具体而微地阐明符号形式哲学的构成和内涵来昭显其独特性和原创性，则需另文详说。

---

① Gunnar Foss & Eivind Kasa, *Forms of Knowledge and Sensibility and the Human Sciences*, Kristiansand: Norwegian Academic Press, 2002, p. 30.

# 卡西尔空间观的基本问题*

石福祁**

[内容提要]　“空间”问题在卡西尔的符号形式哲学中扮演着非常重要的角色。不过，随着卡西尔哲学在一定程度上的被遗忘，他的空间观也被遗忘或忽视了，因此有必要对他的空间观予以重新审视。本文立足于卡西尔的符号形式哲学，对其空间观的基本问题，如空间与意义、空间与符号形式、空间的“知性”与“样式”等，做了力所能及的阐释。在此基础上，对卡西尔空间观做了必要的总结和讨论。

[关键词]　卡西尔　空间　符号形式　知性　样式

## 一　引言

空间是和时间一样古老的哲学问题。尽管时间问题在哲学史中似乎更受青睐，但这并不意味着，空间问题只是时间问题的附庸——事实上对某些哲学领域（如认识论和艺术哲学）而言，空间问题甚至比时间问题更重要。自亚里士多德以降，笛卡尔、康德、贝克莱等重要哲学家都提出了自己的空间学说，

---

* 本文为国家社科基金规划项目“卡西尔《符号形式哲学》（三卷本）翻译与研究”（15BZX074）、兰州大学“中央高校基本科研业务费专项资金”自由探索项目“比较视野中的卡西尔文化哲学研究”（15LZUJBWZY082）、“达沃斯论辩相关文献研究”（15LZUJBWZY147）的阶段性研究成果。

** 石福祁，1974 年生，哲学博士，兰州大学哲学社会学院教授，主要从事现代德国哲学研究。

其中最具代表性的，莫过于康德在其《纯粹理性批判》中把空间与时间一道作为“纯直观形式”的观点。这一观点也成为后世哲学家——如胡塞尔、海德格尔、卡西尔、卡尔纳普等人——思考空间问题的出发点。相比学界对胡塞尔、海德格尔、卡尔纳普等人空间观所做的较为充分的讨论，“新康德主义者”卡西尔的空间观则在一定程度上被忽略了。这无论对全面理解 19 世纪 20 世纪之交诸德国哲学流派这一目的而言，还是对理解空间本身这一目的而言，都是不合理的。原因在于以下几点。第一，这一现状是与卡西尔空间观的重要性不相匹配的。卡西尔在康德先验哲学的立场上，通过将后者的“知识批判”扩展为“文化批判”而发展出了独立的哲学体系，在这一体系的构筑中，空间问题扮演着不可或缺的角色。因而，他的空间观不仅对理解一门作为“后康德哲学”的新康德主义哲学形态是重要的，而且对一门旨在消弭自然科学与人文科学之裂隙的文化哲学重新理解空间问题同样是重要的。第二，这一现状不利于从哲学史上阐发现象学与新康德主义等竞争性学说的理论分歧，也不利于对诸如“达沃斯论辩”等学术公案的公正反思。众所周知，在 1929 年春天发生在卡西尔与海德格尔之间的论辩中，空间问题是一个重要主题：空间是卡西尔在“哲学人类学”这一名称之下所做的三次公开演讲的主题之一，而且他是直接针对着海德格尔的“实践空间”阐发自己的观点的。尽管在“论辩”的“高峰”也即 3 月 26 日由两位哲学家参加的“工作坊”这一环节中并没有直接涉及空间问题，但是这并不妨碍卡西尔认为空间问题是确立自己哲学立场的一个重要支点这一基本态度。① 由此可见，要厘清卡西尔与其他学派尤其是与海德格尔的关系，空间问题不仅是一个理想的案例，而且甚至是一个不可或缺的案例。

基于上述理由，我们有必要对卡西尔的空间观予以阐释，本文就是这样一个尝试。

---

① 参见 Ernst Cassirer，“Kant und das Problem der Metaphysik. Bemerkung zu Martin Heideggers Kant-Interpretation”，in *Kant-Studien* 36 (1931)，SS. 1 – 26。该文收入 *Ernst Cassirer Werke*（*ECW*），Bd. 17，hg. von Birgit Recki，Hamburg：Felix Meiner，2004，S. 225。关于卡西尔的“空间”演讲，参见 *Ernst Cassirer Nachgelassene Manuskripte und Texte*（*ECN*）Bd. 17，hg. von Christian Möckel，Hamburg：Felix Meiner，2014，SS. 13 – 25，亦可参见 Martin Heidegger，*Kant und das Problem der Metaphysik*，Frankfurt a. M.：Vittorio Klostermann，2010，“Anhang”，SS. 249 – 311。

## 二 “线段”、空间与意义

如果要以一种平易的方式进入卡西尔的“空间”概念，恐怕最合适的例子就是“线段”（Linienzug）了。[①] 这个例子集中出现在三个文本中，即《符号问题以及它在哲学体系中的位置》（1927）[②]、《符号形式哲学》（第3卷：《知识现象学》）（1929）[③] 和《符号概念的逻辑》（1938）[④]。其中最为详尽的，是在《知识现象学》中的一大段描述：

> 我们可以按照纯粹的表达意义（Ausdruckssinn）来领会一个视觉图式，如一个简单的线段。通过沉浸到图画形式中去并为我们构建这个形式，在这个形式中马上就有一个独特的相貌“特征”引起我们的注意。在纯粹空间性的规定中，一个本己性的“情绪”铸印出自己：线段在空间里的上升和下降自在地包含着一个内在的运动性、一个动态的增强和减弱、一个精神性的存在和精神性的生命。在这里，我们不仅感到我们自己的内在状态以主观——任意的方式进入了空间性的形式之中，而且这个形式自己也向我们存在为一个活生生的整体和独立的生命表达。它连续而静悄悄地随意滑动，或者它突然中断，它的圆融、完满或者它的跳跃，它的硬度和柔软度：所有这一切都作为它自己存在的规定性和客观“本质”从它那里超越了出来。但是，一旦我们在另一个“意义”上领会这一线段，一旦我们把它理解为数学图式或几何图形，所有这一切就突然退回原处，好像是消失了、熄灭了一样。现在，它变成了单纯的图型（Schema），变成了普遍几

---

① 这里的“线段”（Linienzug），并不是数学上“直线上两点之间的部分”，也不是柏拉图“线段比喻”意义上的“线段”，而是指以某种方式拉出（ziehen，名词为Zug）的任意一个线条。

② Ernst Cassirer，“Das Symbolproblem und seine Stellung im System der Philosophie”，in *Symbol*，*Technik*，*Sprache*（=*STS*），hg. von Ernst Wolfgang Orth und John Michael Krois，Hamburg：Felix Meiner，1985，S. 5f.

③ Ernst Cassirer，“Philosophie der symbolischen Formen”，*Dritter Band*：*Phänomenologie der Erkenntnis*（=*PSF Ⅲ*），Darmstadt：WBG，1982.

④ Ernst Cassirer，“Zur Logik des Symbolbegriffs”，in *Wesen und Wirkung des Symbolbegriffs*（=*WWS*），Darmstadt：WBG，1983，S. 211.

何法则的表达工具。那些不能用来表达这一法则的东西，那些仅仅作为个别要素而在这一图型中被一起给出的东西，现在一下子就沉入完全的无意义之中去了——就像是从精神的视野中消失了一样。不论是颜色和亮度值，还是在绘画过程中出现的绝对量，都将遭遇到这个消失：它们与作为几何图形的线段永远是毫不相关的。它的几何学意义不取决于这样的量，而只取决于这些量的关系、联系和比例。在前面我们碰到波浪线的上升和下降，碰到它之中内在规定的均匀性的地方，我们现在看见了一个具有三角函数的图式表达，我们看见了一个曲线，这个曲线的整体含义只有在解析方程式中才最终对我们显现出来。空间形式不外乎这个方程式的范例，它还仅仅是个外壳，而一个本身是非直观的数学思想把自己装进了这个外壳之中。后者并非只为自己而存在，相反，在它之中有一个无所不包的法则——一个绝对的空间法则——在展示着自己。以这一法则为基础，每个个别的几何图形都和其他所有的可能空间形式相联结。它属于一个特定的系统，属于一个由“真理”和“命题”、原因和结果组成的总体。这个系统刻画着一个普遍的意义形式，通过后者，每个特殊的几何形式才可能被构建和“理解”。当我们把线段当作一个神话标志或者一个审美装饰的时候，我们又站在了另一个完全不同的视野之中。--个作为神话标志的线段在它自身之内包含着神话的“神圣”与“凡俗”的根本对立。它的目的就在于把这两个领域分离开来，以便警告、震慑，以便护佑尚未奉献者向神圣者的接近以及他与神圣者的接触。在这里，它不仅仅作为可被神圣者识别的单纯记号、作为标记而起作用，相反，它也拥有一个真正寓于其中的、靠魔力强迫和推动着的力量。而审美世界对这样的强迫则一无所知。如果作为装饰物而被考察，那么图式就从逻辑——概念意义上的“指义”（Bedeuten）领域里，从神话——宗教的解释和警告领域里抽离出去了。它拥有一个意义，而这个意义只和纯粹的艺术静观以及审美的“看”联系在一起。在这里，当对空间形式的体验属于一个整体视域，并为我们开启这一视域的时候，它就又一次完成了自己——它处于特定的氛围之中，在这个氛围之内，它不仅“是”着，而且仿佛也活着、呼吸着。①

---

① *PSF Ⅲ*, S. 232ff.

必须指出的是，当卡西尔在《知识现象学》中引用这一例子时，他的本来用意并不是阐述其“空间”概念，而是反驳胡塞尔在知觉体验中区分“形式的”和“质料的”要素这一观点。在卡西尔看来，二者从来都不是在绝对意义上可分离的，而是在宽泛的程度上“相互独立地变化的”。[①] 也就是说：质料必须处在某一形式之中，但是它绝不与某一个别的意义给予捆绑在一起，而是可以被别的形式“倒转”（umschlagen），而这一倒转则会改变意义的“样式”（Modalität）。为了证明这一观点，他引入了“线段”这一例子。而且，当卡西尔写下这段文字时，他离提出其哲学体系中最重要的概念，即“符号性孕义”[②]，只剩下半页纸的距离。这就意味着，这个关于线段的例子，在这里其实是为引出“符号性孕义”概念服务的。

然而，如果我们考虑到这一例子一再被卡西尔所引用，而且“线段”本身体现的首先是一个空间问题的话，那么它无疑能把我们带入更为一般的空间问题讨论之中。于是我们看到，一个作为视觉图形的“简单的线段”，其实并没有那么简单，它作为“意义载体”，以不同的意义给予方式与不同的意义世界（Sinn-Welt）联结在一起。“在纯粹空间性的规定”中的线段，通过其单纯的感性特性而感染着作为观看者的我，在其空间形式中建立起了与我的内在状态融为一体的“活生生的整体和独立的生命表达”。但是，当我们在别的意义中，例如在几何学意义、神话意义和审美意义中对它加以领会时，它的感性质性，例如颜色和亮度，突然就“好像是消失了、熄灭了一样”。它变成了几何图形，服从几何法则，属于一个在几何法则上建立起来的意义系统，且只有从后者那里才能得到其意义和位－值（Stellungswert）。或者，它成了一个神话中的线段，于是它立即就被神话力量着了色，成了彰显“神圣”与“凡俗”之对立，从而能够施展道德与情感力量的工具。再或，作为一个装饰，它与某种特定的艺术静观和审美的“看”联系在一起而使某种审美意义得以表达。

这里的“意义世界”，其实就是卡西尔所谓的“符号形式”（Symbolische Form）。科学知识、神话与宗教、语言、艺术等，都是这样的符号形式，它们

---

① *PSF Ⅲ*, S. 232.

② “符号性孕义”（symbolische Prägnanz）是卡西尔用来刻画我们的知觉体验的一个概念，它描述的是“一个感性的知觉体验同时包含着一个确定的、非直观的意义于其中并将此意义直接而具体地展现出来”的方式（*PSF Ⅲ*, S. 235）。关于这一概念的详尽阐释，可参见石福祁《“符号性孕义”与卡西尔的符号形式哲学》，人民出版社，2016。

通过不同的对象化方式，建立了世界理解的不同维度、不同方向，也建立起了人性圆周的不同扇面。① 但这是就“符号形式”这一概念的外延而言的，就其内涵而言，卡西尔把它理解为“精神之能量，”② 通过它，“精神的意义内容才得以和一个感性的记号联结在一起”。③ 因此，符号形式就其内涵而言涉及意义给予与实现的根本方式与方向这一问题。而且，精神意义的实现，一定要以感性存在为载体；反之，一个承载着特定意义的感性载体便可以被称为“符号”（Symbol），这是对“符号”的一个最素朴的定义。由此看来，作为感性图形的线段，提供的是感性的空间存在与意义世界之关系的一个原型、一个范例。

对这一关系，卡西尔在一篇题为《神话的、审美的以及理论的空间》④ 的演讲中有更直接的讨论。这篇演讲是卡西尔 1930 年在德国汉堡举办的“第四届美学与一般艺术科学大会”上发表的开幕式演讲。⑤ 他对空间问题的思考是从对空间哲学史的批判开始的。这一批判延续了他的基本方法论立场，也即对“空间”概念做功能化的理解，而非实体化的理解。⑥ 换句话说，他关注的是空间的先验特征，而非它的形而上学规定。在他看来，尽管空间和时间作为知识的对象一道构成了知识大厦的两根“基柱”，但是在这一客观功用中并不能穷尽它们的深刻意义。对空间与时间的本体论的、对象性的刻画（也就是它

① Ernst Cassirer, *An Essay on Man*, New Haven: Yale University Press, 1944, p. 68.

② 对这里的“能量”（Energie），不应在近代以来的物理学意义上，而是要在亚里士多德传统的意义上来理解其根本含义，即能量是“实现活动”，它对应着亚里士多德所说的 energeia。

③ Ernst Cassirer, “Der Begriff der symbolischen Form im Aufbau der Geisteswissenschaften”, in *WWS*, S. 175.

④ Ernst Cassirer, “Mythischer, sthetischer und theoretischer Raum”, in *STS*, SS. 93 – 119.

⑤ 同 1927 年在哈勒举办的第三届大会一样，大会的主题也是“符号”，卡西尔也是开幕演讲者。

⑥ 这一区分是卡西尔在其经典著作《实体概念与功能概念——知识批判之基本问题的研究》（*Substanzbegriff und Funktionsbegriff. Untersuchungen über die Grundfragen der Erkenntniskritik* = *SF*, Darmstadt: WBG, 1994）之中提出的。按照他的说法，知识批判中的概念，如“数”“温度”等，与其说指的是具体的对象和属性，不如说本身是抽象的符号，因为它们刻画的是科学理论和观察事实之间的关系，因而它们类似于数学中的函数（功能）概念。参见 *SF*, S. 190. 这一区分衍生出一个方法论的原则，即“功能优先于实体”或“关系优先于实体”（有时也被写作“关系优先于对象”），并被卡西尔广泛应用于他的语言哲学、概念理论、意识理论和人类学中。至于把“Funktion”翻译为“功能”而非“函数”的理由，笔者以为，虽然这一概念脱胎于卡西尔的科学哲学，但是其适用范围却不限于这一领域，因此要对它予以更为普遍化的理解和翻译，译为“功能”似是较好的选择。但是在讨论数学和自然科学的具体语境中，我们仍需优先地在“函数”意义上来理解它。

们的“是什么?”)并没有深入空间与时间的核心，也即它们对于知识的构建究竟意味着什么？事实上卡西尔认为，对知识的外向性考察，只有在相应的内向性考察中才能实现。[①] 对知识而言，“它越是能深入空间和时间的结构，就越能确定地返回自身——只有在作为对象性的关联和对立的空间和时间之中，它才能把握其本己的基本前提和独特的原则”。[②]

然而，正如他一再主张要将康德开创的知识批判扩展到人类知识的全部范围，也就是要在最宽泛的意义上理解“知识”这一术语一样，关于空间和时间的洞见也要在其他精神构造的基本形式中得以证实和扩展。[③] 在空间问题上，这一洞见就体现为“秩序概念”(Ordnungsbegriff)对“存在概念”(Seinsbegriff)的优先性。[④] 从历史上来说，“存在”概念一直是科学哲学的起点和出发点。而且，存在总是与关于存在的命题形式关联在一起，从而，对存在的根本规定必须以对存在的逻辑规定为前提。但是卡西尔认为，这里的困难在于，当我们以此为出发点来考察空间时，它又是什么样的“存在”呢？显然，空间的“存在”不同于“物”的存在。如果把空间看作存在的一个属种，那么它显然不仅包含着不同的东西，而且还包含着相互冲突的东西。如何使空间的“存在样式”与其内涵的“存在样式”得以统一，这对形而上学是个难题，对牛顿开创的经典物理学亦是如此——它必须把空间看作一个“实存着的非物”(Existierendes Unding)(康德语)，把它的绝对存在看作一个“非存在”(Nicht-Sein)。[⑤] 在卡西尔看来，在哲学和科学上克服了这一困难的，就是莱布尼茨提出的那个超越了实体范畴的“秩序”概念。作为哲学家的莱布尼茨仍然坚持“实体”概念，然而作为逻辑学家和数学家，他的“普遍数学”理想却服从另一套真理学说。对他而言，真理是通过关系而得以定义的，真理的基础是关系。相应地，空间和时间都不是实体，而是“实在的关系”，它们的真理客观性存在于“关于关系的真理”之中，而不是存在于某种绝对的现实之中。于是，空间不再是“万物之一”。相应地，世界不再被定义为空间“之中”的物整体，而要被定义为“事件之体系”，而空间和时间则是对这些事件

---

① *STS*, S. 93.
② *STS*, S. 94.
③ *STS*, S. 94
④ *STS*, S. 95.
⑤ *STS*, S. 97.

予以法则性规定时的条件和本质性的、必然性的要素。① 如果说构成了“存在”概念的是同一性的话，那么构成了“秩序”概念的则是差异性和杂多性。当哲学考察的重点从存在一端推移到秩序一端时，多元论也就获得了对一元论的胜利。在“秩序”概念中，形形色色的精神结构及其构造原则都可以轻而易举地比邻而居。② “秩序”概念的功能就在于为无限者设定界限，为无规定者设置规定，而这当然是一门“分离和联结的艺术”。③ 卡西尔坚信，这样一门艺术不仅存在于理论知识之中，同样也存在于艺术直观和神话的创造性想象力之中。

通过这番颇费周折的哲学史考察，卡西尔就获得了对空间秩序及各种可能的空间构造活动的洞见：

> 不存在一个普遍的、绝对固定的空间直观，相反，空间只有从它在其中分别构造出自己的那个意义秩序（Sinnordnung）那里才能获得其确定的内涵和独特的安排（Fügung）。按照其被思维为神话的、审美的或者理论的秩序的不同方式，空间的“形式”也在发生着变化——这一变化不仅仅涉及个别的和从属性的特性，而且是作为整体、作为空间的原则性结构而关联于后者的。空间不拥有某个被绝对给定的、一劳永逸地被确定下来的结构，相反它是凭借着普遍的意义关联整体才赢得其结构的，其构造是在这一意义关联整体中完成的。意义功能（Sinnfunktion）是原始的，是起决定作用的，而空间结构是第二性的、依附性的要素。把所有这些具有不同的意义特征、具有不同的意义属地，把神话的、审美的和理论的空间相互联结在一起的，仅仅是一个纯形式的规定，对它的最为确切、最为精确的表达，就是莱布尼茨对空间的定义，即空间是“共在之可能性”，是可能之共在之中的秩序（ordre des coëxistences possibles）。但是，这一纯形式的可能性现在经历的则是相当不同种类的现实化、现时化（Aktualität）和具体化。④

---

① *STS*, S. 98.
② *STS*, S. 99.
③ *STS*, S. 100.
④ *STS*, S. 102.

至于说，在各个原始的、第一性的意义关联整体（如神话、审美体验、理论知识）之中，空间是如何获得其具体建构的，卡西尔在这篇文章中只是做了简短的解释。按照他的说法，在神话中，一切地点和方向都具有特定的神奇特征，“神圣或凡俗、可接近或不可接近、祝福或诅咒、信任或陌生、福之将至或大祸临头：正是按照这些标志，神话才把空间中的诸地点彼此分离开来，把空间中的诸方向彼此区分开来”。[①] 换言之，神话中的每个地点都处在独特的气氛之中，在其周遭构筑了一个本己的神奇“氛围”。神话世界中的空间就是按照这一神奇的力量构造而成的。而在审美体验中，卡西尔认为空间是一个真正的“生命”空间，构造它的不是纯粹思维的力量，而是纯粹感受和纯粹幻想的力量。审美空间是可能构型方式的化身，而在每一种构型方式中，都展开着一个全新视域的对象世界。[②] 至于理论空间中的意义构造问题，他则提醒听众在《符号形式哲学》的第3卷，也就是在《知识现象学》中找到详细的介绍。[③]

于是，进入不同的意义世界也就是进入不同的符号形式之中，具体考察其中具有不同特征的空间构造方式以及相应的空间观念，似乎就是不可回避的任务了。不过，由于这一工作需要较大的篇幅，超出了一篇概论文章所能涵盖的范围，因此我们不得不在这里将这一任务搁置起来。取而代之的，是我们从“质性”与“样式”这一视角对卡西尔空间观的另一番审视。

## 三　空间的“质性”与“样式”

如果空间规定与不同的意义世界也即不同的符号形式直接联系在一起，因而似乎具有不同的、具体的空间规定，同时它又在纯形式上是“可能之共在之中的秩序”，那么如何理解它的差异性与同一性呢？借用卡西尔本人举出的例子，单纯作为知觉对象的线段何以和几何学的、审美的、神圣的线段同样都是空间性的线段呢？显然，为了空间理解的统一性，这是一个必须回答的问题。

卡西尔并没有直接处理这个问题。不过，按照他在“实体概念”和“功

---

① *STS*, S. 103.

② *STS*, S. 106.

③ *STS*, S. 110.

能概念”之间所做的著名区分，以及“功能优先于实体”的命题，“空间”理应被当作“功能概念”来理解，也就是说，不把它理解为实体，而是理解为“功能”，换句话说，理解为一个关系概念。这一致思方式同样适用于对空间的思考，相应地，“空间”作为一个“功能概念”，当然是一个既包括差异性又具有同一性的概念。对于空间的这一特征，卡西尔是用“质性”（Qualität）与“样式”（Modalität）这一组概念来刻画的。

“质性”和“样式”这一组概念是卡西尔在《符号形式哲学》第 1 卷《语言》的“导言”中提出的，它的用意在于回答符号形式中感性的具体内容如何承载一个普遍的精神意义这一“首要问题”。在他看来，对感性具体内容的意义解释不能以感觉主义所主张的方式还原到基本的物理属性上去，比如，不能把语言的意义还原为物理声音，也不能把艺术作品还原为感性特质的简单叠加。[①] 事实上，不论是语言还是艺术作品，它们作为某种构造着意识统一性的关系整体，都呈现出一系列特定的、本己的基本关系，例如空间性的相邻、时间性的相继、物与属性的二元对立、原因和结果等。这些关系具有本源性，不可以被看作事实性的构成要素[②]，它们只有在“关系整体”的“更高种类的综合”中才能相互联结，而每一种作为关系整体的符号形式也就代表了一种联结方式。[③]

按照卡西尔的说法，这一联结方式可以回溯到“质性”与“样式”的差别上去。他对“质性”的定义是：“特定种类的‘质性’应被理解为一种特殊的联结方式，凭借此方式，关系在意识整体之内创造出次序，而后者支撑着对关系各部分进行归类的特殊法则。”[④] 按照这一定义，我们可以把一个符号形式称为质性，也可以把一个特定关系，例如空间关系，称为质性。从前者来说，每个质性都体现了一种独特的联结方式，通过“质性”这一概念，每个符号形式也就与其他的符号形式区别开来了。从后者来说，时间、空间等本源性关系之所以是质性，是因为它们在不同的符号形式，因此也是可变的世界中，具有一定程度的恒常性和普遍性。以因果关系为例，虽然神话世界中的对

---

① Ernst Cassirer, *Philosophie der symbolischen Formen. Erster Band*: *Die Sprache* ( = *PSF I*), Darmstadt: WBG, 1977, S. 27.

② *PSF I*, S. 28.

③ *PSF I*, S. 28

④ *PSF I*, S. 29.

自然现象的解释可能不同于科学中的解释，但是它们同样遵循因果模式，把因果模式当作解释的手段。

但是，当我们谈论某个特定关系，而这个关系又内在地栖居于某个意义整体时，“质性”概念就显得不够用了。为此，卡西尔又引入了一个关于关系的“样式”概念。他对“样式”的理解是：样式是关系对于一个意义整体的含义，而这一意义整体本身拥有它自己的本质和自足的形式规则。[①] 如果说，质性强调的是某种相对不变的关系的话，那么样式强调的就是这些质性在不同关系整体中的可变量。其实，“样式”这个词的词源学含义就已经告诉我们，它刻画的是某种可变的东西，是特定质性“入乡随俗”的变式。

卡西尔以时间和空间为例说明样式的特征。就空间而言，他认为，在艺术直观与创造，在绘画、雕塑和建筑中，空间的统一性属于完全不同的层次，而这一统一性在特定的几何定律和公理中则表现为另外的形态。卡西尔说：“这里起作用的是逻辑——几何概念的‘样式’，那里则是艺术的空间想象的‘样式’；这里的空间被思为相互依赖的规定性的化身、被思为一个由‘原因’与‘结果’组成的系统，那里则被理解为其具体要素的动态交融，被理解为直观的、以情感为尺度的统一体。”[②] 在神话思维中，空间的统一性展现了更为细微的视点，展现了在空间视角下对世界更为细微的分连结构（Gliederung）和定向方式。

由此我们可以说，在关系的质性和样式之间存在一种交互规定的关系。一方面，关系的样式是由一个作为符号形式的特定质性来决定的，它也因此从一个更高的关系系统那里获得自己的特性。于是，空间关系不再具有千篇一律的形式，根据它们各自所处的符号形式而不同。另一方面，作为符号形式的质性也是由其中的样式来确定的，因为只有从具体的关系样式及其组合作用方式出发，才能确定它具有何种符号形式的特征。当然，这里涉及的更多的是一个理论的抽象，因为事实上，当意识通过特定形式和范畴（也就是特定的质性）使某些简单的感性印象转变为我们的对象时，这些质性的样式已经被一个意义系统（作为质性的符号形式）预先规定了。如果没有被预先设定的意义，我们根本不可能把一种关系的某个样式与其他可能的样式区分开来。对这一点，

---

① *PSF I*, S. 30.

② *PSF I*, S. 30.

卡西尔的“符号性孕义”思想就是一个很好的表述：任何一个感性经验都是被一个非直观的也就是来自更高意义世界的意义同时充实着；这种充实在逻辑上不是自上而下的“统觉”机能，在时间上也不是事后的“赋义”——就其“实事”而言，它就是与生俱来的（hineingeboren）圆融整体。[①] 卡西尔的线段例子试图澄清的也是这个关系：线段作为一个“感性的基本体验”，在不同意义世界中得到不同的领会，它可能是神话中的记号，可能是美的装饰，也可能是科学记号。而在卡西尔那里，这些不同的“意义世界”有一个更为容易理解的名称，即“样式的索引”（Index der Modalität）。在他看来，这个索引关系可以通过一个“图型”来表达：

> 我们以图型的方式把不同种类的关系，如空间关系、时间关系和因果关系，标示为R1、R2、R3……而属于它们的还有一个个特殊的“样式的索引”即μ1、μ2、μ3……后者关系到，在怎样的功能——意义关系整体中去理解它们（指关系——译者注）。因为，每一个像语言、科学知识、艺术和神话这样的意义整体都拥有它自己的构建原则，而后者给它之内的所有特殊构造活动几乎都烙上了自己的印记。[②]

当我们从质性和样式的角度看待空间问题时，我们获得的恰恰是这样一个“索引”，一个工具性的、操作性的索引。作为一种质性，“空间”概念指的是一种事件间的本源性关系；在任何一种作为意义世界的“索引”中，我们都可以发现这一质性。而作为一种样式，空间则在各个不同的意义世界中呈现出不同的具体情形，具有各个意义世界的“印记”，被不同的意义世界“着了色”。于是，在空间的质性和样式之间，我们就获得了一种辩证的眼光：我们从空间的质性出发来理解空间的样式；同时，我们也从空间的样式出发来理解空间的质性。这一组概念为我们开启了动态理解空间的一个视域，也为我们理解空间提供了一种新的视角。

---

① *PSF Ⅲ*, S. 235.

② *PSF I*, S. 31.

## 四 讨论与总结

通过以上介绍可以看出，不论是讨论空间与意义世界的关系，还是讨论空间的形式性“质性”及其在不同符号形式之内的“样式”，这些讨论始终是在卡西尔符号形式哲学展开的视域内进行的。对此，我们可以从两方面略加说明。

其一，符号形式哲学为理解空间问题提供了基本的理论框架。如果离开了这一框架，卡西尔的空间理解不仅会显得支离破碎，从而缺乏统一性，而且会丧失其根本的符号性特征。我们知道，符号形式哲学的初衷在于将康德所开创的知识批判扩展到一切知识形式上去，也即一切精神形式（文化）上去，从而建立起一门真正的“文化批判”。[①] 不过，由于这一哲学并不能一劳永逸地完成这一使命，而只能成为寻求完成这一任务的“正确开端”，因而它绝非一个已经完成的“体系”，毋宁说，它是一门“未来文化哲学导论”。[②] 不论是从“符号形式”的内涵（“世界理解的不同维度”）还是外延（语言、神话、科学、艺术等）来看，这一文化哲学都是要在自然科学和人文科学的双重路向上完成其奠基任务。[③]

在这一哲学纲领下，关切到空间的根本和主要问题的便是：“空间问题与普遍的符号问题处在什么关系之中。诸物‘在其中’向我们展示出来的空间是一个简单的直观给定性，还是说，它也许只是某个符号性构造（symbolische Formung）过程的成就和结果？”[④] 在卡西尔看来，为了回答这一设问，哲学史上心理学和知识批判所提供的道路都是行不通的，而其出路就在于将考察的重点从自然哲学推移到文化哲学：“空间对物世界的构造意味着什么？这一问题要被明确化、深化为另一个问题，即空间为具体精神现实的构筑和征服道说了什么？起了什么作用？”[⑤] 这些论述表明，卡西尔的“空间”概念是与不同类

---

① *PSF I*, S. 11.

② *WWS*, S. 229.

③ Ernst Cassirer, “Naturalistische und humanistische Begründung der Kulturphilosophie”, in *Erkenntnis, Begriff, Kultur*, hg. von Rainer Bast, Hamburg: Felix Meiner, 1993, SS. 231 – 261.

④ *PSF III*, S. 167.

⑤ *PSF III*, S. 167

型的精神构造也就是“符号性构造”联系在一起的，它是服务于后者的。对于这样一个“空间”，也许我们称之为“符号空间”并不为过。事实上，卡西尔对此也有清楚的认识，例如他就把自己的“空间”与海德格尔在《存在与时间》中论述的“空间”做了一番对比，认为后者的“空间”纯粹是“实践空间”（pragmatischer Raum）。在他看来，海德格尔的“空间”概念面临的难题是：从单纯的空间性到空间，从实践空间到体系性的空间，从原始的空间体验方式到有结构的空间，从直观的空间到数学性的量度——秩序空间，这里存在着深刻的鸿沟，只有凭借特定的途径和中介才能跨越这一鸿沟。而他的符号形式哲学则是要提供这一途径。[①] 笔者认为，这一批评不仅是击中要害的，而且也充分凸显了他的空间理解的独特之处。

其二，空间问题反过来也服务于其符号形式哲学的构筑。如前所述，空间并非给定之物，也不是物的处所，它始终服务于符号性构造。但是，符号性构造并非一成不变的过程，事实上它具有不同的类型、阶段和方式。相应地，空间也在不同类型、阶段和方式的符号性构造中扮演着不同角色。这一点，可以从符号形式哲学的结构中看得一清二楚。我们看到，卡西尔在《符号形式哲学》的第 1 卷《语言》、第 2 卷《神话思维》和第 3 卷《知识现象学》中，都有专门的章节论述空间问题。在《语言》中，空间、时间和数被认为是直观阶段的语言中不可或缺的构造要素，它们扮演的角色是：“只有通过时间、空间与数的沟通，语言才能实现它本质性的逻辑功能：把印象构造为表象。”[②] 对空间在语言构造中的特殊功能，卡西尔从空间词的构造、定冠词的产生、语言中的变格现象等方面做了详尽的论述。[③] 在《神话思维》中，卡西尔在“作为直观形式的神话：神话思维中空间——时间世界的构筑和分连结构”这一标题之下讨论了空间问题。这一讨论分为两个部分：第一部分讨论了“神话思维”中空间的分连结构，第二部分以“空间与光”为题讨论了定向（Orientierung）问题。总体而言，卡西尔认为，神话空间是一个介于感性的知觉空间和纯粹的几何学空间之间的独特的过渡位置。前者本质上是被直接给定的生理空间，而后者是度量空间。与后者的连续性、无限性、同质性相比，前者则是

---

① *PSF III*，S. 173f；*ECN 17*，SS. 13 – 25.

② *PSF*，S. 150.

③ *PSF I*，SS. 149 – 169.

异向性的、异质性的。神话空间居于其中，与知觉空间的联系更紧密，而与几何学的思维空间严格对立。“与主宰着几何学概念空间的同质性相反的是，神话性直观空间中的每个地点和方向几乎都带着特殊的‘腔调’，而这则根本上回溯到真正的神话性基本‘腔调’，回溯到凡俗与神圣的区分。”① 在《知识现象学》中，空间问题扮演着双重角色。一方面，它服务于卡西尔在该书中首次系统提出的意义理论，即根据意义给予的不同方式，将意识功能分为表达、再现和纯粹指义三个类型的理论②，并在“再现问题与直观世界的构筑”这一阶段中得到讨论，这一讨论根本上是与物知觉这一问题相关的。③ 另一方面，它再次出现在纯粹指义这一阶段中，具体说，出现在讨论科学概念之构造的章节中。④ 由此观之，空间问题在符号形式哲学的构筑中扮演着不可或缺的角色。

卡西尔空间观念的符号哲学特征，使得它跟同时代的竞争性空间理论相比具有极大的包容性——虽然它并没有做到处理所有符号形式中的空间问题，比如审美直观中的空间这一极其重要的、开启了潘诺夫斯基和苏珊·朗格美学之路的问题，在他的哲学体系中尽管一再被提及，但事实上还是被忽略了。但是，正如概念的内涵和外延之间所存在的此消彼长之关系一样，这一包容性在一定程度上也弱化了每一特殊符号形式中对空间问题予以探讨所可能达到的深度。它在开启了新的思考方式的同时，也留下了大量悬而未决的、有争议的问题。有没有非符号的空间？作为简单的感性给定性的空间直观是如何为更“高级”的空间形式（如语言、艺术、科学中的空间形式）进行奠基的？空间与空间性是什么关系？从空间的一种“样式”过渡到另一种“样式”，这一“过渡”究竟是如何可能的？诸如此类的问题，在卡西尔的符号形式哲学中似乎都没有得到彻底讨论，同时也为我们深思空间问题留下了空间。

---

① Ernst Cassirer, *Philosophie der symbolischen Formen. Zweiter Teil*: *das mythische Denken*, Darmstadt: WBG, 1977, S. 106.

② 卡西尔原本计划在《符号形式哲学》第3卷中讨论科学知识这一符号形式，但是事实上却在这一卷中引入了新的意义理论（Bedeutungslehre），对符号形式哲学予以重新奠基。表达（Ausdruck）、再现（Räpresentation 或 Darstellung）和纯粹指义（reine Bedeutung）分别对应着神话思维、语言和科学知识这三种符号形式。详见 *PSF Ⅲ*, S. 48f。

③ 详见 *PSF Ⅲ*, SS. 165–188。

④ 详见 *PSF Ⅲ*, SS. 329–366。

# 致库特·戈尔德斯坦的两封信*

恩斯特·卡西尔 文/吴 飞 译**

［内容提要］ 卡西尔在其《人论》中提出了著名的“人是符号的动物”的论断，这一论断的提出并不是基于一种想象的玄思，而是广泛吸收了其时代最新的自然科学与人文科学的新发现新观念。在致心理学家和精神病学家戈尔德斯坦的两封信中，卡西尔结合他的研究案例，深入讨论了“感知意识”与“符号意识”的联系与差别，这对于其自身的符号形式哲学的建构具有重要意义。

［关键词］ 感知意识 符号意识 符号形式

## 一

汉堡，1925 年 1 月 5 日

亲爱的库特：

首先，我要真诚地感谢你。对于你给予我们的新年祝福，托尼①和我表示最诚挚的谢意。值此新的一年，我希望我们能够再次见面——对此期盼已久。

* 本文译自 Ernst Cassirer，“Two Letters to Kurt Goldstein,” *Science in Context 12*，4（1999），pp. 661 – 667。库特·戈尔德斯坦（Kurt Goldstein，1878 – 1965），德裔美国心理学家、神经病学家和精神病学家，人本主义心理学先驱，机体论心理学创始人。本文注释均为译者所加。

** 吴飞，1985 年生，湖北大学文学院文艺美学博士研究生，研究方向为西方美学。

① 托尼全名为托尼·卡西尔（Toni Cassirer，1883 – 1961），即恩斯特·卡西尔的夫人。

在过去一年中，与你的数次会见使我再次明白——即便抛开我们显而易见的私人关系——我们目前所处理的那些问题相互紧密联系，同时我也明白，与你的深入合作是多么的卓有成效。

我发现，这一点在你和格尔布①讨论色名失忆症（the amnesia of color names）的论文中重新得到了确认。这篇论文从心理学角度所处理的一系列问题，也正是我试图系统性地加以解决的问题。假如我充分领会并且正确理解了你所提供的临床描述和相关解释的话，那么从本质上讲，你的案例所处理的问题，与“感知意识”（sensory consciousness）相对保持不变、而“符号意识”（symbolic consciousness）出现了病理学挫败有关。确认这两方面的相关性——揭示在正常的精神生活中，符号意识和感知意识二者如何经常性地相互影响——在我看来似乎是未来心理学和现象学的主要任务之一。事实上，我相信，在每一种知觉经验（perceptual experience）（例如鲜活的色彩经验）中，感觉成分（sensuous component）能够被准确地与另一种重要的成分区分开来。我认为，与你所坚持的一样，这方面的相关研究实际上就是，有可能在病理学的基础上，对这些在正常精神生活中交织在一起的成分进行区分，并且分别确定它们的基本特征。

我想特别指明的是，我认为关于特殊“符号形式”（symbolic forms）（例如语言）的结构分析，早已证明真正的符号（即用作一种纯感觉符号，或者用作意义的物质载体）总是一种发展相对稍晚的产物。这种产物必须首先经历多个阶段，这些阶段与行为的先在的直接感觉期（the prior，immediately-sensuous stages of conduct）较为接近。在讨论语言的著作中（第132页及其后若干页）②，我试着界定了三个发展阶段——从“模仿的”（mimetic）到“类比的”（analogical）再到“纯符号的”（purely-symbolical）——同时，在关于神话思想的分析中，我发现了某些相似的东西。我相信，神话思想也出自某个阶段，在这个阶段中，所有意识内容还处于一个低水平的“呈现”（presentation）层次，也就是还不存在成熟的“表象”（representation）。另外，我相信，在“初级”（primitive）语言中，存在一种特殊的现象，它与你们所描述的

① 阿德玛·格尔布（Adhemar Gelb，1887－1936），德国心理学家，格式塔心理学代表人物。

② 即卡西尔的《符号形式哲学》第1卷《语言》。这封信中的文献出自1923年第1版。

“更加初级的”（more primitive）并且体现在你们①的病人行为中的现象形成鲜明对比。此处，诸多语言概念自身依然显示出更加“接近于现实”（proximity to reality）的特征——它们本身更加靠近此类感觉印象，并且根植于纯粹的“统合经验”（experiences of convergence），而“归类行为”（categorial behavior）则保存在背景（background）之中（例子参见我讨论语言的著作，第 257 页及其后若干页）。这里的诸多简单的语词拥有非常有限的“活动范围”（radius of action），并且因此，它们只允许把在感觉现象（sensuous appearances）中最相近的东西连接起来，以便构成一个系列，而我试图抓住的正是这一点。你们的病人的行为看起来表现出了相似的特征。

假如你们从根本上解释这种障碍的方式是，指出那个病人缺少一种固定的适合于色彩的协调（coordination）原则，是因为他不能实施或者遭受损伤而无法实施“归类行为”，——并且假如你们也认为，在生理学意义上，这种基本行为与一种基本的大脑功能相协调的话，那么这种解释看起来包含一种根本性的困难。关于你们对案例的描述，我所能说的是，这种障碍仅仅与一个简单的感知领域（关于色名失忆症的）有关，而在其他领域并不存在大的语言使用损伤。在这些领域中，某人可能从语言的正常使用推断出，与富有意义的言说和“拥有语言的重要意义”相关的“归类行为”，大体上并未受到阻碍。所以，人们应该如何想象，当归类行为的条件基本上得到满足时，该行为却不能关涉全体感觉属性（sensuous qualities）呢？一方面，纯感觉的色差是完整无缺的（参见你们论文第 144 页中的例子）；另一方面，在其他领域里，富有意义的语言使用表明归类行为基本上并未受到损伤。而对于有关色彩世界的经验来说，两个重要时刻的“交织”（interwovenness）与恰当的协调不再存在了。在这类情况下，较早的心理学理论自身可能满足于这样一种解释，即此处某些“联结”（association）或者“联结路径”（association pathway）受到了阻碍——然而，这显然是一个不充分的解释。不过从现代心理学角度来说，我认为出现了一个完全崭新的问题，更确切地说是一系列问题。事实证明，心理学常常所指涉的基本感觉或者基本知觉完全不是基本的——相反，在每种知觉中，感知行为和意义行为是交织在一起的。而且我们不必将后一种设想为浮在所有事物

① 即戈尔德斯坦和格尔布。

之上的，并且预备适用于每一种感觉“内容”（matter）的“一般”（general）形式；更恰当地说，存在一种特殊的协调模式，即关于赋形（form-giving）的，关于“归类行为”的模式，应用于每一种特殊的感觉内容。因此，仅仅当一种特殊形式指向一个特殊内容时，“正常的”（normal）知觉才会存在——反之，在病理学案例中，虽然这类感觉可能保持完整，但是它与其自身的“意义性”（meaningfulness）就不再密切相关了。

最后，还有另外一个问题！是否同样存在一些关注空间形式的知觉和命名的考察，类似于你们对色彩的知觉和命名的考察？我相信，从我对一般性的（神经病学）文献的记忆来看，它们中存在着非常相似的有关障碍的案例。你们的理论可能最适合用来反驳这些案例。假如我没有搞错的话，在这里，缺乏“归类行为”可能表明，对空间形式（诸如三角形、长方形等）的协调，在感觉相似性（sensuous similarity）基础之上（凭借直接的“统合经验”）是成功的，除非某个病人可能不再理解我们用几何相似性（geometric similarity）所指涉的东西。因此，他可能会把，例如两个椭圆看作“相似的”，并且把它们关联成一个序列，假如它们在短轴与长轴方面都显示出近乎相同尺寸的话——但与之相对，他可能不会把有着非常不同的轴线和轴线比例的椭圆，归入椭圆形式的概念之下。我非常希望知道，这个问题在文献中是否已经有了一些研究成果——既然归类行为在形式视觉（seeing form）领域比在色彩视觉（seeing colors）领域更加清晰地显露出自身的独特价值和意义，因而那些成果似乎更加切题。

不过，尽管我脑海中仍然有许多其他问题，但我并不想在这封信中谈论更多。就长度而言，这封信几乎是过分了，但你至少可以了解到，亲爱的库特，你提出的问题是多么的吸引我。除非——按照柏拉图（Plato）所说——要么心理学家决定变成哲学家，要么哲学家变成心理学家，否则这些问题将无法得以解决。就第一种情形而言，我感到欣慰的是，显然，你已选择了一条最好的路（即成为一个哲学家）。因此，剩下的事情就是祝愿在新的一年里，你和你的家人身体健康，你在这条道路上取得更大的成就。

向你和你的孩子们致以最诚挚的问候。

你的，

恩斯特

## 二

汉堡，1925 年 3 月 24 日
布鲁门街 26 号

亲爱的库特：

我又回家了——而且首先要感谢你和格尔布，因为在法兰克福度过的那些美好日子使我深受启发和鼓舞。我再一次认识到歌德话中的真谛："在科学中也是一样，人们未能真正明白——任何事情都要做到。"并且从此意义出发，言行彼此是一致的。现在，你已经向我展示了你的那些案例，它们也变得越发具体和生动——而且直到现在，我才能够理解它们中的一些细节，并且更为充分地领会了你们所得出的结论。我也惊讶地看到，你在你的独特案例中所发现的东西，与我按照不同的方式所收获的想法和问题是一致的。在我阅读你们的二手研究和你们自己的文章《论视觉过程中的行动依赖性》（On the dependence of movements upon visual processes）之后——大多在旅程期间——这一点再次变得十分清晰。今天，我感到遗憾的是，我之前还并不知道这些文章，而现在我必须把我想到的所有问题放进这封信中，所以，它可能会变得很长，需要你的一点时间和耐心。不管怎样，我想要立刻强调的是，即便我为了行文简洁而使用了陈述性的语言，下面这些内容总是与诸多疑问有关。当然，无论如何，我并没有足够的能力去评价你们的案例。因此，我只是想要了解在自身问题的语境下，我看待这些案例的观点是否合理可行。

假设我正确理解了你的观点，那么你主要是想以病人身上出现的视觉表征功能障碍，来解释施耐德和沙夫案例中的混乱。在这里，我认为你所谓的"视觉过程"（visual processes）起着关键性的作用。事实上，我相信，有关两个病人的现象学的视觉材料，都不能完全解释他们身上出现的混乱形式。假如让 S（施耐德）去敲门，那么当他不再看门的时候，他就会立即停止行动，所以视觉材料似乎起着关键作用。但是，他也可能在看门的时候，不再施行敲门的动作，而是远远地站在够不到门的地方。另外，你想从整体上解释这种障碍，而不仅仅是某些特殊症状，无论它们多么重要。而且这整个障碍包含着其他因素，对于你的解释来说，据我看来，有关病人被改进了的“视觉”（optics）的想法并不提供任何帮助。我主要认为，S（施耐德）与沙夫不能讲出任何与某些具体事实无关的东西，是由于奇怪的语言障碍［因而，S（施耐德）不再有能力说出他用右手写得很好的东西，即便谈到他的左手，他也可以轻易地表达相同的内容］。事实上，在所有这些案例中，一个典型的特征是，病人们几乎和健康人一样有能力处理感性事物，比如，用锤子把“真实的”（real）钉子打进“真实的”（real）的墙内；然而他们无法做到的是，无论什么时候要求他们——用我的术语讲——展示一个“表象”而不是感觉上的呈现，并且施行一种“符号行为（symbolic act）”，诸如“标记”（marking）一种特殊的行动，而不是一种“真实的”行为。与视觉材料以及所有其他感官知觉相关的内容，对于他们来说都是有意义的——如同我所表达的——仅仅要内容像在感觉上存在的事物一样被给予他们。我认为，一般很难认识到不只是在思考和知觉中，而且甚至在活动中，一个正常人的行为有多少是高度“符号性的”。对于一个正常人来说，每一个感性事物的“存在”（existence）都保留在背景之中，而与此相对照的是这些感觉材料所“意指”（mean）的内容。因此，他不停地地朝着“观念”（ideal）迈近——他将特定的“现实”（reality）转化成某种纯粹“可能的”（possible）东西。在一个正常人身上，大部分思考依赖这种关于“可能的”转化［就像科亨（Cohen）①一再强调的，“观念”（idea）即“假设”（hypothesis）!］，不过，他的知觉也是如此，而且这也是你们的案例所显示的东西。特别地，我们的空间“视觉”（seeing）建基在这样一个事实上，即我们的视觉空间相当于一种具有潜在关系的图式（schema）——莱布尼茨（Leibniz）所谓的：“一种可能的共存秩序”（un ordre de coexistences possibles）。没有什么内容（content）与其位置（position）是不可分离地、具体地连接在一起的，仿佛是“被吸收”（incorporated）进去一样；相反，我们可以使二者（内容和位置）彼此独立地发生变动——我们可以改变与位置相关的内容，并且用其中一个代替另一个。这发生在每一个具体的能够被我们实质性理解的行动当中——然而这也是每一个观念行动的条件，也是每一个行动“投射”（motoric“project”）的条件。这个“投射”就在于一种可能性，即在

① 赫尔曼·科亨（Hermann Cohen，1842－1918），德国哲学家，新康德主义马堡学派的主要代表人物。

我们的想象中制造转化。因此，一个正常人能够毫无困难地想象任何空间点上的任何物体，即使这个物体并不是“真实地”作为一种在感觉上可理解的刺激物存在着。所以，就一个“可能的”（仅仅是想象的）钉子来说，正常人能够实施一些行动在它上面，这就跟一个“真实的”东西，例如一个真实的钉子一样。他把实体（the present）当作表象物（something represented），把表象物当作实体。但是，在一个“精神失常”（mentally blind）的人身上，假设我没有搞错的话，这种转化被中断了。“精神失常”的人仍然对特定的可视物体有着某些印象——尤其是在“联想性视觉失忆症”（associative optic amnesia）的情况下；然而中介性的“表象”功能要么被破坏了，要么遭受严重损伤。所以，他就只能根据在场的刺激物来指导其行动——因而，他部分地模仿那些展示给他的行动；当他一再地盯着它看时，才会动一下胳膊等。即使施耐德有能力为其行动建立一种“背景”——凭借他的运动感觉，他也不再有能力按照我们的方式转化和置换这种背景。这种置换，就像我所说的，来自一种“符号思维”（symbolic ideation）活动。由于病人缺乏这种符号思维，所以他才不断地提及现成的给定之物——因此，他就不再有能力把他自己提升到有关非给定之物的自由“表象”上。

假设上面所有解释都是正确的，那么这似乎进一步揭示了病人身上的视觉失忆症所导致的语言障碍。对于两个案例来说，基本障碍是相同的——或是类似的。甚至在其言说过程中，病人莫名地服从于可感觉的实体的能量——他无法说出仅仅是“可能的”东西，因为对于他而言，后者是不“存在”（exist）的。这里，他也无法获得观念上的——把不是现成的给定之物当作现成之物的设想——“再次当下化”（re-presentification）。在此意义上，当 S（施耐德）被要求讲出一句话，即外面正在下雨时，他因克服心理障碍而显示出的巨大努力是非常有意义的——他不停地看向窗外，而且，可以说受到在性质上并不是非常特别不同的视觉经验的困扰。我非常好奇已经发表的观察结果是否适合这类现象。人们可能已经注意到这些病人的言语是否受到纯粹“陈述性”（constative）主张的支配（除有关效果与意愿的话语之外），并且病人是否表现出他们全部理解了假定的和虚构的命题，他们是否自发地讲出它们，等等。例如，这些病人如何回答下面一类问题：a. 你将做什么，如果某某发生的话［?］b. 如果某某没有出现的话，那将会发生什么［?］，诸如此类。这可能揭示出口头表达的诸多困难，即类似于某人在试图表达“非存在”（non-existent）的事物时所观察到的那些困难。

总之，我想强调的是，我当然完全相信你们的研究，即关注视觉过程在实施自发的行动中所起到的关键作用；无论如何，在我看来，此类“视觉表象”（optical representations）或者表象给定之物的经验（你们文章的第 181 ~ 182 页），与内在于这些经验的功能相比并不是那么的重要。缺乏这种“符号思维”功能，会阻碍“运动行为投射”（project of motor acts）的发生——与“观点”（viewpoint）受损相比，这种障碍较少源于“视力”（vision）受损。一般地，“观点”障碍自身表现在“确立目标”（having an aim）中。

最后，我相信在这种阐释之下，施耐德与沙夫的案例，与其他相当不同的临床案例，例如你们的案例是一致的，“抽象行为”（abstract movements）障碍也许原则上经得起解释，而这样的解释类似于用在“抽象地”（abstractly）使用色名障碍之上的解释。在两类案例中，我们正在处理的都是“符号思维”损伤的问题，即不只以呈现还以表象的方式获得知觉内容的能力受损的问题。

不管怎样，我必须结束这封信，因为它已经达到令人难以忍受的长度了。如果你愿意，你可以把这封信阐释为一种病理学症状，并且把它添加到你的案例史之中，事实上，我此时已经与你的那些“不能自发地停止”的病人有点类似了。在我们长时间深入地交谈之后，放下思路对我而言不是一件容易的事。然而这并不是说我不需要对我的疑难进行全面解答——当我们再在柏林见面的时候，如果你能阐明某些观点，那我就心满意足了，而这也是我非常期待的事情。

至于今日，我就只有表达我诚挚的问候，并请你也向格尔布和芬斯特（Pfungst）① 转达我的问候。

你的，

恩斯特

① 芬斯特（Oskar Pfungst，1874 - 1933），德国比较生物学家和心理学家。

# 神话的艺术品性

## ——卡西尔论神话与艺术

谢冬冰*

［内容提要］ 卡西尔认为，艺术起源于神话。因为神话是无意识的虚构，具有概念和感性、理论与艺术的双重结构，是直观与情感的统一，有交感性特点。所以，神话自诞生起就具有艺术品性，但神话不是艺术，因为神话是人类早期文明探寻世界本源的活动，人们对神话是信以为真的，而艺术创作的虚构性是自知自觉的。

［关键词］ 神话 艺术 艺术品性 象征形式

神话和艺术从生成之日始就是紧密相连的。马克思说："希腊神话不只是希腊艺术的武库，而且是它的土壤。"① 对于马克思的这一观点，恩斯特·卡西尔（Ernst Cassirer）以专著的形式进行了论证。卡西尔认为，"存在着某种原始的'隐喻思维'，它反映在'原始隐喻'之中，并在诗歌中与心灵的'自我表现'结合在一起"。后来，苏珊·朗格（Susanne K. Langer）修正并拓展了卡西尔的这一理论。她指出："神话是一种'非推论性的象征表达'（symbolism）；神话所能达到的最高发展就是人类生命和宇宙秩序的展示，它就呈

* 谢冬冰，1969 年生，江苏徐州人，文学博士，教授。现于江苏开放大学（江苏城市职业学院）党委宣传部工作。

① 《马克思恩格斯选集》第 2 卷，人民出版社，2012，第 711 页。

现在史诗之中。”[1]

那么，艺术是怎样和神话融合在一起，又是怎样从神话中分离出来的呢？

## 一　神话符号中的艺术品性

卡西尔给自己的神话学确定的研究任务是“不询问一种形而上学体系或神学体系所问的那种问题”，“不探究神话想象……的题材而是探究它们的形式”，即不从形而上学或神学角度去研究神话，也不去归纳、概括各种神话题材以达到某种统一类型，而是探究神话的“形式”，即探讨“神话创作功能”，在这一方面，全世界不同社会文化的神话中都具有“真正的同质性”[2]，“神话创作功能的产物一定具有一个哲学的，亦即一个可理解的‘意义’。如果神话在所有各种图像和符号之下隐匿起了这种意义，那么把这种意义揭示出来就成了哲学的任务”[3]。卡西尔的神话理论包含许多内容，但是和艺术有关的观点主要有如下几点。

首先，神话是“一种无意识的虚构”。原始人对自己的神话虚构是深信不疑的。从这一点上看，神话可以说是原始人无意识的创作，但是它和艺术的虚构最根本的不同就在于，原始人在虚构这些神话故事时是信以为真的，而作家在创作作品时却是明明白白地知道自己是在虚构，是在想象。即是说艺术创作是自觉的，而神话的创造是不自觉的。就像卡西尔说的：“原始精神并没有意识到它的创造物的意义。”[4]

其次，神话具有概念和感性、理论与艺术的双重结构。“神话仿佛具有一副双重面目。一方面它向我们展示一个概念的结构，另一方面则又展示一个感性的结构。它并不是一大团无组织的混乱观念，而是依赖于一定的感知方式。如果神话不以一种不同的方式感知世界，那它就不可能以独特的方式对之作出判断或解释。”[5] 神话对世界的感知既依附于感性形式，又包含着理性内容和

① Monroe C. Beardsley, *Aesthetics: Problems in the Philosophy of Criticism*, Indianapolis: Hackett, 1985, p. 444.

② 卡西尔：《人论》，甘阳译，上海译文出版社，1985，第 93 页。

③ 卡西尔：《人论》，甘阳译，上海译文出版社，1985，第 94 页。

④ 卡西尔：《人论》，甘阳译，上海译文出版社，1985，第 94 页。

⑤ 卡西尔：《人论》，甘阳译，上海译文出版社，1985，第 97 页。

观念——对世界的解释，这就呈现为一种特殊的双重结构。神话的创造，因此“兼有一个理论的要素和一个艺术创造的要素”①。这一点《神话思维》中论述得特别充分，卡西尔举出大量例证阐明现代天文学是来源于神话世界中的天象学和星宿学，数字在神话中也有一个圣数体系。所以，说神话兼有理论的要素和艺术创造的要素是十分恰当的。

再次，与神话思维的特征相关，神话具有直感性与情感的统一性。神话具有“直接性的质本身”，“原始人并不是以各种纯粹抽象的符号而是以一种具体而直接的方式来表达他们的感情和情绪的，所以我们必须研究这种表达的整体才能发觉神话……的结构”。② 神话结构的特征是非理性、非逻辑的，“神话的真正基质不是思维的基质而是情感的基质”，它内在的理性“更多地依赖于情感的统一性而不是依赖于逻辑的法则。这种情感的统一性是原始思维最强烈最深刻的推动力之一”。③ 说到底，“神话是情感的产物”④。这一点，神话和艺术看上去是一致的，卡西尔和朗格虽然都认为艺术是情感的形式，但是他们所说的艺术情感和神话中的情感是不一样的，他们所说的艺术情感是普遍性的情感，朗格把它称为“概念性的情感”。而神话中的情感则是自然的生理上的情感、生活中的情感。

最后，神话情感有交感性的特点。神话虽然是情感的产物，但反映在神话中的情感却有自己独特的一面，这表现在原始人的自然观“既不是纯理论的，也不是纯实践的，而是交感的（sympathetic）”。⑤ 原始人抱有“生命一体化”的坚定信仰，他们把自然界的一切都看成同人一样，是有生命的，而且生命意识之间是可以相互沟通，交互感应的。“自然成了一个巨大的社会——生命的社会”，人只是这个社会中的一小部分。而且这种一体化的生命是可以互相转化的，生生不息的。如此，这种“生命一体性和不间断”的信仰成为原始人的一种最强烈的情感，神话就是这种情感的产物，“它的情感背景使它的所有产品都染上了它自己所特有的色彩”。⑥

① 卡西尔：《人论》，甘阳译，上海译文出版社，1985，第 98 页。
② 卡西尔：《人论》，甘阳译，上海译文出版社，1985，第 101 页。
③ 卡西尔：《人论》，甘阳译，上海译文出版社，1985，第 104 页。
④ 卡西尔：《人论》，甘阳译，上海译文出版社，1985，第 105 页。
⑤ 卡西尔：《人论》，甘阳译，上海译文出版社，1985，第 105 页。
⑥ 卡西尔：《人论》，甘阳译，上海译文出版社，1985，第 107 页。

正是因为神话思维认为生命是一体的、不间断的，才导致了神话对死亡的否定，所以，“在某种意义上，整个神话可以被解释为就是对死亡现象的坚定而顽强的否定”。[①] 追求生命的永恒也可以看作神话的目的之一。

由上述特点还可以继续推出，既然神话是充满生命的，那么它就是活生生的，是动态的而非静态的，“我们不能把神话归结为某种静止不变的要素，而必须努力从它的内在生命力中去把握它，从它的运动性和多面性中去把握它，总之要从它的动力学原则中去把握它”。[②] 也正因为神话世界是一体的，原始思维认为生命是交感的，所以神话应该是具有社会品格的：“不是自然，而是社会才是神话的原型。神话的所有基本主旨都是人的社会生活的投影。靠着这种投影，自然成了社会化世界的映象”，“神话的基本社会性品格是无需争辩的”。[③]

在神话的这些品性中蕴涵着艺术特性的胚胎，苏珊·朗格关于艺术特征的论述，比如生命性、情感性、整体性等都可以在这里找到雏形。而且她认为艺术就是一步一步地从神话进化来的，史诗是神话最后和最完满的形式。

## 二　作为象征形式的神话和艺术

从上述论证我们可以看出，就神话本身而言，它和艺术有很多相通之处。但是，神话归根结底不是艺术，主要原因在于神话在原始人的意识中是真的，而艺术则就是一种虚构。

在卡西尔那里，神话与艺术是有严格区别的，它们属于人类文化发展的不同阶段。在整个人类文化符号的系统中，它们有着鲜明的个性。下面先从历时的维度来考察卡西尔对艺术本质的思考。

卡西尔是把神话和艺术放在人类文化发展的长河中加以考察的，他把人类的各种符号生活看成人类精神本质不断对象化的过程，并对人类文化符号的起源与发展做了一个历时性的描述。他认为，在所有的符号形式中，语言和神话是最古老的，它们都是史前时代的产物。从发生学的角度看，语言和神话就像是一棵树上的两个分枝，语言的生成过程与神话的发展过程事实上不可分开。

① 卡西尔：《人论》，甘阳译，上海译文出版社，1985，第 107 页。
② 卡西尔：《人论》，甘阳译，上海译文出版社，1985，第 101 页。
③ 卡西尔：《人论》，甘阳译，上海译文出版社，1985，第 102 页。

在发生阶段，它们都不以逻辑推理为手段，而是以直观现实的直觉为认识手段。首先，神话思维对实在的解释，就与后来形成的高级阶段的逻辑思维相反，它“不知道什么一般规律”，不是“遵循因果律的物理世界”，“而是一个戏剧世界——一个行动的、超自然力的、神或鬼的世界”，人通过神话“将自己最深处的情感客观化了”，这种客观化是通过想象的方式进行的。其次，人类早期语言中反映出来的神话思维倾向，也远远多于理性思维倾向。“语言思维充满着和渗透着神话思维，我们越是追溯到语言的更为原始的阶段，这一点就越是显而易见，即使是我们自己高度发达的语言中也仍旧浸透着神话思维。”①

可见，理性并非人类的原始天赋，而是后天学习的成果。理性逻辑是随着语言符号的发展成熟才形成的。其中，想象的功能通过神话而得到发展，以后又衍生为宗教和艺术；逻辑推理的功能则借助语言而得到发展，形成各门科学知识。神话从未冲出其形象性魔圈，它虽可达到宗教与诗歌的高峰，但与科学知识之间却存在着不可弥合的鸿沟。

如此，按历时逻辑的沿革顺序所形成的人类文化符号形式构成了“客观世界”：科学符号构成科学的世界；神话符号构成神话、宗教世界，后来有部分内容衍生为艺术世界；日常语言符号则构成常识世界。与此对应，整个人类符号系统的表现功能呈现为三种不同层次的活动方式。最早、最原始的方式是“表现功能”，它构成原始神话世界，其特点是符号形式与所表示的意义融为一体，并未明确区分开来。第二种方式是“直观功能”，它构成常识世界，把我们的知觉世界分化为按时空关系联结起来的物体或实体。第三种方式是“概念功能”，它构成科学世界，这是建立在关系上，而非实体上的体系。这三种符号功能实际上标示出了人类符号活动由低级向高级发展的历史序列。

从这一历时性的描述可以看出以下几点。首先，神话及在此基础上发展起来的艺术，是人类两大精神活动表现方式（一种是逻辑的，另一种是想象的）之一脉，是人类精神本性的重要显现形式。它们同科学等一起构成了人类文化纷繁复杂的现实。其次，神话与语言一起构成了人类思维和文化的起源，它们是人类符号活动的最早成果，是人与动物界分离的最初标志。“在人的思维的

① 卡西尔：《语言与神话》，于晓等译，生活·读书·新知三联书店，1988，第 157 页。

发展过程中，神话起着十分重要的作用，它是对宇宙之谜作出的最初解答。”①因此，它也是全部人类文化洪流的发源地。再次，人类诸文化形式不仅呈共时性的扇面式的展开，而且是历时性的承续沿革的序列，神话是最早的符号文化形式之一，艺术是这一序列中稍后的形式。神话和神话时代虽然已经过去了，但是神话的想象思维方式却依然长久地留存下来，并继续在艺术中发挥作用。卡西尔说，“艺术在根源和起始上似乎与神话密切相联，即使在其发展过程中也没有完全摆脱神话思维和宗教思维的影响和威力”。② 他又说，“艺术的最大特权之一正在于它从未丧失过这种‘神的时代’。在这里想象的创造力之源泉绝没有枯竭……在每一个时代、每一位大艺术家那里，想象力的作用都以一种新的形式和新的力量再次出现”。③ 总之，卡西尔在历时性描述中，不仅展示了神话和艺术的历史生成，而且也展示了它们在人类文化史和人类精神发展中举足轻重的重要地位。

从共时的角度看，卡西尔受黑格尔辩证法思想的影响，认为人类文化只能是“一种动态的而不是静态的平衡，它是对立面斗争的结果”。④ 这是由人类活动的一种基本的两极性决定的，这种两极性是稳定化和进化之间的一种张力。具体地说，就是人本身“被分裂成这两种倾向，一种力图保存旧形式而另一种则努力要产生新形式。在传统与改革、复制与创造力之间存在着无休止的斗争。这种二元性可以在文化生活的所有领域中看到”。⑤ 卡西尔就抓住人性和人类生活的这种两极斗争的基本线索，对各种文化符号形式加以对照比较。

在卡西尔看来，神话与宗教是突出地体现了人的稳定化和保守倾向这一极的。他说：“在人类生活中，这两种文化现象似乎是最保守的力量。神话思想就其起源和原则而言，就是因循守旧的思想。因为神话除了把一切都追溯到一个遥远的过去以外就再没有其它方法来理解、解释和阐明人类生活的现存方式。”⑥ 语言符号形式，“也是人类文化中最牢固的保守力量之一”。这是由它的主要任务——信息交流决定的，“语言的符号和形式想要抵挡时间的消解性

① 卡西尔：《语言与神话》，于晓等译，生活·读书·新知三联书店，1988，第168页。
② 卡西尔：《语言与神话》，于晓等译，生活·读书·新知三联书店，1988，第168页。
③ 卡西尔：《语言与神话》，于晓等译，生活·读书·新知三联书店，1988，第196页。
④ 卡西尔：《语言与神话》，于晓等译，生活·读书·新知三联书店，1988，第282页。
⑤ 卡西尔：《语言与神话》，于晓等译，生活·读书·新知三联书店，1988，第283页。
⑥ 卡西尔：《语言与神话》，于晓等译，生活·读书·新知三联书店，1988，第284页。

和破坏性的影响，就必须具有一种稳定性和经久性”。但是，语言在一代代传递过程中又必然发生连续变化，这又体现出“人在掌握语言的过程中总是持一种能动的创造性的态度”，即反传统的变革倾向。这样，“保存”与“革新”两种倾向的对立统一，就成为“语言的生命力的两个必不可少的成分和条件”。[①] 就人的两极性而言，在语言形式中似乎达到了一种平衡态。

但在艺术文化形式中，与神话相反的一极就凸显了出来：“独创性、个别性、创造性的因素”“明显地压倒了第一种因素”，即保守性因素，“在艺术中我们不满足于重复或复制传统的形式”。当然，传统在艺术中是有巨大作用的，艺术的母题也一再重现，“然而每一位伟大的艺术家在某种意义上都开辟了一个新纪元”；诗人当然不可能创造一种全新语言，“然而，诗人给所有这一切增添的不仅是一种新的特色而且还是一种新的生命”。[②] 在这一点上，艺术与神话恰恰处在对立的两极。

通过这样一种比较，卡西尔在人类文化的总体上揭示了作为符号形式的神话与艺术的一般特征与地位，即神话的追溯性、稳定性、保守性与艺术的主体性、个体性与独创性。而且把共时和历时两方面加以综合考察，我们已可约略窥见作为文化符号形式的神话和艺术在整个文化符号系统中的一般面貌和历史形态，以及艺术与神话的渊源关系。

---

① 卡西尔：《语言与神话》，于晓等译，生活·读书·新知三联书店，1988，第 285 ~ 286 页。

② 卡西尔：《语言与神话》，于晓等译，生活·读书·新知三联书店，1988，第 286 页。

# 域外来稿

# 最后的行动：机器文化的升起与终结[*]

奥斯瓦尔德·斯宾格勒 文/舒红跃　李　早 译[**]

［内容提要］　与原始时代的乡村相比，由机器技术来提供完完全全的人造生活的城市脱离了地球这一母亲，它把生命之流从大地中剥离出来，并耗尽大地而变成它自己。随着理性主义的来临，对技术的信仰几乎成为一种唯物主义的宗教。技术就像上帝那样拯救人类，技术就像上帝那样照亮我们。对于人类，技术的享受超过了每一种其他类型的享受，我们的人为生命越来越成为人造物。在今天，以任何一种方式去改变机器－技术的命运，要么超出了大脑的力量，要么超出了手的力量，因为机器－技术的发展已经超出了内在的精神上的必要性，现在，它正朝向它的终结迈进。正如人类这一小宇宙曾经反抗自然一样，今天机器这一小宇宙正在反抗北欧人。世界的主人正在变成机器的奴隶，这一机器正在迫使人类服从机器的目的，因为技术只是精神和智力上的必要性，但不是维持生命所需的必要性。

［关键词］　斯宾格勒　机器文化　升起　终结

---

* 本文译自 Oswald Spengler，*Man & Technics*，*A Contribution to a Philosophy of Life*，Greenwood Press，1976，pp. 37 - 52。本文为湖北省教育厅重大项目“从现象学走向生命哲学——技术哲学研究范式的转换”（项目编号：16ZD018）阶段性成果。

** 奥斯瓦尔德·斯宾格勒（Oswald Spengler，1880 - 1936），德国哲学家，代表作为《西方的没落》。舒红跃，1964 年生，湖北鄂州人，湖北大学哲学学院教授、湖北省道德与文明研究中心研究员，主要研究方向为西方哲学、科学技术哲学；李早，女，湖北大学哲学学院硕士研究生，研究方向为马克思主义哲学。

## 一

武装之手的文明有一个漫长而曲折的过程，它牢牢地控制住了整个人类这一种属。谈到语言与谋划的文明，我们马上想起的是复数，其中几个能够被辨认。在这些文明中，名流和大众开始处于精神上的敌对状态，心灵也变得渴望权力，对生命施以暴力之手。这些文明在其全部成员中甚而仅仅是拥抱其中部分人，今天，在过了几百万年之后，它们全部灭绝了，被取代了。我们称之为“自然 - 人”的和“原始人”的东西只不过是它们保存下来的物质的遗留物，只是曾经到处都是人和炉渣的各种形式的废墟，在这些废墟之中的出生之喜与死亡之哀已经一去不复返了。

从公元前 3000 年开始，在这片土壤上，现已到处都生长出各种高级的文明[①]（在最狭窄和最主要的意义上的文明），这些文明中的每一个只不过充斥地球空间中一个极其小的比例，每一个文明所持续的时间也差不多只是 1000 年。这一节奏是最终灾难的节奏。每一个十年都是非凡的十年，而每一年也几乎都有它特别的“形象”。这是在最真诚和最激动人心的意义上的世界历史。与原始时代的乡村相比，这组激情洋溢的生命历程发明了它自己的象征和它自己的“世界”，城市——由石头所建成的城市，这种城市所提供的是一种完全人造的生活，这种生活脱离了地球这一母亲，是彻头彻尾的反自然的——思想上无根的城市，它把生命之流从大地中剥离出来，并耗尽大地而变成它自己。[②]

由此产生了一个带着它的各个阶层的“社会”[③]，贵族、僧侣和市民，这一“社会”是一个与“纯粹”的农民阶级背景相对立的人造的生命等级，因为自然的划分是强者和弱者的等级、聪明的人和愚蠢的人的等级，这一“社会”给文明的进化排定座次，而这一进化完全是智能化的。另外，在这种意义上可以说，在这些文明中所完成的技术的进步也是精神上的享受，也是不断增长中的人造物和智力的新近、甜蜜和易碎的成果。它们开始于埃及金字塔陵墓和巴比伦王国中苏美尔人的寺庙塔的建造，这些于公元前 3000 年在南方腹

---

① *Decline of the West*, English edition, Vol. Ⅰ, pp. 103 et seq.

② *Decline of the West*, English edition, Vol. Ⅱ, ch. iv, “The Soul of the City.”

③ *Decline of the West*, English edition, Vol. Ⅱ, pp. 327 et seq., 343 et seq.

地形成，不过，它所表示的意义至多是对芸芸众生的胜利。自此以后，中国人的、印度人的、古希腊人的、阿拉伯人的各种谋划都形成了，墨西哥人的文明也形成了。现在，在我们的纪年的第二个1000年，在整个的北方，我们的浮士德文明产生了，它代表着纯粹的技术思想对各种大难题的胜利。

虽然这些文明的成长彼此互之间是相互独立的，可它们仍然是在一个系列上的——从南方到北方这种意义上讲。虽然浮士德式的、西欧的文明可能不是最后的文明，但是，可以很肯定地说，它是最有力量、最有激情的，另外——归咎于在它的广泛的智能化与严重的精神不协调之间的冲突——也是所有文明中最具灾难性的。有可能某些过时的落伍者会跟随它——比如，某种文明会在维斯瓦河①与阿穆尔河②之间的平原上的某个地方兴起——到下一个千年期间。但是，正是在这里，在我们自己这里，自然与人类（他的历史的命运已经让他自己与自然相对立）之间的斗争在所有的意图与目的上都已终结。

北方的乡村，通过它的生活条件的艰辛（寒冷，连续不断的贫困）来锻造艰难的种族，他们的智力被磨炼得最敏捷，他们不受制约的激情的无情的火焰被磨炼得适合一往无前地搏斗、冒险和猛击——我在其他地方③把这称为"第三维的激情"。再一次又有肉食动物，它的内在的力量徒劳地努力打破思想对血脉的优势，打破有组织的人造生命对血脉的优势，努力把这些思想和人造的生命变成他们的佣人，努力把自由人格的命运提升至世界说一不二的真谛。一种权力意志——这一权力意志嘲笑时间和空间的所有限制，它真正地把无穷无尽的空间和无始无终的时间作为它特殊的目标——它让整个大陆服从于它自己，它最终通过它自己的联系和交际形式的网络来拥抱这个世界，并通过它的可用能源和它的技术方法的巨大力量来改变这个世界。

在每一种高级文明的开端，两个主要的命令者贵族和祭师——"社会"的开端——直接塑造了空旷田野上的农民生活。④ 他们是各种理念的化身，更重要的是，是各种相互排斥的理念的化身。贵族、武士、冒险者生活在事实的世界里，牧师、学者、哲学家生活在他们的真理的世界中。一个是（或者说

① 波兰中部的一条河。——译者注

② 即我国黑龙江。——译者注

③ *Decline of the West*, English edition, Vol. I, pp. 165 et seq. , pp. 308 et seq.

④ *Decline of the West*, English edition, Vol. I, pp. 334 et seq.

遭受）一种命运，另一个是思考因果关系。一个将会把理智变成强大生命的佣人，另一个将会使他的生命顺从理智。从来没有什么地方，这一对立采取比在浮士德文明中更加不协调的形式，在浮士德文明中，捕食动物的骄傲血脉最后一次反抗纯粹思想的专制。从 12 世纪和 13 世纪帝国和教廷的观念之间的冲突，到有教养人的传统（王权、贵族、军队）和平民百姓的理性主义、自由主义和社会主义的理论之间的冲突，从法国革命到德国革命，历史就是一系列得到这一决策的尝试。

## 二

在浮士德文明升起期间，如果比较一下血脉海盗与心智海盗二者之间的区别，这一区别在其所有方面都会显示出来。首先，浮士德文明贪得无厌地从北部高原杀来，强行闯入无边的大地，在 796 年到达西班牙，在 859 年到达俄罗斯内陆，在 861 年到达冰岛，在 861 年摩洛哥也被闯入。自此，它们蔓延到普罗旺斯和罗马自己的郊区。在 865 年，通过基辅，这一运动经由黑海和君士坦丁堡，在 880 年到达里海，在 909 年到达波斯。它们在诺曼底和冰岛安家立业了 900 年，在格陵兰停留了大约 980 年，在大约 1000 年的时候发现了北美。在 1029 年，从诺曼底出发，它们到达了意大利南部；在 1034 年，从君士坦丁堡出发，它们到达了希腊和小亚细亚半岛；在 1066 年，再一次从诺曼底出发，它们征服了英格兰。①

带着对权力和战利品毫无二致的勇敢，带着对权力和战利品没有区别的饥渴，在这样一种智力情况下，在 13、14 世纪，北方的修道士开辟了他们深入技术 - 物理问题的世界的道路。在这里，没有什么中国人、印度人、古希腊人和阿拉伯人的学者式的毫无意义和非实用的好奇，没有什么纯粹的技术思考，没有什么对一幅人类不知道的东西的图景的沉思。真的，每一种科学理论都是一种理解自然力量的神话，每一个人都彻头彻尾地依赖于他所从属的宗教。②然而，在浮士德文明中，仅仅在浮士德文明中，每一个理论从一开始也就是一

① K. Th. Strasser, Wikinger and Normannen, 1928.

② *Decline of the West*, English edition, Vol. Ⅱ, ch. Xi.

种工作假设。[1] 一种工作假设不需要是“正确的”，它仅仅被要求是实用的。它的目标，不是拥抱和揭示世界的秘密，而是让它们能够服务于无限的目的。故而，在数学方法上的发展归功于英国人格罗斯泰特（出生于1193年）和罗吉尔·培根（出生于大约1210年），以及德国人大阿尔伯特（出生于1193年）和维特罗（出生于1220年）。同样，实验方法，它的发展归功于培根的“科学实验”——实验是在用支架、杠杆和螺丝钉的拷问之下对自然的询问[2]，归功于“experimentum enim solum certificat”，正如大阿尔伯特所写下的，这是有智力的捕食动物的花招。他们设想，他们的愿望是“认识上帝”，他们还设想，他们竭力去孤立、捕获和利用的，正是无机的自然的力量——在所有发生的一切中所显示的无形的能量。与希腊的静力学和阿拉伯人的炼金术相比，这一浮士德式的科学，是独一无二的动力学的。[3] 它所关注的，不仅仅是各种材料，而且还包括各种力。质量本身是能量的一种功能。格罗斯泰特提出了一种作为光的一种功能的空间理论，皮特勒斯·佩里格林纳斯（Petrus Peregrinus）提出了一种磁力的理论。地球围绕太阳运动的哥白尼式理论是在1322年的一份手稿中被预示的，是由奥热默（Oresme）确切地阐述的——比哥白尼自己的论述更加清晰和更加深刻，奥热默还预见了伽利略的自由落体规律和笛卡尔的坐标几何学。上帝不再被看作用上帝的宝座统治这个世界的主人，而是被看作一种在世界上无所不在的无限的力量（已经被想象为几乎是无人格的力量）。这是对神的崇拜的唯一的形式，这是由修道士所进行的对秘密力量的实验性的研究。正如一个古老的德国神秘主义者所言，“在你服务于上帝的地方，上帝为你服务”。

很明显，人类厌倦了仅仅拥有植物和动物，仅仅奴役植物和动物来为他服务，开始掠夺自然的金属和矿石宝藏，掠夺自然的木材和纱线宝藏，用运河和水井来利用它的水资源，用船只和道路，用桥梁、隧道和大坝来击溃它的反抗。现在，人类不仅仅想从自然那里掠夺它的各种物质，而且还想奴役和控制它的每一种力量，以便增加人类自己的力量。这种可怕的和史无前例的观念就像浮士德文明自己一样古老。我们遇到一种彻头彻尾的新型技术的构造已经

① *Decline of the West*, English edition, Vol. Ⅱ, pp. 300 et seq.

② *Decline of the West*, English edition, Vol. Ⅱ, pp. 499 et seq.

③ *Decline of the West*, English edition, Vol. Ⅰ, pp. 380 et seq.

10 个世纪了。蒸汽机、蒸汽轮，以及通风机已经出现在罗杰·培根和大阿尔伯特的思想中了。许许多多的修道士在自己的小房间里忙于永动机（Perpetual Motion）的设想。[①]

自此，这最后一种设想从未放过它对我们的控制，因为成功将意味着对于“上帝或自然”（Deus sive Natura）的最终胜利，一个小小的人类自己的创造物的世界——这一世界凭借它自己的力量和只是服从于人类的手，就能够像大自然一样运行。建造一个人们自己的世界，是自己的世界的上帝——这就是浮士德式发明者的梦想，从这一梦想之中，我们所有关于机器的设计，以及重新的设计都涌现了出来，其目的是尽可能地接近永恒的运动这一可望而不可即的极限。捕食动物的战利品观念已经被思虑到了它的逻辑的尽头。不是世界的这一片或那一片，就像普罗米修斯盗火时那样，而是世界它自己本身，包括它的力量的秘密，作为掠夺物被拉扯着来建造我们的文明。作为并非凭借这种权力意志占有所有自然的人类自己，将会感受到所有这一切都像恶魔，而在事实上，人们一直都将机器看作魔鬼的发明。培根是一长串科学家的第一人，这些科学家都被看作魔术师和异端者。

尽管如此，西欧的技术史仍昂首阔步地向前迈进。1500 年，瓦斯科·达·伽马（Vasco da Gama）和哥伦布（Columbus）开启的新的海盗主义上路了。他们在东印度群岛和西印度群岛创建或者征服了的新的王国，一股北欧血脉的大军[②]涌进了美洲——一个以前冰岛水手徒劳地涉足的地方。与此同时，理智的海盗航行以一股宏大的规模在继续着。火药和印刷术被发明了。从哥白尼开始，从伽利略开始，技术的方法密密麻麻地、迅猛地和一个一个地到来，它们都带着同样的目的——从周围世界榨取无机的力量，利用它们代替人和动物来做事。

随着城镇的生长，技术变成了资产阶级。那些哥特式僧侣的继承人是有教养的世俗的发明者，机器的熟练牧师。最后，随着理性主义的来临，对技术的信仰几乎成为一种唯物主义的宗教。技术就像上帝那样是永恒的和不朽的，技

① *Decline of the West*, English edition, Vol. Ⅱ, pp. 499 et seq.

② 毫无疑问，甚至迁徙到那里的西班牙人、葡萄牙人和法国人，其中大部分肯定是地理大迁移时代的野蛮征服者的后代。其他人则是那些从凯尔特人、罗马人和撒拉逊人中延续下来的种族中的人。

术就像上帝那样拯救人类，技术就像上帝那样照亮我们。它的信徒是现时代的相信进步的芸芸众生，这一时代从拉美特利延伸到列宁。

事实上，发明者的热情跟他的发明会带来什么样的后果完全没有什么关系，起作用的是他个人的生活动机，是他个人的快乐和悲哀。出于发明者自己的缘由，他所想要的是他克服困难问题时所取得的胜利，他所想要的是发明给他所带来的财富和声誉。至于他的发明是有价值的或者是一种威胁，是创造性的或者是毁灭性的，他对此没有丝毫的兴趣。的确也没有任何一个人能够事先预知这一切。“人类的技术成就”的影响是永远不会被预见的——另外，顺便说一句，“人类”无论如何从来就没有发现什么东西。化学发现，就像合成靛蓝染料的发现，以及（我们马上将会见证的东西）合成橡胶的发现，打乱了整个国家的生活。能量的电的输送，来自水的能量的可能性的发现，不仅降低了欧洲原有的产煤区的价值，而且也降低了这些产煤区居民的价值。这些担心曾经让发明者停止他的发明吗？对此抱有幻想的人对于人类捕食动物的天性所知甚少。所有伟大的发现和发明都来自强大者胜利时的快乐。这些发现和发明是发现者和发明者人格的表达，而不是芸芸众生的实用性思想的表达，虽然这些芸芸众生只不过是事件的旁观者，但是他们必须承担由此所导致的后果，而不管这些后果会是什么。

这些后果是巨大的。小小的一群天生的指挥者、承办人和发明者，迫使自然执行工作，这些工作可以用成千上万的……马力来测量，面对这一事实，人类体力的总量是如此之小，以至于可以忽略不计。虽然我们对自然的理解还像以往寥寥无几，但是，我们的的确确知晓工作假设（working hypothesis）——并不是“真正的”知道，而仅仅是适当的知道——这些假设让我们能够迫使自然服从命令，人们通过最轻微地碰触开关或者杠杠时所传达的命令。发现的步伐成长得非常快，而且——这一点必须被记住——人类的劳动并没有因此而被节省。必需的人的数量随机器的数量而增长，因为技术的享受超过了每一种其他类型的享受①，人的生命越来越成为人造物。

由于机器的发现——所有可能反抗自然的武器中最精巧的——企业家和发明者基本上把他们所需要的人手的数量致力于机器的生产，机器的运行

① 比较一下 17 世纪和 19 世纪工人阶级的生活条件，也把城市工人一般的生活方式与农民一般的生活方式比较一下。

（它是由无机的力量——蒸汽或者空气的压力、电能、水能——来操作的）从煤炭、石油和水中解放了出来。然而，这一区别危险地突出了指挥者和服从者之间精神上的紧张关系。指挥者和服从者不再彼此理解。在基督以前的千年中，那些最早的“企业”要求所有参与者在理智上相互合作，他们必须知晓和感受到“企业”的方方面面。所以，在这些“企业”中，曾经有着一种情谊，非常像我们今天在体育运动中所看到的那种东西。然而，哪怕是在巴比伦和埃及的巨大建筑的年代，这一情况也不复存在。单个的劳动者，既不能理解对象，也不能理解作为一个整体的企业的目的，对于这些他们是漠不关心的，甚至可能是充满敌意的。“劳动”是一种诅咒，正如伊甸园中的故事。自从 18 世纪以来，无数的“手”致力于这样的事情，对于这些事情，生命之中的真正的角色（即使这些事情影响到他们）是完完全全的不知情的；这无数的“手”还致力于这样的创造，对于这些创造，他们并没有发自内心地分享。一种精神上的不育症来临并扩散开来，一种使人心寒的单调（没有高度或者深度）也是如此。痛苦唤醒了被赐予天赋的那些人的生命，也就是天生的创造者的生命。人们不再看得见，也不再能够理解，指挥者的工作是更加艰难的工作，他们自己的生命依赖于指挥者的工作的成功；他们仅仅能够看到，这一工作正在让从事这一工作的实干家幸福，正在和谐和丰富实干家的灵魂，这就是前者为什么会恨后者。

## 三

然而，实际上，以任何一种方式去改变机器 - 技术的命运，要么超出了大脑的力量，要么超出了手的力量，因为机器 - 技术的发展已经超出了内在的精神上的必要性，现在，它正朝向它的完成和终结迈进。今天我们站在了顶峰，站在了这一点，一个第五行动正在启动的时刻点。最后的决定正在发生，灾难正在来临。

每一个高级文明都是一个灾难 。作为一个整体的人类的历史是悲惨的。尽管如此，浮士德式文明的亵渎和灾难比所有其他的文明都要大，比任何埃斯库罗斯或莎士比亚曾经想象过的亵渎和悲惨都要大。创造物正在起来反抗它的创造者。正如人类这一小宇宙曾经反抗自然一样，今天机器这一小宇宙正在反抗北欧人。世界的主人正在变成机器的奴隶，这一机器正在迫使人类——迫使我们所有人，不管我们意识到这一点，还是没有意识到这一点——服从机器的目的。胜利者，在被猛烈碰撞后，被一团机器拖向了死亡。

在20世纪开端，在这一小小星球上的“世界”的外观多多少少就是这一类型。在英国人、德国人、法国人和美国人的领导下，一组北欧血脉的民族掌控了形势。它们的政治力量依赖于它们的财富，而它们的财富又在于它们的工业力量。然而，这相应地与煤的存在捆绑在一起。在某种程度上，德国人凭借几乎是一种对已知煤田的垄断来获得安全，而这已经导致他们的人口倍增，这一倍增是史无前例的。在煤田的山脉上，在通信线路的交点上（各种信息由此散发），一群超大规模的人会集于此，他们由机器－技术哺育，为机器－技术工作，靠机器－技术为生。其他地方的人——不管是以殖民地的形式，还是名义上的独立国家——被指定为提供原材料的角色和销售产品的市场。这一功能的划分是通过陆军和海军来实施的，为维持这一划分预先假设了工业上的财富，这一划分一直也是流行的——它是通过这样一种彻头彻尾的技术来实施的，以至于它们也是通过按一下按钮来启动的。政治、战争和经济的根深蒂固的关系——几乎是同一地——再一次地把自身展露出来。军事力量的级别是依赖于工业的强度的。国家在工业上的贫穷是全方位的贫穷，因而，它们无法养活一支军队或发动一场战争。同样，它们在政治上是虚弱的，另外，由此导致的后果是，在这些国家中的工人（无论是指挥者还是追随者）都是它们对手的经济政策的人质。

与负责执行的人的数量巨大相比——它们是这幅图景的唯一部分，这幅图景是由不安分所构成的——少量创造性大脑（承办者、组织者、发现者、工程师）的指挥或工作之不断增长的价值不再被理解和重视①；只要这一点被丝毫不差地贯彻，那么，实用性的美国把它看得最高，而德国“诗人和思想家的故乡”则把它看得最低。“如果车轮站在那里一动不动，你那趾高气扬的手臂又能做些什么呢?”这一低能者的谚语遮蔽了饶舌者和三流作家的大脑。即使是一只绵羊，如果它掉进机器的话，它也将能被生产出来。但是，为了发明这些车轮并让它们工作（目的是提供那些具有自己生命的“强壮的手臂”），

① *Decline of the West*, English edition, Vol. Ⅱ, pp. 504 et seq.

在这里这些仅仅是那些少数具有天赋者才能做到的事情。

这些不被理解和被仇恨的指挥者，是具有坚强品格的“一群人”，具备一种不同于上述类型的人的心理特征。他们没有丢掉捕食动物在用它的爪子抓住浑身哆嗦的猎物时的胜利情感，没有丢失哥伦布在看见地平线上的大陆时所具备的情感，没有丢失莫尔特克[①]在色当（Sedan）看到敌人炮台的堡垒被伊利(Illy)[②] 彻底摧毁、普鲁士胜利在握时的情感。人类经历如此这般的时刻和顶峰，轮船建造者，当一艘巨大的班船滑进它的航道的时候他也享有过，而发明者，当他的机器被升起和被观察到在“壮观地运行”的时候，或者说当他的齐柏林飞艇[③]离开地面的时候，这种享受在他身上也出现过。

然而，正是由于当代的这一灾难，那种毫无羁绊的人类思想不再能掌握它自己的后果。当物理学理论从现象中提炼它的知性抽象达到这样一个高度，以至于（用不着清楚明白地查看那些事实）它到达了人类知性的纯粹基础的时候，技术已成为像它所运用的高等数学那样深奥的东西。[④] 世界的机械化已进入了一个极其危险的过度紧张的阶段。地球的图像，包括它的植物、动物和人类，已经发生了改变。在短短几十年，大部分的大森林已经被毁，被做成了白报纸，气候变化因而也开始运行，这一变化使整个人类的经济大陆陷入危险之中。无数动物的种类已经灭绝，或者说即将灭绝，比如野牛；人类多处的整个种族接近灭绝点，就像北美的印第安人，以及澳大利亚人。

在组织化的掌控之下，所有有机的事物都在垂死挣扎。一个人造的世界正在渗入自然界，正在毒化自然界。文明自己本身已经成为一部机器，这一机器以机械的方式操纵，或者说试图操纵一切事物。现在，我们仅仅依据马力来思考。如果不在心智上把它变成电能，我们就无法看到一个瀑布；如果不考虑把它作为一个金属材料供应的来源来开发，我们就无法测量一个漫山遍野都是放牧中的牲畜的乡村；如果不去希望用一个现代化的技术过程来取代它，我们就

---

① 莫尔特克（Helmuth Karl Bernhard von Moltke，1880 - 1891），普鲁士和德意志名将，俾斯麦的总参谋长，军事家，亦称老毛奇，在普法战争中莫尔特克于色当大败法军，其诀窍是充分利用现代化的机器、铁路和通信，因而他成为现代化战争的开创者。——译者注

② 指德国克虏伯兵工厂生产的新式后膛炮，号称 Illy（意思是“坏家伙”）。——译者注

③ 齐柏林飞艇是一系列硬式飞艇的总称，是德国著名飞船设计家斐迪南·冯·齐柏林（Ferdinand von Zeppelin）设计的，它因能力较同时期飞机更为优秀、可装载大型货物而在航空事业早期具有辉煌业绩。——译者注

④ *Decline of the West*, English edition, Vol. Ⅰ, pp. 420 et seq.

无法看到一个尚未受到破坏的原始种族的美丽而又古老的手工业。我们的技术思考必定有它的自我实现，这一实现可以被我们感知，或者不能被我们感知。机器的乐趣是一种思想上的必要性的后果。在最后的分析中，技术是一种象征，就像它的隐秘的概念，就像它的永恒运动——一种精神和智力上的必要性，但不是维持生命所需的必要性。

以多种多样的方式，技术甚至正在开始与经济活动发生矛盾。它们的分裂已经在每一个地方都显露出来。机器，通过它的增值和改良，最终击败了它自己的目的。在大城市，有马达的汽车因其数量（的庞大）而摧毁了自己的价值，人们用脚走比拥有马达的汽车还要快。在阿根廷、爪哇和别的地方，小型耕种者简简单单的马拉的耕种已经显示出自己在经济上与大型马达设备相比的优越性，并正在让后者出局。在许多热带地区，具备自己原始劳动方式的黑种人或棕色人种已经是白种人的现代耕种技术的危险的竞争对手。另外，在古老的欧洲和北美，白种工人对于他的工作正焦虑地变得寻根问底。

当然，谈论煤田在少数几个世纪内的迫在眉睫的耗尽，以及谈论由此而导致的后果是没有意义的（就像在 19 世纪这样做是时髦的）——在这里，再一次，唯物主义时代，除了唯物的思考之外，它一无所有。且不说通过石油和水能的替代来达到对煤炭的事实上的节省，在不久的将来，技术的思维仍然会去设法发现和开发完全不同的能量来源。最后，这么早就担心是不值得的。因为到那个时候，西方的欧洲人和美国人的技术自己本身将会被终结。没有什么愚蠢的繁枝末节——比如物质短缺——将能支撑这一巨大的进化。在这一进化内部起作用的思想在其顶峰上持续多长时间，达到其目的的方法就持续多长时间。

然而，它在这些高峰上将会停留多久呢？哪怕仅仅以现有的规模——如果它们能够得到维持的话，我们的技术方法和技术装置要求，比如十万个杰出的大脑，如组织者、发现者和工程师。这些必须是强有力的——不仅如此，甚至还是创造性的——才智，以及对他们的工作的热情。事实上，正是这一召唤，在最近的五十年中不可抗拒地吸引了最强有力和最能干的白种年轻人。甚至是儿童也同技术的东西玩耍。在城市里的各个班级和家庭（他们的孩子主要在这一种关联上考虑），已经存在着一种安逸和文明的传统，以至常见的前提条件是装备那种成熟和后期的产品，也就是技术智力（technical intellectuality）。

然而，在最近几十年，在大规模的工业久久地停滞不前的每一个国家，所有这一切正在发生改变。浮士德式的思想开始了对机器的厌恶。这种厌倦正在弥漫，一种对于与自然抗争的和平主义开始弥漫。人们正在返回各种比较单纯的生活方式，返回各种更贴近大自然的生活方式；他们把时间花费在运动上，而不是花在技术试验上。大城市正在变得憎恶他们，他们将乐意逃离冷冰冰的事实压力，乐意逃离技术组织明确无误的冰凉氛围的压力。准确地说，正是那些强大和创造性的天才，他们厌恶实用性的问题和科学，走向纯粹的沉思。神秘主义者和通灵术，印度教哲学，在基督教或异教徒面具下的形而上学的研究——所有这一切在达尔文主义时期都受到鄙视，它们卷土重来。这是奥古斯都大帝时代的罗马精神。出于对生活的厌腻，人们离开文明，求助于地球上更加原始的部分，求助于流浪生活，求助于自杀。天生指挥者与机器的战争正在爆发。每一个大企业家都有机会看到，他的新雇员的智力质量有一个下降的趋势。然而，19 世纪的宏伟技术发展可能是唯一例外，因为这个世纪的智力水平是连续不断地越来越高。即使是一个固定的状态，缺乏一种事实上的下降，也是危险的，并指向一种终结，而不管有多大数量和多么好的受教育的人口准备好了参加工作。

对于他们来说，这是怎么啦？在指挥者和执行者的工作之间的紧张关系已经达到了一个灾难性的水平。前者的重要性——在前者中每一个真正人格的经济价值已经变得如此大，以至于它对大多数下属来说是看不到的——是无法理解的。至于后者，手的工作，单个的个体现在完完全全地是没有意义的。只有数量还起作用。意识到事物的这一不可更改的状态，又因自私自利的演讲家和新闻记者的恶化、毒化以及经济上的剥夺，大众是如此的孤立无助，以至于只有以纯粹的人性来反抗这一角色——机器（而不是，正如他们所想象的，机器的主人）象征着他们的绝大部分。以不可胜数的形式——从蓄意的破坏、罢工到自杀——开始了手对他们命运的反抗，开始了手对机器的反抗，开始了手对有组织的生活的反抗，开始了手对任何事情和每一件事情的反抗。工作组织，它建立在“集体行为”这一概念和随后的对指挥者和追随者的劳动、大脑和手的劳动的划分之上，虽然它已经存在了几千年的时间，这一组织正在从根基处分崩离析。然而，“群众”顶多是一种否定（特别地，对组织概念的一个否定），至于它自身则没有什么价值。一支没有指挥官的军队，只不过是一群多余的和孤立无助的人。[①] 乱七八糟的碎片和废钢不再是一座建筑。这一叛乱，世界范围的叛乱，威胁着要终结技术的经济工作的可能性。指挥者们可能逃跑，但是，由于数量太多，追随者们却被遗弃了。它们的数量正是它们的致命之处。

然而，开始坍塌的第三个和最严重的象征在于我可以称之为对技术之反叛的东西。虽然我所提及的东西每一个人都知道，但是，作为一个整体它从来没有被正视过，由此导致的后果是，它的致命意义从来没有展示过自己。在19世纪的后半叶，西欧和北美在每一种权力上——经济的与政治的、军事的与金融的——所享有的巨大的优越性奠基于一种无可比拟的对工业的垄断。大工业仅仅是与那些北欧国家的煤田相联系的可能性。世界其他部分的角色是吸纳产品——出于实用的目的，殖民政策总是指向开辟新市场和新原材料来源地，而非发展新的生产基地。当然，虽然其他地方也有煤田，但是，只有白人工程师知晓如何获取它们。我们的占有是唯一的，我们并非对物质材料的占有，而是对方法和受过训练的智力（为了技术的使用所需要的智力）的占有。正是这个，构成了白种工人奢侈生活的基础——与“土著”[②] 的收入相比，他们的收入是豪华的——一种马克思主义欺诈地用来达到它的破坏性目的的处境。今天，这一切正报复在我们身上，从现在开始，进化将因失业问题而变得复杂。白种工人的高工资水准（这一水准在今天对于他的真正生活来说是一种威胁），依赖于工业指挥者为他所创造的垄断。[③]

因此，在上一个世纪终结之际，盲目的权利意志犯下了它的决定性错误。在每一所高等学校，在印度人和日本人的让人惊讶的顺从（这一顺从能够让“白种人”高兴）中，“白种人”不是严格地保守他自己的技术知识的秘密（这些知识构成他们最大的财富），而是沾沾自喜地，以口头和书面的形式，把他们的技术知识提供给世界上所有人。著名的“工业传播”开始了，它是由这一观念推动的——通过把生产过程带入销售地区可以得到更大的利润。所以，代替独有的已经完成了的产品的出口，他们开始了秘密的出口，开始了工

① 打着新的经济、军事和经济组织的旗号（这些正是它所摧毁的），苏联政权最近15年一直试图做的事情可以说是一事无成——除了将它们一一复原之外。

② 无须更进一步的研究，农业工人和钢铁工人之间的工资所存在的矛盾就是这一现象的证据。

③ 在这一意义上，包括苏联和欧洲南部和西南部部分地区的居民。

艺流程的出口，开始了方法的出口，开始了工程师和组织者的出口。甚至，发明者移民，比如去苏联，如果它能够在它的团队中利用他们而不是驱逐他们。所以，最近“土著”看到了他们的秘密，理解他们，并充分地运用他们。在30 年的时间内，日本人成为第一流的技术人员，在与俄国人的战争中他们展现了一种技术上的优越性（从这一优越性中他们的教师能够学到很多的经验教训）。今天，每一个地方——远东、印度、南美、南非——或多或少地，它们的工业地区正在形成，或即将形成，由于它们的较低的工资水平，这些地方将使我们面临一个致命的竞争。白种人的无懈可击的特权被抛弃了，被挥霍了，被背叛了。其他地方的人赶上了他们的指导者。很可能——加上他们古老文明的熟透了的智慧——他们已经超越了他们的指导者。哪里有煤田，或者哪里有石油，哪里有水能，哪里就有一种新的武器被打造出来，用来反抗浮士德式文明的致命要点。被剥夺的世界开始报复它的主人。无数的其他人种——至少是跟白种人一样的聪明，且远不及白种人那么急迫——将会在它的根基处动摇白种人的经济组织。同当地的非熟练工人相比，白种工人的习以为常的奢侈将会是他的厄运。白人的劳动本身将会成为没有市场的。集中在北部煤田地区的巨大的人群，宏伟的工业工程，投资在它们身上的资本，整个城市和地区，面临着在竞争中破产的可能性。生产重要性的核心稳定地从这里搬离，特别是自从其他人种对于白种人的尊敬被世界大战所终止之后。这是失业在白人国家流行的真实原因，也是最终原因。这不仅仅是危机，而且也是一种灾难的开始。

对于这些“有色”民族来说（这一意义上，俄国人包括在内），浮士德式的技术绝不是一种内在的必要性。仅仅浮士德式的人才以这一形式思考、感受和生活。对于浮士德式的人来说，这是一种精神上的需求，并非依据它的经济上的后果，而是根据它的胜利的果实——“如果有必要去航行，那就没有必要住下来。”[①] 与此相反，对于“有色”人种来说，它只不过是一种他们与浮士德式的文明进行战斗的武器而已，一种像一颗来自森林中的树木一样的武器，他们利用它就像使用房屋木材一样，一旦达到其使用目的，它马上就被丢弃。这一机器 - 技术将会以浮士德式的文明为终结，终有一天，它将变成碎

① 原文为拉丁文“navigare necesse est，vivere non est necesse”——译者注

片，将会被人遗弃——我们的铁路和蒸汽轮就像罗马的大道和中国的长城一样死气沉沉，我们巨大的城市和摩天大楼就像古代的孟菲斯和巴比伦一样残破不堪。这一技术的历史正在快速地走进它不可避免的终结。它将会从内部被耗尽，就像任何一种伟大的文明形式一样。它将在什么时候终结，它将以何种方式终结，我们一无所知。

在我们面对这一命运之时，只有一个配得上我们世界的未来，这一未来一直被看作阿喀琉斯的选择——一个短暂、充满英雄业绩和荣耀的人生，比一个漫长但无所作为的人生更好。对于每一个体，每一阶级，每一民族来说，危险已经是如此之大，以至需要珍惜每一个梦想，而不管这一梦想可能会多么悲惨。时间并不容许自己停顿下来，谨小慎微的退却或自作聪明的放弃都是不可能的。只有梦想家才会相信有逃生之路，乐观主义者是懦夫。

我们生来就被抛入这一时代，我们必须勇敢地踏上这条注定会终结的道路，没有其他道路可供选择。我们的责任，就是坚守被遗忘的位置；没有希望，没有救援，就像那位在维苏威火山①爆发期间死在其岗位上的（因为其他人忘记了去拯救他）、骨头在庞培②门前被找到的罗马战士。这，就是伟大。这，就是成为一个血统纯正的人所表达的意思。高尚的终结是这样一种东西，这种东西是无法从一个人身上被剥夺的。

---

① 维苏威火山（Vesuvius），位于意大利西南部，欧洲大陆唯一的活火山。——译者注

② 庞培（Pompeii），意大利古都，公元 79 年火山爆发，全城被淹没。——译者注

# 恩斯特·布洛赫与德国统一社会党的修正主义批判*

K. 伦克 文/金寿铁 译**

[内容提要] 1948年，恩斯特·布洛赫结束美国的流亡生活（1938～1948）回到德国，任莱比锡大学哲学系教授。起初他与当局倒也相安无事，他的代表作《希望的原理》第1卷、第2卷由东德建设出版社相继出版，1955年布洛赫获得东德国家奖，被选为德国科学院会员。但是，1956年随着波兰、匈牙利事件以及苏共二十大的召开，布洛赫与以乌布利希为首的东德当局龃龉不断，关系走入低谷，他被定性为“修正主义”分子，他的希望哲学被贴上“修正主

---

* 近年来，国内学界对德国马克思主义哲学家恩斯特·布洛赫（Ernst Bloch，1885－1977）作品的翻译和研究不断增加，前景广阔。鉴于国内学界和读者对布洛赫在东德期间（1948～1961）的经历不甚了解，作为背景资料，特选译这方面的学术文献发表于本刊。在翻译过程中，译者曾得到德国路德维希港恩斯特·布洛赫中心（Das Ernst-Bloch-Zentrum）主席克劳斯·库费尔德（Klaus Kufeld）教授的多次指教，在此谨表感谢。本文译自《弗莱堡大学学报》1965年8月第9期，第55～62页（*Freiburger Universitätsblätter*，Heft 9/August 1965，SS. 55－62）。原标题为《恩斯特·布洛赫与德国统一社会党的修正主义》（Kurt Lenk，Enst Bloch und der SED-Revisionismus）。

** 库尔特·伦克（Kurt Lenk，1929－），德国政治史家，1956年在阿尔多诺、霍克海默、卡洛·施密德指导下获博士学位，1966～1972年出任埃尔朗根－纽伦堡大学教授，之后出任亚琛工业大学政治学研究所所长至1996年退休。主要著作有《意识形态：意识形态批判与知识社会学》（1984）、《知识社会学中的马克思：关于马克思意识形态批判接受研究》（1986）、《新右派先驱》（1997）、《从马克思到批判理论：三十个干预》（2009）等。金寿铁，1955年生，吉林伊通人，哲学博士，吉林师范大学马克思主义学院教授、吉林省社会科学院哲学与文化研究所研究员，研究方向为德国哲学、国外马克思主义研究。

义”标签。1957 年布洛赫被勒令退休，他不仅被禁止在大学授课和讲演，还成为东德国家安全局的秘密监视对象。1961 年布洛赫离开东德莱比锡，移居西德图宾根。布洛赫死后，1989 年在东德被恢复名誉。

[关键词] 布洛赫 希望哲学 德国统一社会党 修正主义

在宗教与世界观运动的历史中，正统观念、正统说法以及偏离它的异教徒的自白之间的冲突总是花样翻新、死灰复燃，而这方面的实例可谓比比皆是、不胜枚举。千百年来，也许从官方公布的教义中“排除”这种偏离的形式和方法经历了多种变化：剩下的就是“神父”反对“傻瓜”的敏感性，也就是提防自身行列中的那些怀疑论者和怀疑者。然而，这些“傻瓜”的功劳却早就存在，正如波兰哲学家科拉科夫斯基①所称呼的那样，在看似无可置疑的批判中，这个人义无反顾，有勇气做出自己的独立判断。他们的哲学“是这样一种特立独行的哲学，那就是在每一时代中，它都恰恰把坚如磐石、普遍有效的东西揭露为令人怀疑的、悬而未决的东西。”各种各样的异议（Widersprüche）恰恰表现在，无情揭露表面上看似显而易见、无可争议的东西。这种异议使所有所谓的健全的人类知性的不言而喻的道理都成为十分可笑的东西，而且在看似荒诞不经的东西中，揭示理性的本性。

迄今为止，在苏联东欧一党制体系中，发生了旷日持久、针锋相对的意识形态争论。大多数争论都在“与修正主义斗争!”（Kampf dem Revisionismus!）这一口号下实施的。在所谓的修正主义思潮下，人们对“修正主义”② 一词的具体理解同样是多层次的、充满矛盾的。唯一可以肯定的是，按照官方的版本，修正主义是这样一种尝试，它试图放弃或质疑斯大林之死以来被标明为马

---

① 莱谢克·科拉科夫斯基（Leszek Kolakowski，1927 - 2009），波兰哲学家，著有三卷本《马克思主义主流》（1978）、《宗教：如果没有上帝》（1982）、《我对一切事情的正确观点》（2005）等。

② “修正”（拉丁文 reisio）的含义是“修改、重新审查”，而“修正主义”（拉丁文 revidēre）是指对普遍接受的历史、政治、科学知识和地位再次质疑、重新评估或重新解释。在国际共产主义运动历史上，所谓的“修正主义”（Revisionismus）特指“歪曲、篡改、否定马克思主义的资产阶级思潮和政治势力，即打着马克思主义旗号反对马克思主义的机会主义思潮”。——译者注

克思列宁主义核心的历史唯物主义和辩证唯物主义成分。按照赫尔曼·莱[①]的理解，“修正主义意味着资产阶级意识形态侵入马克思主义。修正主者并不是马克思主义者。即使他们从上下文中断章取义地背诵马克思主义理论的片段，他们也绝对不是马克思主义者”。

## 一

因此，过去和现在匈牙利哲学家和文学史家格奥尔格·卢卡奇[②]、哲学家恩斯特·布洛赫[③]以及铁托主义[④]都被视为修正主义。然而，这里所谈的并非世界范围内的修正主义问题，而仅仅是国际争论中一个比较具体的问题，即过去几年中，在东德[⑤]党的思想家的统治下，恩斯特·布洛赫（Ernst Bloch）哲学所引起的那些辩论。

当然，在此我只能涉及最基本的论点，然而，只要仔细观察在东德的“意识形态清洗的目标与方法”，就大体上提供了可资参考的线索和启示。布洛赫属于新马克思主义的伟大先驱。在魏玛共和国[⑥]时期，他就已经通过既富于独创性又有争议的马克思主义理论文章而引起了巨大轰动。从他的发表于1918 年的早期作品《乌托邦的精神》[⑦] 到他在美国流亡期间撰写，但在 50 年

① 赫尔曼·莱（Hermann Ley，1911 – 1990），德国哲学史家，主要致力于研究启蒙运动、无神论、科学哲学，著有《无神论、唯物主义、政治》（1978）、《启蒙运动与无神论的历史》（1980）、《从意识到存在：从黑格尔到马克思的历史哲学比较》（1982）等。

② 格奥尔格·卢卡奇（Georg Lukács，1885 – 1971），匈牙利马克思主义哲学家、美学家和文学理论家。著有《小说理论》（1916）、《历史与阶级意识》（1923）、《社会存在本体论》（1971）等。

③ 恩斯特·布洛赫（Ernst Bloch，1885 – 1977），德国马克思主义哲学家，著有《乌托邦的精神》（1918/1923）、三卷本《希望的原理》（1959）、《世界的实验》（1972）等。

④ 铁托主义（Titoismus），以南斯拉夫社会主义联邦共和国领导人约瑟普·布罗兹·铁托（Josip Broz Tito，1892 – 1980）命名的一种具有南斯拉夫特色的社会主义政治思想体系。由于南斯拉夫拒绝服从由苏联莫斯科发布的命令，在苏联和南斯拉夫之间产生了重大的分裂与对立。

⑤ 德意志民主共和国（DieDeutsche Demokratische Republik），简称民主德国（DDR），通称东德，是存在于 1949 年到 1990 年的一个苏联模式的东欧社会主义国家。

⑥ 魏玛共和国（Weimarer Republik），1918 年至 1933 年期间采用民主共和制政体的德国，于德意志帝国在第一次世界大战中战败、霍亨索伦王朝崩溃后成立。由于这段时间施行的《魏玛宪法》是在魏玛召开的国民议会上通过的，因而得此名称。

⑦ E. Bloch，*Geist cler Vtopie*（*1918/1923*），Frankefurt/Main，Suhrkamp Verlag，1964/1977.

代东柏林发表的作品《希望的原理》①，前后横跨一个非常多产、跌宕起伏的生活弧线。布洛赫从未拘泥于预设的人生轨迹，在所有作品中，布洛赫都重新证明自己是最伟大的异端之一。他于 1921 年首次出版神学家托马斯·闵采尔的传记②绝不是没有理由的。

布洛赫自己把这部早期作品称为《乌托邦的精神》的尾声，但在他的成熟的三卷本巨著《希望的原理》中，我们仍可发现其革命浪漫主义的尺度和规定。纳粹夺取政权后，布洛赫首先去了瑞士，然后是捷克斯洛伐克，最终到美国寻求庇护。1949 年他受聘担任莱比锡大学哲学教授。自从 1961 年移居联邦德国以来，布洛赫一直生活在图宾根。关于他的特有的说服力——不仅是出自他的作品，而且是出自他的人格——有一个早期的至今鲜为人知的证词。

这份证词见之于 1924 年自愿结束生命的阿尔弗雷德·赛德尔③的一封信中。在与布洛赫第一次相遇后，赛德尔这样描写了他的惊人的人格和思想特征："海德堡，1920 年 3 月 2 日：无奈就像一只被猎杀的野兽，我乱跑了好几天，走到我的精神上的敌人，一个格鲁吉亚人的面前，甚至不由自主地向他坦白了我的软弱无能。一个艰难时刻的抉择……直到我结识我们时代的少数天才之一。他通过他的'如此之在'（Sosein）给我指明，一个新的文化正在兴起……一个独创的、神秘的共产主义的无政府主义者，哲学上受过精心全面训练的、肆无忌惮的个性、力量型人、体内的魔鬼、强烈的虔诚感等。与他在一起，简直痛苦不堪，除了自卑情结的无情折磨外，那就是当看似可爱和靠得住的精神外壳被撕开之后，对这个领袖产生了极度的仇恨，还有怀疑、攻击的冲动、无力。"年轻的阿尔弗雷德·赛德尔吃惊地觉察到布洛赫的思想具有消解所有固定不变的立场的效应，这种效应正是今天仍然被标明为"弥赛亚马克思主义者"（Messianischen Marxisten）的某种否定的辩证法的力量。

由于他的哲学的这一批判功能，布洛赫在莱比锡期间也赢得了一些最活跃的反对派学生的好感和尊重。布洛赫主持了莱比锡卡尔·马克思哲学研究所七

---

① E. Bloch, *Das Prinzip Hoffnung*, Frankefurt/Main, Suhrkamp Verlag, 1959.

② E. Bloch, *Thomas Münzer als Theologie der Revolation*, Frankfurt/Main, Suhrkamp Verlag, 1969.

③ 阿尔弗雷德·赛德尔（Alfred Seidel, 1895 - 1924），德国社会学家、社会哲学家，1924 年 10 月自杀身亡，著有《意识作为命运》等。

年之久，但是，在这所研究所中，由党任命的监护人很快作为一座独立的精神堡垒出现了。

## 二

虽然布洛赫亲密的学生圈子一直局限在一个可控的小组范围内，但是，20 世纪 50 年代初，在科学出版物以及学术讨论中，这个小组的影响已经清晰可见，而这种影响借助于 1956 年匈牙利事件[①]达到了顶点。尤其值得注意的是，1953 年由沃尔夫冈·哈里希[②]和布洛赫编辑的《德国哲学杂志》中，出现了一个非正统的马克思主义思想论坛，其存在对于捍卫意识形态圣杯的党的忠诚守护人而言，很快成了眼中钉、肉中刺。除了《周刊星期日》（*Der Sonntag*）之外，这个后来被谴责为修正主义刊物的《德国哲学杂志》（*Deutschen Zeitschrift für Philosophie*）成为知识分子反对派反抗乌布利希[③]国家官僚统治机构的代言人。在这部科学杂志中，编者写道："除了法国、波兰和苏联的马克思主义哲学家之外，正如稍后的布洛赫一样，格奥尔格·卢卡奇在参加纳吉[④]政府之后，也被指控为修正主义者。"

1955 年 11 月《德国哲学杂志》编辑部发表一篇社论，这篇社论除了涉及一些自我批判的言论之外，已经包含对编者的首次严厉责备。但是，不难发现，在这篇社论中毕竟还有勇气拒绝这样一种教条主义看法，即马克思列宁主义学说体系已经臻于完善，哲学、政治经济学、科学社会主义三个组成部分已

---

① 匈牙利事件（Ereignissen in Ungarn），1956 年 10 月 23 日至 11 月 4 日发生在匈牙利的由群众和平游行而引发的武装暴动。在苏联的两次军事干预下，事件被平息，此次事件共造成约 2700 名匈牙利人死亡。

② 沃尔夫冈·哈里希（Wolfgang Harich，1923 - 1995），哲学家、记者和东德最重要、最有争议的马克思主义的知识分子之一。1957 年 7 月因反对乌布利希政权，主张特殊的德国社会主义道路，以"阴谋颠覆集团"之名被判了十年有期徒刑。

③ 瓦尔特·乌布利希（Walter Ulbricht，1893 - 1973），东德政治家，曾任德国统一社会党中央委员会总书记（1949 ~ 1953）、德国统一社会党主席（1971 ~ 1973）、德意志民主共和国国务委员会主席（1960 ~ 1973）等要职。

④ 纳吉·伊姆雷（Nagy Imre，1896 - 1958），匈牙利共产党和匈牙利人民共和国的主要缔造者之一，匈牙利社会主义改革的先驱。1953 ~ 1955 年任总理，主持改革，1956 年匈牙利十月事件期间，纳吉再次出任匈牙利总理，组织多党联合政府，试图摆脱苏联控制。苏联出兵后，他在南斯拉夫大使馆避难，被送往罗马尼亚。后被押解回国，经公审后遇难。

经圆满完成，其中，所有的哲学问题都已经得到澄清。对于德国统一社会党①理论家的制度马克思主义来说，这样一种观点似乎是这时不可动摇的教条式的基本原理。

例如，在1957年4月由莱比锡卡尔·马克思大学②哲学研究所德国统一社会党的领导特意举办的“关于布洛赫哲学问题会议”上，其发言人之一就强调了党的官方意识形态的体制统一和团结一致：“作为马克思主义哲学和辩证唯物主义的不可分割的重要组成部分，历史唯物主义是关于社会一般规律和范畴的科学。”

对于这个代言人而言，作为全体，一切社会结构和发展都包含了哲学基本问题，并且原则上，这一基本问题与迄今为止个别科学所解决的经验和成果相适应。在马克思列宁主义的“团结一致”（Geschlossenheit）与“开放性”（Offenheit）这一问题中，恰好包含了自1951年以来东德各种会议上间或引起热烈争论的那些哲学讨论。1956年3月，在柏林举行的所谓的“自由大会”（Freiheitskonferenz）上，出现了严重分裂和对立局面。这里除了恩斯特·布洛赫，还有沃尔夫冈·哈里希和年轻的波兰哲学家科拉科夫斯基，他们成了一种创造性的、人道主义的社会主义的代言人。在一份研究社会主义体制中个人与社会之间紧张对峙的报告中，科拉科夫斯基特别反对官方反复提出的主张，即“社会主义自动……废除了个人利益与社会利益之间的对立”。与此针锋相对，科拉科夫斯基阐述了一种社会主义权利观：“在社会主义社会中，个体也面对全体。”因此，问题取决于推进一种社会状态，“在这种状态中，主观自由可以扩展到最大程度”。

在同一个会议上，布洛赫做了关于在“民主德国”自由受到普遍限制的总结性发言。在这种情况下，他转而反对风靡一时的“艺术上平庸的好为人师、吹毛求疵”现象。他认为，不能把自由简单地等同于“对必然的认识”。因为这样一种定义会完全无视马克思主义的革命冲动。在哲学家当中，随着这位最优秀的头脑做出的开放性示范行为——这种示范行为尤其在学生，艺术家

---

① 德国统一社会党（Sozialistische Einheitspartei Deutschlands，SED），东德政党，1946年4月由苏占区的德国共产党与德国社会民主党合并组成，第一任中央委员会总书记为瓦尔特·乌布利希。自德意志民主共和国建立后，该党一直执政到1989年东德消亡。

② 即莱比锡大学，曾命名为“莱比锡卡尔·马克思大学”（1953～1991）。

和作家的圈子中引起了强烈的共鸣——僵化的教条式的德国统一社会党突然发现自己被挤入了一种防守状态。这种境况逼真地再现了国家认可的意识形态的盲目复述者已经措手不及、捉襟见肘，由于在公开讨论的氛围中，无保留地讨论自身的根据，所以，这种氛围也势必席卷他们的头。因此，党颜面扫地，威信全无，丧失了迄今在知识分子当中相对无可争辩的权威。然而，在匈牙利暴乱失败之后，这个被打上反革命烙印的暴乱却死灰复燃、卷土重来。1956 年 11 月《德国哲学杂志》的两位编辑被勒令退休。就像从前雅典法庭指控过苏格拉底诱惑青年一样，东德当局在他们那里也发现了一种对青年的危险诱惑。外部事件就是这样。

人们不禁追问，布洛赫究竟在哪里违犯了党的官方教义的原则，并且为什么他的哲学被作为“马克思主义的修正”而受到严厉谴责呢？事情已经变得很清楚，在这个“修正”（Revision）字眼下，并非涉及某种罕见的某个对手的攻击，而是涉及类似匈牙利博学多才的马克思主义哲学家卢卡奇，即涉及非教条的、创造性的马克思主义与僵化的、制度马克思主义的持续的不可避免的相撞与冲突。对于这两位思想家而言，他们有共同之处，就是他们从马克思的理论出发，并且在与党的官方理论家相同的基础上发展了他们的定理。然而，那些结果是执政当局所不期望的。辩证唯物主义代言人与这些思想家竞争的敏锐性，应归功于这样一个事实：在这里，在列为禁忌的马克思列宁主义文化区中，居然产生了有根有据的批评。

因此，可以说这也涉及一种理论上的“宫廷政变”，它导致一些知识分子反对斯大林强制性体制的政治后果。但是，共产主义意识形态的桎梏恰恰在最易伤害的地方被击中了。在此，这个看似自成一体的建筑物突然面临马克思主义理论本身的原始的意识形态批判意图，并且从现在起，在这种批判之光中出现了十分棘手、令人头痛的问题。官方马克思主义的代表愤怒地做出回应，这更加清楚地证明了其教条主义理论体系的内在弱点。但是，这种愤怒同时也表明，执政当局洞察到了所谓的西方观念的逐渐现实化这一不可阻挡的过程。而且，不出所料，无论如何社会主义阵营的中心多元化都使东德马克思列宁主义的“绝对权利主张”（Absolutheitsanspruch）受到了严重威胁。所以，教条主义的马克思主义辩护者的选择是，要么阻止批判性讨论，要么走一条更便捷的路，干脆封住令人不愉快的麻烦制造者的嘴巴。鉴于他们的不利局面，他们更倾向于后者。

虽然知识分子反对派的代言人拥有更好的论据，但他们几乎不占有任何权力手段，因而这种斗争的结果是可预料的。只要不可能共同实施自我批判的仪式，从而发誓放弃所有反对派的活动，德国统一党内外的不少反对派人士除了纷纷投奔西方，就别无选择。警察国家的恐吓方法是众所周知的。但是，诽谤、审问、逮捕等都无法代替所缺失的论据。鲜为人知的事实是，在自己的队伍中，官方制度意识形态的辩护者们试图竭力抵御“修正主义”的影响。因此，倾听一下这个所谓修正主义批评者的论据，也许并不是完全无意义的。后斯大林时代的心理学属于这一类，在对敌人的评估中，党的官方的马克思主义本身的代言人经常摇摆不定、瞻前顾后。但是，他们深谙以机会主义方式，见风使舵、投其所好，不断扩大自身的意识形态词汇量，使其一再适应当时的党的口号。

## 三

然而，正如德国统一社会党所导致的变化无常的个体命运一样，旨在反对修正主义的意识形态斗争不只是拥有一种文献价值，它的每个阶段都是关于国家权力与批判精神之间相冲突的一部教科书的章节。1954～1955 年在黑格尔讨论的背景中，出现了若干小冲突。这之后，1956 年，即波兰动荡[①]和匈牙利起义那一年，可以观察到第一次激烈的修正主义批判浪潮。党的官方发言人将这些事件描写为完全是偏离马克思主义正统观念的修正主义的实践后果。党的官方哲学家沃尔夫冈·舒巴特（Wolfgang Schubardt）把这一关系表述如下：“反对德意志民主共和国的意识形态战役……旨在为暴力推翻农民－工人的权利奠定基础，尤其是从内部软化德意志民主共和国，并在精神上解除党员群众、工人，尤其是知识分子的武装，以便使他们成为唯命是从的反革命的工具。”在此背景下，修正主义发挥一种特殊的灾难性的作用。“布洛赫的乌托邦的希望哲学以其对未来的强调以及对‘社会主义建设’成就的相关贬值，

---

① 波兰动荡（Polnischen Unruhen），1956 年 6 月 8 日，波兰波兹南（Poznan）工人为增加工资和减税，开始举行大罢工，6 月 28 日波兰政府武力镇压工人罢工，导致至少 74 人死亡，800 人受伤。10 月，波兰统一工人党召开二届八中全会，党的领袖瓦迪斯瓦夫·哥穆尔卡（Wladyslaw Gomulka，1905－1982）重新当选为波兰统一工人党中央委员会第一书记，新改组的党中央为波兹南事件平反，释放了被捕者。

最终十分谄媚地巴结了‘黑色反映’。”

至少在内容上，迄今为止东德哲学界对布洛赫进行最具有实质性批判的是柏林的曼弗雷德·布尔[①]。对于他来说，关键问题在于证实布洛赫哲学的宗教特征。他的哲学的秘密目标就在于维护宗教，并且以形而上学和唯心主义的方式使马克思主义与宗教和解。布尔将布洛赫的哲学置于下述趋势之下：与人民大众的创造性价值格格不入的悲观主义——对社会主义未来充满恐惧——与存在主义情投意合，最终否认唯心主义与唯物主义、辩证法与形而上学、宗教与无神论之间有约束力的辩证唯物主义的对立。在布洛赫身上，布尔发现一个被误导的反法西斯主义者，由于他与神秘主义传统的密切联系，未能成功地赢得一个决定性的阶级地位：“布洛赫想借助自己的哲学来协助踹开通往社会主义的……大门，但是，他没有注意到自 1917 年以来，尤其是自 1945 年以来，他所意欲的社会主义的未来不再是单纯的哲学思辨，而是历史的、具体的行动，因此未来成为现实和当下。”

与布尔的论据如出一辙，在同一方向上，海因里希·施瓦策[②]也对布洛赫进行了攻击，且语调更尖锐刺耳：“布洛赫的‘希望’是我们已经拥有的所有东西的无情贬值，它仅仅有利于我们永远得不到，并且根本不想要的某种不可确定的东西……但是，在这种希望中，已经在这里并且令我们高兴的所有东西都已沉没深海而不见踪影。这种希望更适于被监禁并仅仅等待释放的希望。但是，我们没有被监禁而是得到了解放。”在这段引文中，包含着对布洛赫乌托邦概念的集中指责。布尔和施瓦策正确地预感到，布洛赫坚持“自由王国”（Reich der Freiheit）的非当下性，这将把一个批判性尺度带到东德所到达的社会境况中。他们害怕受到布洛赫影响的那些知识分子会觉察到，现行“民主德国”的“警察社会特征”（Polizistische Charakter）与马克思曾经意欲的、所谈论的作为“自由王国”[③] 的东西毫无共同之处。

---

① 曼弗雷德·布尔（Manfred Buhr，1927 – 2008），德国马克思主义哲学家、哲学史家，东德科学院哲学中央研究所领导人。著有《从费希特到黑格尔的过渡》（1965）、《伊曼努尔·康德哲学的伟大与界限》（1974）、《理性的历史》（1986）等。

② 海因里希·施瓦策（Emil Heinrich Schwartze，1903 – 1970），德国福音 – 路德教牧师、德国统一社会党政治家。

③ 在未来社会，“作为目的本身的人类能力的发展，真正的自由王国，就开始了”。参见马克思《资本论》第 3 卷，人民出版社，1972，第 927 页。——译者注

相比之下，德国统一社会党必须孤注一掷，尽一切努力证明自己的统治秩序是一切可能的秩序中最好的秩序。对于其他批评者而言，布洛赫的“修正主义”是一种阶级敌人的、破坏性的意识形态，其实质是动摇并扰乱政治稳定、工人阶级的统一与纪律，以及反对与反动的资产阶级哲学进行不可调和的斗争：“谁……攻击马克思列宁主义的基础，不管他是否愿意，他都是攻击工人阶级，攻击他们的国家、他们的社会主义成就，攻击和平与进步。”谁这样提出论据，他就必然理所当然地否定布洛赫哲学与马克思之间的任何联系。如果批评者是正确的，即他们声称布洛赫的哲学概念与马克思主义毫不相干，相反，很多概念与唯心主义形而上学相关，那么这一点就很难理解了：多年来，在德国统一社会党内部，为什么一直紧锣密鼓地激烈批判所谓布洛赫哲学的修正主义形式。

## 四

一个最敏捷的批评者当数卢加德·奥托·格罗普[①]，他是德国统一社会党的哲学家，1955 年出版的《布洛赫诞辰 70 周年纪念文集》的编辑，在此书中，他把布洛赫赞扬为一个人道主义者和反法西斯主义者，但在一年前，在批评黑格尔的一篇文章中，他却指责布洛赫推崇一种伪装的唯心主义。格罗普认为，黑格尔的唯心主义辩证法原则上已经“了却”，所以他对布洛赫那种只是提及辩证唯物主义阶段的马克思主义的做法当然持极端的谨慎态度，特别是他自己引用了 18 世纪的法国唯物主义者的观点，对一种强有力的辩证唯物主义概念表示敬意。

对于格罗普来说，正如斯大林在官方教科书《苏联共产党历史》[②] 中所描绘的那样，辩证唯物主义是社会主义科学的最高峰。他和党内思想家们一致认为，如果像布洛赫那样背离党性原则，并且放弃宣传与鼓动对哲学的主宰地

① 卢加德·奥托·格罗普（Rugard Otto Gropp，1907 - 1976），东德马克思列宁主义哲学家。著有《神秘的希望哲学与马克思主义不相容》（1957）、《什么是辩证唯物主义》（1960）、《辩证唯物主义基础》（1970）等。

② 《苏联共产党历史 》（*Geschichte der Kommunistischen Partei der Sowjetunion*），全称为《联共（布）党史简明教程》，由联共（布）中央特设委员会编著、经联共（布）中央审定的联共（布）党史正式课本。全书充满对斯大林的个人崇拜，1956 年苏共二十大后，此书不再重印。苏联解体后，2004 年 7 月，俄罗斯教育部再版发行《联共（布）党史简明教程》。——译者注

位，他的世界观的绝对正确性就受到了威胁。库尔特・哈格尔①集中批判了布洛赫哲学，在下述论断中，他的批判达到了顶点：作为与人类发展相关的一种对自然的有意义的获取，布洛赫的历史解释转移了具体的日常问题，从而最终袒护了某种政治上的迷失方向。“由于某种长远目标的起源方法，他完全忽略了具体的阶级斗争，使得他对日常问题知之甚少。所以，这也说明，为什么布洛赫的学生成了不切实际的理念的载体，径直把批判矛头对准党和政府政策。”针对布洛赫哲学提出的各种政治论战清楚地表明，一个罕见的马克思主义的人道主义概念使党的官方声明多么怒不可遏。

所谓的“修正主义”应该受到坚决的打击，因为它意味着持续不断地斥责德国统一社会党。只要“社会主义的人道主义”（Sozialistische Humanismus）对西方知识分子能够发挥一种广告宣传作用，它就应被视为虚伪的招牌和骗人的幌子。然而，一旦人道主义的、批判的知识分子从其社会概念中开始得出政治结论，他们就必然与主导的党的官僚及其辩护士处于一种对立状态。以前的对布洛赫的赞许——1955 年他被授予国家奖和银质祖国功绩勋章，以资鼓励——让位于诅咒。从 1959 年起，《德国哲学杂志》新编辑部的所有声明都要求哲学思维必须贴近现实和生活。乌布利希激烈反对所谓“呆板的书本知识”的论战（Buchstabengelehrsamkeit）是在反对意识形态领域里的和平共处的格言下进行的。按照他的意见，应当把哲学主题转移到贴近生活的领域中来，他的意思是，转移到“社会主义的道德、责任意识以及新的社会主义家庭伦理”中来。就像哈格尔一样，他也注意到，修正主义者的主要缺陷在于，毫无理由地过分强调历史发展中的主观因素以及对青年马克思的可疑的偏爱。

事实上，布洛赫的思想一再围绕马克思《关于费尔巴哈的提纲》的第十一条命题②、《巴黎手稿》和《哥达纲领批判》展开，其中并不存在诸如后来在马克思以后的庸俗马克思主义中所读到的那种社会发展过程中的某种严格的合法性。由于辩证唯物主义主要建立在恩格斯晚期思想及其作品《欧根・杜林先生在科学中实行的变革》以及《自然辩证法》的基础上，所以，他发

① 库尔特・哈格尔（Kurt Hager，1912 - 1998），东德政治家、德国统一社会党党员，作为该党的主要理论家，决定了许多东德的文化、教育政策。

② 马克思：“哲学家们只是用不同的方式解释世界，而问题在于改变世界。”载《马克思恩格斯选集》第 1 卷，人民出版社，1995，第 140 页。——译者注

现，在强调马克思的早期作品时，存在一个危险的对手。从而，针对布洛赫的马克思主义修正的批判归结为这样一种论据，即它是一种没有具体的阶级内容的哲学。因为在建设社会主义国家中，这种哲学拒绝把思维用作解决直接任务的工具。虽然布洛赫仅仅涉及非教条的知识，但是，德国统一社会党现在却坚持把意识形态作为一种统治工具。

就像沃尔夫冈·舒巴特表述的那样，对于德国统一社会党来说，所有的思想在其势力范围内都应当“首先服务于这一目标”，即“加强并提高作为工人阶级的革命战斗党的战斗力和凝聚力”。因此，对于这个不可或缺的“党性原则”（Prinzip der Parteilichkeit），舒巴特刻画得如此淋漓尽致，几乎无人可与之匹敌：“在德意志民主共和国中，马克思列宁主义哲学的发展始终是预定的历史任务，而这一任务是党在其自身发展和我们国家的不同发展阶段中，在我们的一般历史生活中，作为必不可少的东西所认识并被提上议事日程的任务，而且，马克思主义哲学大大有助于这一任务的解决。”从那时起，在东德所有的思想，即任何违抗国家党的这种意识形态“自主要求”（Autonomieanspruch）的思想都被视为修正主义的思想。然而，由此并不能得出结论说，这种屈从于党的教义的思想代表共产主义地区的所有国家。

相反，多年来，在世界各地，尤其在波兰、匈牙利和捷克斯洛伐克[①]激起了旨在打破辩证唯物主义单调同音的明白无误的声音。所以，在未来，东德国家权力的载体大概还不能阻止今日在这个领域占统治地位的官方国家意识形态。与其说这个领域决定于自由的精神，不如说它决定于其最内在的本质，即修订了的马克思主义旨在操纵群众。党应当使群众意识到他们生活在据称是作为历史必然性的社会主义现实中，这是糟糕的柏拉图主义。将哲学限制在日常问题上，这同时意味着供认这样一个事实，那就是现有的政治状态本身几乎没有说服力。社会主义道德和伦理须臾不可或缺，因为在党用魔法召唤来的社会主义现实的地方，出现了新的官僚权力关系。警告急迫的日常问题，指点眼前的步伐，恰恰标志着社会主义远景的丧失。

---

① 1968 年，捷克斯洛伐克共产党中央委员会第一书记亚历山大·杜布切克（Alexander Dubček，1921－1992）发起了名为“布拉格之春”的改革。苏联为了维护统一的“苏联体制”，动用约 30 万人对捷进行武装干涉。6 月下旬，杜布切克被捕，80 名捷克人被杀。1969 年 4 月，古斯塔夫·胡萨克代替杜布切克，成为捷克斯洛伐克共产党中央委员会第一书记。

在德国统一社会党蜕变了的马克思理论的灰烬中，布洛赫试图重新点燃哲学的火炬，这一尝试没有失败，而是被推迟。对他的异端的尴尬批判正好表明，最坚硬的辩证唯物主义的皮炸开了，他的努力没有白费，因为已知的希望不成为失望。[①]

## 参考文献

关于修正主义讨论的经过与当下状况，在 VEB 即东柏林德国科学出版社出版的最近年份的《德国哲学杂志》中，有丰富的信息材料。在此，特别参见下述文章。

埃尔默·巴尔洛：《非理性主义的批判：与格奥尔格·卢卡奇的辩论》，《德国哲学杂志》第 6 卷，1958 年第 1、2、4 期。

曼弗雷德·布尔：《恩斯特·布洛赫希望哲学的宗教起源和特征》，《德国哲学杂志》第 6 卷，1958 年第 4 期。

艾尔弗雷德·库尔拉：《道德理论：与恩斯特·布洛赫的旧论战》，《德国哲学杂志》第 6 卷，1958 年第 4 期。

M. D. 卡姆阿利：《关于意识形态的科学的“解放”的修正主义理论》，《德国哲学杂志》第 6 卷，1958 年第 5 期。

维克托·斯托亚诺夫：《反对修正主义哲学》，《德国哲学杂志》第 7 卷，1959 年第 5、6 期。

曼弗雷德·布尔：《对恩斯特·布洛赫主要作品〈希望的原理〉的批评意见》，《德国哲学杂志》第 8 卷，1960 年第 4 期。

T. L. 奥伊泽曼：《异化问题》，《德国哲学杂志》第 10 卷，1962 年第 9 期。

关于修正主义的富于启发意义的详细讨论，参见 1955 年出版的《布洛赫与格奥尔格·卢卡奇纪念文集》，其中，关注以下文章。

《恩斯特·布洛赫的马克思主义修正》（柏林，1957）；《格奥尔格·卢卡奇与修正主义》（柏林，1957）。

两部纪念文集：《恩斯特·布洛赫 70 华诞》（R. O. 格罗普编辑，柏林，1955）；《格奥尔格·卢卡奇 70 华诞》（柏林，1955）。

《弗莱堡大学学报》纪念出版物：《恩斯特·布洛赫 80 华诞》，1965 年 7 月 8 日。

① E. 布洛赫：《希望会成为失望吗？——图宾根 1961 年开讲词》，载《文学论文集》，法兰克福/美因，苏尔卡姆普出版社，1965，第 385 ~ 392 页。

# 作为气氛的美

## ——立足于 G. 伯梅的“新美学”*

立野良介 文/崔　莉 译**

[内容提要]　“气氛”是伯梅美学中的一个基础概念，立足于伯梅的美学观点，可以对作为气氛的美做出全新阐释：美是一种气氛，它既不存在于主观也不存在于客观，我们通过身体中情态性的变化感知到气氛；美的气氛对身体的情态性所产生的影响在于它能够提高生命情感，带来愉悦；美的气氛尤其被理解为一种“明确在场的气氛”。在此基础上，自然、日常生活与艺术、人类的美都会带上不同于我们通常理解的含义。

[关键词]　气氛　美　情态性　愉悦

## 引　言

提倡“新美学”的 G. 伯梅（Gernot Böhme，1938 - ），将“气氛”（Atmosphäre）一词作为其美学的基础概念，试图从“感性论”（Aisthetik）的视角重新考察艺术作品和我们的日常社会。本文将从“新美学”的视角出发，

---

* 本文首发于日本杂志《文艺学研究》2011 年第 15 期。

** 立野良介（Tatsuno Ryosuke），日本成安造型大学（Seian University of Art and Design）非常勤讲师，主要研究方向为现代德国美学、环境美学、美学史。崔莉，湖北第二师范学院外国语学院讲师，主要研究方向为日本美学、日本文学。

讨论美的问题。

伯梅在《实用观点的人类学》（*Anthropologie in pragmatischer Hinsicht*）（1985）、《为了生态学自然美学》（*Für eine ökologische Naturästhetik*）（1989）、《自然的自然——关于超越其技术上的可复制性的自然》（*Natürlich Natur. über Natur über ihrer technischen Reprodukzierbarkeit*）（1992）、《气氛——新美学论集》（*Atmosphäre. Essays zur neuen Ästhetik*）（1995）、《从新视点看康德的判断力批判》（*Kants "Kritik der Urteilskraft" in neuer Sicht*）（1999）等著作中，将美理解为"气氛"（Atmosphäre）或者"某种气氛性的东西"（etwas Atmosphärisches）（*KnS*，39）①。

需要事先指出的是，对于尤其重视美与崇高的传统美学，伯梅持否定态度（cf. *Ais*，68；*Atm*，35）。但是，正如我们从他所写的几篇关于美与崇高的文章中可以看到的，他并不否定美与崇高自身。伯梅要考察的，是包括美与崇高在内的各种"气氛"的含义，他将美与崇高也视为一种气氛。伯梅所批判的，是无视除此之外的其他气氛的做法。

本文之所以将美作为主题，一方面是因为美是美学史上最富有争议的问题之一，另一方面这也是伯梅的观点带给我们的启示，他与传统美学的做法不同，并非从本质上考察艺术作品的理解问题，将美的问题视为例如趣味判断问题进行论述。

本文第 1 部分重点参考《Aisthetik——作为一般知觉论的美学的讲义》（*Aisthetik. Vorlesungen über Ästhetik als allgemeine Wahrnehmungslehre*）（2001），考察气氛为何物，美在哪些方面被理解为气氛。第 2 部分考察这部著作与上述几篇论文中所讲到的，美如何与其他气氛进行区分。第 3 部分同样参考上述著作中伯梅的几篇论文，考察现如今，在自然、日常生活、艺术、人类领域中，美所具有的意义及其存在的问题。

## 一　作为气氛的美

### （一）美的主观性与客观性

在讨论伯梅如何将美理解为气氛之前，我们首先来简单总结一下审美体

---

① 伯梅的著作多是论文集。下文将标明著作中所收录的论文名，著作名按照文末注释中的简称标记。

验，即感受到“美的”这一体验究竟为何物。当然，对审美体验进行总结并非易事，但是，它对我们进一步对美进行考察具有一定的启发作用。

多数情况下，“美的”这一词语，与“好的”“正确的”一样，意味着某种价值之高。然而，与后两者相比，应该说，“美的”尤其用于形容通过身体当场感受到的事物。当然，也有“美的灵魂”等说法，它也并非不能用于身体感受之外的情况。此外，有时也会使用“美的行动”用于表示某一行为的伟大。尽管如此，上述情况还是少数，与之相比，将“美的”用于形容眼睛所见、耳朵所听之物的情况要多得多。

或许可以说，即便在用身体感受的事物之中，“美的”也尤其用于形容通过视觉与听觉得到的感受。当然，日语中还有“美味”这种表达，德语中将“很棒的体验”称为“ein schönes Erlebnis”。但是，“美的”这一词语，恐怕无论在哪种语言中，都首先用于形容被视觉知觉到的事物，次之用于形容被听觉知觉到的事物。在视觉现象中，该词多用于形容自然、手工制作的东西（尤其是艺术作品）、特定的男女等。好似惯以美来形容的事物在某种程度上也是固定的。例如，花朵、星辰、宝石和贵金属、人类中的女性等。在听觉对象中，鸟鸣、虫声等特定的自然声音、乐器的音色、人声、音乐作品（旋律等）等也常以美来形容。

我们可以将美的主观性作为美的特征之一列举出来。美，以对此进行感知的人为前提，因此这一说法并不奇怪。所以，许多情况下，对什么是美的这一问题所进行的判断因人而异。我们很容易想象到，如果让人们从给定的几朵花中选出来自己认为漂亮的那朵，恐怕每个人的答案都不同。

但是，如果仅仅将美的问题作为主观和主体的问题来理解，恐怕也不合适。美中存在着某种客观性。原本，美看上去更像是客体中的属性。而且，我们以美来形容的对象，在某种程度上也存在着共通之处。正如我们前面提到的，在某种程度上，人类都喜欢用美来形容花朵、星辰、宝石等。此外，对于从山上眺望的风景、清澈的河流或者莺啼等也是如此。相反，如果是滋生蛆虫的腐烂的东西①、施工现场的噪声等，恐怕谁都会感到不快。

---

① 请参考拙论《关于美的光芒》（「美のシャインについて」）（《文艺学研究》第8号第55页以下）。笔者参照德国哲学家佩尔佩特（Wilhelm Perpeet，1915－2002）的观点，将美作为视觉性的光芒展开考察。佩尔佩特认为，美可以提高生命情感，而丑将促使生命情感停滞。cf. W. Perpeet，*Antike Ästhetik*，Freiburg，pp. 11－14；*Vom Schönen und von der Kunst*，Bonn，1997，pp. 69－72。

伯梅的气氛概念，可以有效地帮助我们理解美的主观性与客观性这两个一眼看去完全相反的特征。那么，气氛是什么呢?

### （二）气氛的觉察

“气氛”（Atmosphären）这一概念是伯梅从赫尔曼·施密茨（Hermann Schmitz，1928 – ）处继承而来的概念，同时也是在日常生活中被广泛使用的一个词。例如，“在雷云覆盖下天空的不稳定气氛”“山谷的欢快气氛”“会议中的紧张气氛”（*Atm*，21 – 22）等。一眼看去，“气氛”一词好像不过是在勉强表达“某种不明确的东西、难以言表的东西”（*Atm*，21），不能言语化的东西。因此，可能会有人认为，将这样一个词作为概念使用是不妥当的。但是，伯梅认为，这些表达的确讲出了我们所感受到的某种“特征”（*Atm*，22），因此能够成为美学上的重要概念。

伯梅通过举例分析我们的知觉的方式，厘清了气氛为何物，并探讨了为何此概念能够成为美学上的一个重要概念。

伯梅举过这样一个例子，试想在酒店中的一个黑暗房间，我们通过蚊子振动翅膀的声音注意到它（*Ais*，35ff）。这种情况下，我们首先知觉到的并非蚊子这种生物。当然，振翅声是通过听觉体验到的，这本身确定无疑。但是，另一方面，振翅声也是作为不安、紧张和进行防御的准备由“所谓整个身体”“察觉”[①] 到的。伯梅认为，我们最初知觉到的是全部身体察觉到的“某种威胁性的东西”。我们将这种威胁性的东西确定为嗡嗡声，通过认识到嗡嗡声，我们与这种威胁性的东西产生“距离”（Abstand）（*Ais*，42），确定声音的来源是蚊子。

另一个例子是在睡眠中感到寒冷醒来的情况（*Ais*，38f）。我们所知觉到的寒冷，并不是存在于外部的某一明确对象，也不是使用温度计等测量到的寒冷程度的数值。这里的寒冷，意味着外部状态，同时也意味着对之进行知觉的我们自身的身体状态。外部的某一状态使得我们自身的身体状态发生变化，知觉到寒冷。

在以上例子中，伯梅将这种最先被察觉到的“某种威胁性的东西”“寒

---

① 当使用“察觉”（Spüren）这一词语时，伯梅多用于表示通过“身体”（Leib）获得的发现。“知觉”（wahrnehmen）包括“察觉”在内，意义更为广泛。

冷”理解为全部身体通过身体的“情态性”①（Befindlichkeit）的变化察觉到的东西，并将之称为“气氛”。而且，对气氛的察觉，就是“关于在场，以及以怎样的状态在场的经验”（*Ais*，42）②。即，我此刻感受到寒冷，据此发现自己，伯梅将之命名为“在场性的察觉”（das Spüren von Anwesenheit）经验。此时，“同时、一并察觉到作为知觉主体的我和某物存在于此场”③。换言之，在知觉到气氛之际，我们“同时、一并”察觉到“周围环境的性质”和与之相应的我们的情态性。寒冷这一周围的性质与寒冷这一自身状态是不可分割的。

对上述气氛的知觉当然需要特定的感觉器官。但是，伯梅说，“知觉，严格来说，并不局限于某一感觉器官或者身体部位”（*Ais*，40）。嗡嗡这一振翅声作为“某种威胁性的东西”也可以通过整个身体的紧张被察觉到，桂花的香气也可以通过整个身体的放松被察觉到。当然，其中并非没有特定器官的参与。也就是说，“这种带有气氛性质的东西，不能基于感觉的性质进行分离，但是可以与感官对应实现其特殊化”（*Ais*，42），当我们保持距离对气氛进行确认时，将之判断成为眼睛与耳朵知觉到的东西。

根据伯梅的说法，最初的知觉对象即气氛具有“某种情感上的色彩”（*Ais*，42），它被认为是“某种东西的在场性”（Anwesenheit von etwas）。进而，“知觉越是追究这一某物，便越是与气氛保持距离，收敛为作为物的知觉对象”。最后，“自我极”（Ichpol）与“知觉对象”（Wahrnehmungobjekt）分离开来。

### （三）浸入与歧异

气氛通过“情感上被袭”（*Ais*，46）被察觉到。伯梅指出，此时通过被袭产生的“情绪”（Stimmung），只能作为“气氛的主观极”（der subjective Pol

---

① “情态性”这一词语，包括两个含义，一是“处于某种状态”（sich befinden），二是“正好在场”（da sein）。因此，其意义与“情绪”（Stimmung）相近，但是又指身体的在场。伯梅喜欢使用该词语（*Ais*，78）。

② 东京艺术大学美术学部美学研究室编『カリスタ 美学・芸術学研究』No. 4，1997，p. 141。该杂志还刊登了由阿部美由起翻译的日语译文。而且，该译文也被收录在『雰囲気の美学－新しい現象学の挑戦』（《气氛美学——新现象学的挑战》）中，梶谷真司等译，晃洋书房，2006，第2～16页。

③ G. Böhme，Atmosphäre，『カリスタ』No. 4，p. 140.

der Atmosphäre）被经验到。但是，气氛是“与我区别开的某物”，是通过“其他种种经验”（anderen Erfahrungen）被发现的东西。换言之，伯梅认为气氛位于我们之外，它对我发起情感上的袭击，只有通过主观的参与它才能被发现。伯梅据此来理解气氛所具有的某种客观特征。于是，在察觉气氛的在场性时，主客之间尚处于未分离状态。

伯梅指出，气氛通过“浸入”（Ingression）与“歧异”（Diskrepanz）两种方式被知觉到。

浸入经验例如“走进充满节日氛围的礼堂”，是指通过浸入某一空间，知觉到气氛的经验。这种情况下的气氛，是当前“区别于我的某物”（*Ais*，47），它是一种有可能引起某种心情的“情绪”。但是，这一情绪还不是“我的情绪”，我所发现的，是情绪的“袭来”（Anflug），受到这一情绪的感染，该情绪才能够被察觉为“我自身的情绪”。与之相对，所谓歧异经验，例如“伤心沮丧时，经验到春季里和煦的阳光”，这种情况下，我原本的情绪与使之发生变更的周围的氛围“打动我们情绪”（Anmutung）之间产生出一种紧张状态。此时，我将周围的状态察觉为和煦，由于这是一种与我原本全身感受到的悲伤异质的状态，这种和煦让人感到十分疏远。

上述两种情况中，都可以看到气氛的“准客观性”（quasi objektiv）（*Ais*，47）特征。气氛尚未成为“我的情绪”，“也不是任何人的情绪”，是浮游在空间中的“模模糊糊地蔓延着的、泛滥溢出”（*Ais*，48）的东西。伯梅将气氛称作“袭击而来的情感的诸力”“诸情绪的空间担当”（*Atm*，29）。如果该情绪被确认为“我自身的情感”，那么它就是被施密茨所定义的“严格意义上的主观事实”（*Ais*，49），它具有一种只有我才了解的意味。① 换言之，伯梅认为，别人不可能了解到我所感受到的悲伤，然而，气氛是无论我还是别人都可以察觉到的东西，因此，我们彼此都可以了解到某一气氛的特征。

---

① 施密茨的“新现象学”（Neue Phönomenologie）中提出的各种概念成为伯梅哲学的基础。施密茨认为，长期以来，哲学都没能充分地理解“主观性”。按照施密茨的看法，当我们说“A 很悲伤”时，A 在悲伤这一事实是所有人都能够理解的“客观事实”。但是，处于悲伤之中的本人所感受到的真切性和那种微妙的情绪是除了他本人之外没有人可以理解的，在此“承认严格意义上的主观性”。cf. Ⅲ/2，49，54，59，62，92f.；*DuG*，5ff. 梶谷真司『シュミッツ現象学の根本問題』（《施密茨现象学的根本问题》，京都大学学术出版会，2002）第 53 页以后详细讨论了施密茨提出的主观性问题。

在以上分析的基础上，我们来考察美。

美似乎同时拥有主观性与客观性，这或许可以说明美也具有一种气氛般的特征。我们在观赏盛开的樱花时，一定会认为在旁边一起赏花的人也觉得它很美。由此，可以说美具有一种“准客观性的特征”。当我们觉得一个东西很美时，可以认为这里显示出了一种倾向性。但是，不能否认，美具有主观性。别人是如何感受到这朵樱花的美的，我无法准确知晓。

关于这一点，我们或许可以从浸入与歧异的角度来考察美。“美的东西”，是朝我们袭来的一种情绪，它不属于任何人，根据我们事先携带的情绪，它有时会给我们带来喜悦，有时会让人感到疏远。有时我们会发现一个为盛开的樱花所倾倒、喜悦的自己，有时也会感到它的疏远。我们不会明白别人的实际感受。尽管如此，我们依然可以彼此了解那是美的东西。

### （四）气氛的概念与气氛的生产

要想理解气氛，必须首先说明气氛与气氛的概念之间的区别。所谓气氛，是通过被气氛袭击而被知觉到的东西。但是，要想弄清气氛的概念，我们必须离开被袭的维度，站在中立的立场上，即所谓“作为第三人称的我”（*Ais*，51）的立场上，将其规定为概念。这就使得“气氛与气氛的概念之间的关系变得十分难解”（*Ais*，50）。

在社会中，可以用气氛来形容的情况多种多样，例如，“强有力的气氛”“忧郁的气氛”，又如，“带有秋天的气氛”“小市民的气氛”（*Ais*，90）等。如果说，通过这些表达，可以得到某种共通理解的话，伯梅认为，那只能是因为我们在经验着某种“打动我们情绪”（anmuten）（*Ais*，52）的共通特征。伯梅将之称为“气氛的特征”，并且提到，这种气氛的特征正是气氛的“什么-是”（Was-Sein）。但是，为了实现气氛的概念化，或许需要我们“与自我进行对决”。即有必要远离被气氛袭击的状态，在社会的语境中赋予气氛特征。

从以上伯梅的研究中，我们可以认为，我们在概念上理解为美的东西也是一种气氛的概念。而且，可以推测，美的气氛，其本质不能从其共通特征中寻求。

在社会中存在着各种不同的气氛概念，气氛的本质在于其特征，这也关乎气氛能否被生产出来。换言之，我们可以从对象一方出发，通过对象所具有的各种特征制造出气氛。例如，超市通过播放欢快的音乐激起人们的购买欲；在演出舞台上，通过道具、音响、照明等，营造出大都市的气氛、小巷的萧条气氛；等等。伯梅指出，存在着一种“审美性的工作”（ästhetische Arbeit）（*Ais*，52f），这就是生产气氛的工作。例如，室内装饰、设计、广告等工作就是如此。艺术家，也可以被理解为一种与生产气氛密切相关的职业。艺术家所创造的形状、色彩、音效等，直接作用于我们身体的情态性。这种气氛，不但可以为人类的知觉所接近，也可以被“事物性的构成要素”（*Ais*，54）所接近。

美也是可以被生产出来的吧。我们通过改变房间的地毯、家具，打扫卫生，让房间变美。通过服饰、化妆，使自己变得更美。美的表演，广泛出现在我们的日常生活中。

## 二　美的气氛及其性质

### （一）美的情态性

如果将美理解为某种气氛的话，问题是，美与其他气氛在哪一点上可以区分开来？美的气氛所固有的“特征”究竟是什么呢？

如果说，对气氛的经验是一种情感上的被袭，那么，美的气氛所固有的特征，可以通过了解我们如何被美袭击，如何被“打动情绪”得到理解。要想了解这一点，必须弄清美的气氛将我们变成了怎样的状态，即我们的“情态性”（Befindlichkeit）（*Ais*，73ff）。

在此，值得我们注意的是我们的“身体”（Leib）。这是因为，正如我们在前面提到的，我们对气氛的知觉，并非仅仅通过某一种感觉器官实现，而是通过我们的整个身体对之进行知觉①。我们身体方面经验了某种被袭，这是“主观的”，而且得到了无法由他人替代的我们自身的经验。美的气氛也是通过某种方式，朝着我们的身体袭来的东西，由于被袭方式中有一种共通性，所以它是准客观的。但是，个人是如何对之进行经验的，我们无法得知这种细微

---

① 施密茨指出，“无论怎样的情感……都只有经过身体的激动（leibliche Regung），才能进入主体的情态性经验之中”（Ⅲ/2，152）。

的差别，从这一点来看，它是一种主观上的感受。

关于我们所说的情态性的存在状态，伯梅举出了以下例子进行例证。“我们悲伤、欢乐、忘乎所以、惭愧、不开心、心情好、心情不好”（*Ais*，81），这些表达，表示我们“处身于某种状态之中”（Sich-befinden）。这与意向性，例如“我憎恨×”这种“朝向某物”（Gerichtet-sein）（*Ais*，81）的情况相区别。如果要表达我的情态性的话，必须说成“我是充满着憎恨的状态”。上述任何一种状态都可以理解为表示着某种身体状态。即“悲伤的确具有一种压迫的特征和向下拉的倾向；羞愧包含着一种想要逃走的倾向；朝气蓬勃包含着一种扩张倾向，而且是一种朝着多重的、不确定方向的扩张”（*Ais*，82）。这些状态表明了“身体空间的变化”“被感知到的空间性本身的变化”（*Ais*，82）。

我们通过情感或者情绪等词所表达的，是与身体状态密切相关的东西。施密茨的“新现象学”试图弄清这一点。施密茨从身体不能代替这一点出发，给严格意义上的主观性奠定基础，另一方面，他将人类共通的身体之存在状态用一组被概括为“身体字母”（Ⅱ/1，169－172；*DuG*，121－127）的概念进行阐释。① 伯梅试图借助施密茨的上述观点来考察对气氛的感知所带来的情态性的变化。

气氛，通过袭击来改变我们的身体和情绪，即改变我们的情态性。由此，我们必须注意，美是如何改变我们的身体的。关于这一点，可以参考伯梅在其他著作中的论述。“在大部分气氛中，我们都很容易受其感染。因此，忧郁的风景使得我们忧郁，清爽的风景使得我们清爽”（*NN*，176，*ApH*，194）。当然，这一论述也并非完全适用于所有气氛。按照伯梅的说法，气氛中有例如“小市民的气氛、有钱人的气氛、考究的气氛、权力的气氛”（*Ais*，89）等带

---

① 施密茨的现象学使用“逼窄”（Engung）、“扩展”（Weitung）、“狭小”（Enge）、“广阔”（Weite）等概念来描述身体空间的变化。在惊讶与痛苦的体验中，会发生身体的“逼窄”。惊讶时，我们缩小，处于发呆的状态，感到就好像被抛回了自身一般。在痛苦中，我们会感到被身体束缚着，无法从中逃脱。此时感受到的，是作为绝对场所的“此”（da）（施密茨所说的“狭小”）。相反，在打盹或者产生恍惚感时，我们会溶解在周围的范围（施密茨所说的“广阔”）中，感到“自己与世界融为一体”。这种身体扩张的感觉，被施密茨称为身体的“扩展”。cf. Ⅱ/1，73－97；Ⅱ/2，19－36；*DuG*，121－127。也请参考梶谷『シュミッツ現象学の根本問題』（《施密茨现象学的根本问题》），第137～141页。

有“社会特征”（gesellschaftliche Charaktere）的说法[①]，当然，上述法则并不适用于这些气氛。关于美，伯梅认为，以上事实是成立的。“如果我们进入美的事物的气氛中，我们就会拥有美的情绪”（*NN*，176，*ApH*，194）。

“美的情绪”这种说法，在日语中并不常见，但是在德语中，它意味着情绪好、情绪愉快。“美的天气”（Schönes Wetter）意味着“舒服的天气”。伯梅还提到，“对美的东西的经验是愉快”（*NN*，177），而且，援引伯克（Edmund Burke，1729－1797）的话：“美通过让身体全部组织的坚硬变得松弛发挥作用”，认为美能让身体放松，带来愉悦（cf. *NN*，177）。在其他地方，伯梅还写道，“一般来说，美的经验就是生命情感（Lebensgefühl）的高涨”（*AgH*，194）。

美的东西，会带来愉快、情绪的高涨。这恐怕在经验上，谁都能确认。在看到美丽的景色、美丽的女性，听到美丽的声音等时，我们会变得愉快，会感受到爱，心情会变得明朗而愉悦。[②]

但是，如果仅以带来愉悦、让身体放松来解释美的气氛所发挥的作用，是不够的。例如，让人心情愉悦的气氛与美的气氛之间的区别，还不明了。

### （二）明确在场的气氛

要考察这一问题，我们需要详细阅读伯梅在《美与其他气氛》（*ApH*，192－207）中关于美的论述。

在此，伯梅首先注意到的是，美要求“距离”（Distanz）。“美的女性并非

---

① 伯梅将气氛暂时分为五类，分别为“社会性特征”、“共感觉”（Synästhesien）、“情绪”（Stimmungen）、“交流特征”（Kommunikative Charaktere）、“运动带来的情绪”（Bewegung-Sanmutung）（*Ais*，89f.）。“共感觉”例如“蓝色让人感到凉爽”，与身体的情态性关系密切；“情绪”如“忧郁的风景”，会让人感知到某种情绪；“交流特征”如“会议紧迫的气氛”，会产生人与人之间的相关性；“运动带来的情绪”如“沉重地压下来的气氛”，会让人感到移动。而且，伯梅指出，上述区分并不明确，有时候会彼此重合。换言之，气氛本身是人们模糊感受到的，只有在对之进行分析时，才能使用上述分类。

② 施密茨也是这样理解美的。“可以说，美，与其说是一种情感，不如说是一种身体活动的基本类型，即与私密的扩展相对应的东西。在此，通过将自身感受为‘自由且轻巧’，广阔从逼窄中解放出来，从身体的狭小中脱身而出。不断缩小的紧张，不会妨碍到广阔，或者说只能以一种隐蔽的方式加以妨碍。多数情况下，狭小只有在它获得解放时才能被察觉到”（Ⅲ/4，662）。施密茨认为，美的特征在于“私密的扩展”（Privative Weitung），即并不伴随“逼窄”的“扩展”。而且，施密茨还说，“狭小”即“此”被感知为“被解放出来的场所”。关于“私密的扩散”，请参考Ⅱ/1，pp. 126－142。

性感女郎，美的绘画需要用于实现赞美的距离，美的风景就好像存在于玻璃的另一侧”（*ApH*，193）①。而且，他还指出，美带来诱惑，但是该诱惑又“受到抑制”。“美带来诱惑，但是又不让靠近自己，要求保持距离”（*ApH*，194）。

关于“距离”这一概念，伯梅没有详细论述。但是，他向我们提示了理解这一概念的线索。那就是“抑制”这一用语。美向我们袭击而来、带来诱惑，但是，对美的知觉又阻止被诱惑的发生。笔者认为，进行抑制的，类似于我们所说的“自我意识”。换言之，美的气氛是这样被知觉到的，即意识到散发出美的气氛的某物与“我”之间的距离。这样一来，我们就能够理解“并非性感女郎”“需要用于实现赞美的距离”“玻璃的另一侧”等说法了。

似乎是在证实这种说法，伯梅还提到了“引起我们的注意”（Unsere Aufmerksamkeit）（*ApH*，194）。这可以理解为，注意的引起，伴随着关于处于被引起注意一方的我们自身的意识。但是，按照伯梅的说法，这不同于通过标新立异引起的注意，引起注意的东西未必都很美。而且，伯梅还说，美通过“它是它所是”（was es ist）（*ApH*，194）引起注意。“美丽的女性的确是美丽的女性，美丽的风景是美丽的风景”（*ApH*，194）。这就意味着，美就是使得美的“对象”本身能够强烈地被意识到的东西。② 伯梅接着讲道，“某种美……是它所闪耀出的那个是什么所具有的东西（Was-sein），是作为那个什么东西自身的某种明确的在场”。

接着，伯梅论证了美具有“提高生命情感”“萌生爱情”（*ApH*，194f.）的作用。这种爱，带来了想要接近对象的倾向性。伯梅还使用了“参与”（Teilnahme）一词来表达。“美，一方面制造距离，另一方面在制造距离的经验中允许参与”（*ApH*，195）。最终，伯梅得出以下结论，“美并非美的对象所

---

① 但是，伯梅并不否定女性美与性感之间的关系。关于人类美，他写道，“美是伴随着爱的气氛的相貌”（Atm，130）。也请参考本文第3部分。那么，为何要在此区分美丽的女性与性感女郎呢？关于这一点，克拉格斯的概念“遥远的爱”能够给我们一些启发。按照伯梅的说法，那是一种满足于“形象的现实性（Wirklichkeit der Bilder），不准备靠近身体的爱”（*Atm*，193）。换言之，美以与性不能等量观之的距离为前提。cf. Ludwig Klages，Vom kosmogonischen Eros，Bonn 1972，p. 92。［『宇宙生成的エロース』（《宇宙生成的爱》），田岛正行译，うぶすな書院，2000，第81页］

② 伯梅说，柏拉图将美称为“最为闪耀的东西”（tóekphanistaton），黑格尔从观念论的角度出发将之称为“显现的理念”（erscheinende Idee），这刚好佐证着上述说法的成立。Platon，Phaisros，250 d7. Hegel，Ästhetik Bd. 1，Werke Bd. 13，Frankfurt/M：Suhrkamp p. 230f。

具有的某种性质，而是一种气氛，而且是一种让我们为之倾倒，可以提高自己的生命情感的明确在场的气氛”（*ApH*，197）。

从以上论述中，我们可以看到，美作为气氛朝我们袭来，它会给我们带来提高生命情感的愉悦，但是，它又要求“距离”，因此，我们会想要接近对象。而且，正如“它所闪耀出的那个是什么所具有的东西”这一表达所说的，或者从伯梅所举出的例子女性、绘画与风景我们可以明白的，总之，美被理解为通过视觉知觉到的一种气氛。

我们在前文曾经提到，美尤其被在视觉性的事物上予以承认。但是，另一方面，伯梅又说，对气氛的感知并非通过某一特定的感觉器官，而是通过全部身体进行的。一眼看去，这貌似很矛盾。但是，如果我们再审视一遍气氛的知觉过程，该问题就会得到消解。的确，伯梅认为，在气氛的袭击中，我们的整个身体都参与了进来。然而，气氛“不能基于感觉的性质进行分离，但是可以与感官对应实现其特殊化”（*Ais*，42），它不是感官完全无法参与的东西。实际上，德语中表示美的意义的“Schön”与表示闪耀的“Schein”拥有相同的词根①。考虑到这些事实，将视觉性的东西视为第一位的说法不构成问题。

视觉，或许是我们进行社会生活时最为重视的感觉器官。我们将眼前的事物作为被社会、文化、历史规定的“物”来认识。许多情况下，在对美进行知觉时，我们也是将美作为“什么”的美进行知觉的。伯梅举出的女性、绘画、风景的例子，无论是花朵还是星辰，美并非仅仅作为美被知觉到的，而是作为什么的美被知觉到的，为了知觉到这个什么，伴随着意识的参与也不是不可思议。前面列举的“寒冷”的例子中，有时候也会在意识蒙眬时感觉到冷，进而逐渐自觉到寒冷，但是，对美的感知一开始就伴随着明晰的意识。听觉上的美也是如此。当我们用美来形容听觉中被知觉到的东西时，如“旋律”“虫子的鸣叫”“人声”，一般都是用于保有距离被知觉到的作为什么的美的情况。

换言之，美的气氛的特征，就存在于经由全部身体所感知到的愉悦之中，这种愉悦尤其通过视觉被感知到，当意识到这一点时，就会使用美的这一词语。如果这种解释成立的话，美的这一词语，便可以像日语中的“美味”一样用于形容味觉，或者可以像德语中意味着“美的”意思的“schön”一样用

① W. Perpeet，Antike Ästhetik，p. 11.

于形容各种各样的愉悦，由此，该词获得了广阔的意义范围。这是因为，美的气氛通过全部身体被感知到的本质，就存在于愉悦之中。

伯梅用“一种让我们为之倾倒，可以提高自己的生命情感的明确在场的气氛”这一说法来表达美。换言之，现在，我们的确感知到它就在我们面前，这种提高生命情感的愉悦的气氛就是美，因此，我们与美之间保有距离，认为它是存在于我们外部的对象，同时，我们又不得不为它的“闪耀”作用所倾倒。

### （三）欲望、惊叹、价值

从伯梅对美的定义，“明确在场的气氛”出发，我们可以理解另外一些问题，即美与“欲望”、“惊叹”和“价值”之间的关系。

A. 欲望

如果美是带来愉悦的“明确在场”的气氛，那么可以理解为被感知到美的气氛的对象将会带来欲望。这是因为，这一对象是被意识为某种可以带来愉悦的东西的。但是，伯梅认为，该欲望并不意味着想要确切地拥有它，而是一种能够制造出“消除距离与隔阂的倾向性”（*NN*，178）的东西。换言之，美是保有距离被知觉到的，但是美的气氛带来的愉悦制造出消除距离，使二者变得更为亲密的倾向性。按照伯梅的说法，这就是欲望的原形。

B. 惊叹

里尔克与柏拉图曾经提到过，美会带来惊叹，这可以从美以出人意料的方式向我们袭来得到解释。根据伯梅的说法，美是“在某种意义上，由意义关联所构成的我们的世界中不可能出现的东西”（*NN*，178），它诱导我们放弃我们的日常生活。对此，也可以做出如下理解，即作为“明确在场的气氛”的美，它的突然袭来、提高生命情感的愉悦的特征被显著地意识到，让人惊叹。

C. 价值

我们知道，长期以来，美与真、善一道被认为是一种价值。

价值问题，也可以从美是“明确在场的气氛”中得到理解。即，美存在于日常生活之中，又能够给我们带来超越日常生活关联的愉悦。而且，在保有距离的情况下，被确认为“明确在场的气氛”的美，应该会伴随着这样一种意识，即其中必然有能够使我们为之倾倒的某种确定性的东西。①

在此，我们将本部分内容总结如下。

美的特征，存在于让我们为之倾倒的愉悦之中。而且，尤其是作为一种“明确在场的气氛”，美存在于保有距离被知觉的气氛，特别是在视觉上给我们带来愉悦的气氛之中。而且，美也存在于保有距离被知觉到的听觉性的气氛之中，由于其本质在于愉悦，它可以广泛地被用于一般性愉悦的范围。但是，从保有距离被知觉到这一点看来，美的气氛是特殊的，因此，美也能够成为欲望、惊叹的对象。而且，美也与价值相关。由此，我们就可以理解如今美这一概念的广泛使用，例如在评价艺术作品时使用美这一词语的理由等。

## 三　美的诸相

在著作中，伯梅对于美的考察，尽管是碎片的，却是广泛的。在本部分，

① 由于与伯梅相关，米歇尔·郝思凯拉（Michael Hauskeller，1964 – ）注意到价值问题，写成《美是气氛吗》一文。（Ist Schönheit eine Atmosphäre? Zur Bestimmung des landschaftlich Schönen in：*Naturerkenntnis und Natursein. Für Gernot Böhme*，Herausgegeben von Michael Hauskeller，Christoph Rehmann-Sutter und Gregor Schiemann pp. 161 – 175，Frankfurt/M：Suhrkamp 1998. 以下，关于对该文献的引用或者参考，括弧内仅标记页码）。郝思凯拉批判伯梅对美的考察，认为美的本质不是美的气氛，而应从美带来的“绝对价值”（175）中寻求。

郝思凯拉并不否认美的气氛的存在，即美既能让我们萌生爱情，又能给我们带来安稳感（cf. 164）。但是，郝思凯拉认为，之所以应在“绝对价值”中寻求美，是由于有些情况下，即使装饰得十分美丽，却不具备美的内在。他引用芭芭拉·希特曼对现代消费社会中美的考察，按照希特曼的观点，现代社会随处可见被装饰得很美的东西，但那不过是美的外表，而非真正的美。希特曼将之命名为“外表的美学”（Ästhetik der Fassade）。郝思凯拉在希特曼观点的基础上，认为美的内在保证了美所具有的价值。

一眼看去，将美理解为价值的郝思凯拉的观点与将美理解为气氛的伯梅的观点之间差异巨大。但是，郝思凯拉并不否认美是具有气氛作用的存在。如果否定这一点而仅仅从价值中寻求美的话，美将无法与真、善区分开来。而且，由于人类无法靠近自然，郝思凯拉承认自然中存在审美价值。这与伯梅的见解一致，伯梅认为，由于自然这一领域远离人类的使用和目的，即人类的日常关联，因此美具有能够带来超越日常的作用。

既然郝思凯拉承认美的气氛，二者的观点之间好像没有什么太大的不同。尽管如此，郝思凯拉从“价值”中寻求美的本质，这是因为，他想在超越日常关联的气氛作用中，在需要保有“距离”对之进行认识之中，寻求美不同于其他气氛的特征。

郝思凯拉的观点中，值得我们注意的是，看上去美丽的东西并不能保证审美价值。在郝思凯拉看来，其理由在于意识到了那是徒有其表的东西。这或许可以理解为，带着人工痕迹的美，由于表现出了意图与目的，不再让人感知到，或者说遮蔽了超越日常的气氛的作用。这一点，也与本文论述的伯梅的观点一致。

笔者将把这些论述整理为自然、日常生活与艺术、人类三个领域进行阐释，以此考察美在现代所具有的意义。或许，我们可以由此发现，到目前为止本文的论述还没有提及美的含义和问题。

另外，正如在本文开始所提到的，对于特别重视美的传统美学，伯梅是持否定态度的，他认为应该对一直很少被人关注的各种气氛给予重视。因此，本部分也将在理解美的意义时多加注意伯梅所论述的气氛的存在方式。

### （一）自然

说到自然，我们恐怕会想到植物、动物、岩石，或者发现它们的领域，河流、森林、大海等。传统美学恐怕也是这样看待自然的。伯梅一方面将传统美学所涉猎的领域以气氛的视点予以考察，另一方面，将以往的自然这一概念彻底更新，自然是什么，对于这一问题，他提出了自己的见解。

A

在《审美的自然知识》（Ästhetische Naturerkenntnis）一文中，伯梅注意到了自然，尤其是生物中的“交流关系”（cf. *Atm*，183ff.）。伯梅援引动物学家阿道夫·波特曼（Adolf Portmann，1897－1982）和拜腾狄克（Frederik Jacobus Johannes Buytendijk，1887－1974）的观点，指出生物具有为实现交流进行提示、接收事物的能力（cf. *Atm*，187）。根据波特曼的看法，比起接收，提示的能力更为古老，范围也更广。这是因为，生物中存在着一种“不发挥任何作用，没有任何目的”，“不针对任何东西的自我呈现”（*Atm*，189）。花朵所具有的各种各样的形态和气味，鸟的鸣叫声等，生物表现出各种形态和色彩，或者发出声音和气味，但是，在许多情况下，这是没有理由和目的的。然而，正如我们从昆虫与花朵的关系中可以看到的，生物具有接收这种“自我呈现”的能力。伯梅将此理解为生物具有作用于他者的能力，即“摆脱自己”（Aus-sich-Heraustreten）（*Atm*，189）、“绽出”（Ekstasen）（*Atm*，187）。①

由此，伯梅提及生物通过各种方式自我呈现的能力与对之进行接收的能

① 佩尔佩特援引波特曼的观点，注意到生物对外部展示各种姿态，而且该姿态可以冠以“美的”来形容，他将之命名为“生命美”（das lebendige Schöne）。cf. W. Perpeet，*Vom Schöen und von der Kunst*，Bonn，1997，pp. 77－83。也请参考『美のシャインについて』（《关于美的光芒》）。

力，同时认为这可以成为气氛理论的基础。这是因为，人类的知觉，能够接收上述生物的自我呈现，并“能在情感上被赋予情绪”（*Atm*，189）。[①] 植物与动物的各种表现，尤其是视觉性的表现（花朵等）、发出的声音（鸣叫声等），如果能够带来提高生命情感的愉悦，就可以对之使用“美的”这一形容，这在许多文化中都可以得到证明。

B

当然，我们能够体验到的情感上的被袭，不仅限于生物领域，而且也包括无生物领域。在收录于《生态学的自然美学》的几篇论文[②]中，伯梅从交流关系的视点出发，彻底改变了何为自然的看法。

沿着城市的发展历史，伯梅考察了自然与人类的关系。根据伯梅的说法，在古希腊，自然位于城市的外部领域，自然与人类的关系是外在的（cf. *FöN*，60ff.），近代以来，随着别墅和公园的普及，自然被引入城市内部（cf. *FöN*，62ff.），到了现代，在城市规划中尝试保留野生状态的自然（cf. *FöN*，66ff.），尽管如此，人类与自然的关系依然是外在的。这是因为，对自然的认识没有发生变化，即自然是位于理性的人类之外的领域。根据伯梅的看法，近代以来的自然美学，从康德到阿多诺（Theodor W. Adorno，1903－1969），都将自然视为“理性的他者”（*FöN*，42），即位于人类理性的外部领域，作为理性存在的人类只能将自然作为人类的外部领域，作为与社会相对的“乌托邦性质的对立像”（*FöN*，45）进行评价。对此，伯梅认为，在环境问题日益严重的今天，与自然建立“内在关系”显得十分必要（cf. *FöN*，71ff.）。

伯梅说，重要的是，要认识到我们拥有身体，“我们自身就是自然”。人类拥有身体，吸取养分、呼吸，受到各种气氛的影响（cf. *FöN*，74）。对于人

---

① 伯梅注意到康德《判断力批判》第 42 节的下列内容，“自然是通过其美丽的形式，形象地向我们说话的……密码的真实破译”（*KdU*2，170）。“光的变化（色彩）与回响（声音）是……所谓自然向我们发出的一种语言，而且包含着一种具有更高层次意义上的语言”（*KdU*2，171f.）。在此，他好似注意到了自然发散出来的气氛的作用。但是，康德认为，该作用本身不能为气氛奠定基础。因此，他将之归于人类的解释。“鸟的鸣啭宣告着喜悦与对其生存的满足。至少我们是这样解释自然的，无论那是不是自然的意图。”（*KdU*2，172）cf. *Atm*，188；*Kns*，44ff.；*Ais*，46。

② Die schöne Natur und die gute Natur（*FöN*，38－55），Die Mensch-Natur-Beziehung am Beispiel Stadt（*FöN*，56－75），Die Bedeutung des englischen Gartens und seiner Theorie für die Entwicklung einer ökologischen NaturÄsthetik（*FöN*，79－95）.

类而言，身体就是“理性的他者”，通过身体，我们维持与他者的交流关系。这样一来，对于将经由人手干预过的物从自然中区分出来的必要性本身便变得十分可疑。这是因为，即便是经由人手干预过的事物，它也具有以某种形式与我们的身体保有关联的作为自然的一面。伯梅还说，我们称之为自然的东西，在某种意义上，也与人类相关。“人类并不拥有从严格意义上来说在实际上与人类无关的自然”（*FöN*，47）。因此，我们有必要创造、保存下来对我们自身的自然而言更好的环境。

在与上述自然的关联中，应该如何理解美呢？

伯梅指出，美是“感性的、情感上的”（sinnlich-emotional）“营养”（Nahrung）（*FöN*，93，cf. ibid. 46ff.）。按照伯梅的看法，“人类对于与自身不同的其他事物具有一种深刻的要求”，“人类不想生活在只能遭遇到自身的世界之中”（*FöN*，92），因此需要与各种各样的外部世界进行交流。正如前面提到的，美会给身体带来愉悦。如此一来，可以将美理解为与各种外部自然之间构建友好关系的气氛。

### （二）日常生活与艺术

从前文的分析中，我们得知，我们在日常生活中受到包括美在内的各种气氛的影响。在论文《暂时之物的美学》（*FöN*，166 – 189）中，伯梅探讨了日常生活中的气氛问题，这也能给我们考察本文主题即美的问题带来启发。

伯梅在这篇论文中主张“暂时之物的美学”。按照伯梅的看法，“暂时之物”，即气氛，从沃尔夫（Christian Wolf，1679 – 1754）到阿多诺的“古典美学”，都将之理解为“假象 = 光芒”（Schein），尤其是在论及美的问题时，会涉及暂时之物。但是，随着古典美学发展成为趣味判断的美学，美学将研究对象转向完成的艺术作品，因此没能充分评价暂时之物（cf. *FöN*，169ff.）。这是由于人类的理解传统更加重视理性、心灵与人格，哲学传统比起偶然性更看重存在，社会传统更加重视人类的地位与名声，这都妨碍了对暂时之物的评价（cf. 176f.）。

伯梅说，“暂时之物的美学，无论在何种情况下都不可能成为艺术与艺术作品的理论”（*FöN*，179）。但是，他并不否认，在艺术中能够读出暂时之物的可能性。这是因为，艺术“既然是以常见对象与日常为主题的”，就必然会与暂时之物发生关联。从这一角度出发，伯梅论及日常知觉问题。他援引了霍夫曼 - 阿克斯海姆（Dieter Hoffmann-Axthelm，1940 - ）的观点。

按照霍夫曼 - 阿克斯海姆的看法，我们的日常知觉对知觉内容进行选择，将意义接受为补充信息。我们所知觉到的，是被理解为恒常存在之物的“对象”，是担负着使用目的与社会意义的“道具”。而且，在现代社会中，越来越占有支配地位的知觉，是对通过某种暗示传达意义内容的“信号”的知觉。当然，如果没有这种知觉，我们就无法实现日常生活，其重要性不容置疑。但是，伯梅认为，由于这种起到支配作用的知觉的存在，人们很少关注暂时之物。

那么，如何才能遭遇到暂时之物呢？伯梅举了三个事例。第一，正如凡·高笔下农夫的鞋子所展示出来的那样，它出现在事物现在的表情中。我们所看到的，并非作为商品的鞋子，而是穿旧的了、样子发生变化了的鞋子当下的样子，是偶然的、暂时的样子。第二，是眼前事物的偶然配置。这里不存在事物间的意义关联。因此，我们得以注意到“事物当下的姿态（在场）”（*FöN*，178）。第三，就像印象派画家所注意到的，在事物中看到的“光与影的游戏”。事物在一日或者一年之间，由于光线变化呈现出各种姿态，散发出各种情绪。因此，伯梅提出了一些能够注意到暂时之物的方法，例如凝视眼前景色，观察事物的偶然姿态，还有目光的逆转，即“感受主体受到的来自事物的凝视”（*FöN*，186）。换言之，注意并自觉到周围的事物朝我们散发出来的气氛作用。

值得我们注意的是，伯梅在此列举出来的例子，多少与艺术创造有一些关联。伯梅列举出了一些关注暂时之物的艺术，例如穆里罗的风俗画、许多静物画、印象派绘画、日本的俳句与浮世绘、戈特弗里德·贝恩的诗歌和布鲁斯特的小说（cf. *FöN*，178f.）。

此外，笔者认为，伯梅在此提到的在日常生活中能够被知觉到的暂时之物、气氛，大多数都可以用美这一词语予以形容。的确，美，常用于形容花朵、宝石、从山顶眺望的风景等特定事物或者景色，或许许多人都会在这些对象中知觉到美。但是，另一方面，我们也会说，破旧的生活用具、历史悠久的老街风景等很美。正如我们前面提到的，美作为气氛，其作用在于愉悦。因此，如果我们通过视觉（和听觉）感受到使得心情恬静的愉悦，就可以将之称为美。这样一来，或许可以说，美的气氛之中，也存在着远离被意义捆绑的日常视角时所感知到的，那种隐匿的东西。尽管如此，当然，被感知到的气氛并非只有美，我们在日常生活中可以感知到各种气氛。从《暂时之物的美学》中，我们可以看到，伯梅主张，通过改变日常视角，可以在平日常见的东西中感知到包含美在内的各种气氛，美学应该关注的，正是这些气氛。

## （三）人类

伯梅关于人类美的论述，集中在论文《美丽地—存在》（Schön-Sein）（*NN*，160 - 179）[①] 中。值得我们注意的是，这里的问题在于美丽地“存在”（Sein）。作为气氛的美是暂时之物，或者说，它被理解为“假象 = 光芒”（Schein）、“表现”（Scheinen）。人类的美也意味着“具有特殊资格的外表”（*NN*，166），这里的问题在于通过身体使得他人倾倒，那么，也可以将之理解为“身体的在场”（leibliche Anwesenheit）问题。但是，对于人类而言，如何有意识地使自己散发出美的气氛也是一个问题。换言之，此处的问题在于自己身体中的美的生产，在于“关于外表的自我理解”（*NN*，170）。

A.

根据伯梅的研究，历史上有两个时期将美作为自我理解问题予以重视，一是苏格拉底之前的古典的希腊时期，二是中世后期到巴洛克时期的贵族文化时期（cf. *NN*，169）。但是，在近代市民社会中，勤勉、清贫、节制、谦虚被视为美德，美与自我理解相去甚远，人们重视的是个人可能达成的财富与业绩。当时，人类的美，意味着一种自然的恩赐或者高贵的血统，因此与人类的自我理解相去甚远（cf. *NN*，162）。伯梅指出，即便在现代，美人的典型是女性，这是因为人们认为女性更加具有身体性，与自然更为接近（cf. *NN*，169）。因此，讨论人类美的问题，甚至是一种近似“侮辱”（*NN*，162）的行为。

但是，伯梅认为，在现代，美逐渐成为人类的自我理解问题。伯梅首先指出的是，20 世纪的哲学人类学，尤其是普莱斯纳（Hermuth Plessner，1892 - 1985）、克拉格斯（Ludwig Klages，1872 - 1956）、萨特（Jean-Paul Sartre，

---

① 日译，「美しく一在ること」（《美丽地一存在》），古川裕朗译，收录于『雰囲気の美学——新しい現象学の挑戦』（《气氛美学——新现象学的挑战》），梶谷真司等译，晃洋书房，2006，第 237 ~ 260 页。

1905－1980），尽管没有直接讨论美，但是他们要么将人类的外表视为表情问题，要么论及了为他者的身体所倾倒的情况（cf. *NN*，166ff.）。这表现了“身体的在场”问题意识的凸显。进而，伯梅指出，在电视、杂志等媒体中，越来越多地提到人类的外表，因此，年轻人所重视的，不再是勤勉、清贫等近代道德，而是自身的外表（cf. *NN*，170）。在现代，尽管在就职、选举等情形下，也存在着根据其他价值判断否认外表美的倾向，但是，另一方面，现实是，许多人不得不意识到自己与他人的美。

B.

但是，在讨论人类对于美的自我意识时，还有一些问题值得我们重视。

首先，现代人已经无法理解人类中的自然的美为何物。按照伯梅的看法，这是因为我们对美人的印象，“由广告与视觉媒体规定着”（*NN*，163）。化妆和装饰品等可以让我们获得美，通过化妆产生的美能够被复制。另一方面，这也会让人对被制造出来的美产生不快。例如，它也表现在女权主义对于强制变美这一状况的反感。

其次，还可以举出这样的例子，由于人们不再信任天生的美，美与情感激动或者说性感变得密不可分。这是由于，要想美丽地存在，就伴随着使得自己成为暴露于他人眼前的对象的可能性，或者借用希特曼（Barbra Sichtermann，1943－）的话，即成为“性的存在”（*NN*，165）的可能性。因此，伯梅提到，也可能使得“美丽地存在”（Schönsein）与“人格地存在”（Person-Sein）（*NN*，165）之间形成对立。

C.

我们在考察获得美的气氛时，需要注意到上述问题，尤其是那些能够让人变美的客观原因，比如化妆等。

化妆是如此，同样，人类要想美丽地存在，需要基于一定的客观规定。但是，不能将美与客观规定视为同物。自古以来的那种以比例来阐释美的学说早已过时，这表明，无论如何列举客观规定都无法解释美。那么，化妆的意义何在？伯梅认为，化妆的根据在于使得“出现在自己外部”（Aus-sich-Heraus-treten）成为可能，“凸显美人的存在感”（*NN*，173）。换言之，要想朝他人散发气氛，化妆是必要的。

但是，我们只能从社会生活中学习到人类美是何物，因此，为了“美丽地存在”，就不能远离在社会上通用的“美的形象”“美的理想模本”（*NN*，173）。所以，要想美丽地存在，必须通过美的形象，唤起美的气氛。这就意味着，化妆等“客观表征”（Merkmale）也能够制造出单纯的“凝固了的形象”和“外表”。而且，美的气氛“不能是一种对确定的所有物的拥有，它不是可以通过什么方法比照所有物能够得到确认的”（*NN*，174），完全是只能像魔法一样唤起美的气氛。

因此，伯梅指出，我们要想“美丽地存在”，需要将美置于“实存化”（existieren），即“操心结构”（Sorgestruktur）（*NN*，175）之中。但是，在这一事实中，我们还必须看到，在试图美丽地存在的人们身上，存在着一种“内在危险”。

要想美丽地存在，必须有“想要美丽地存在”（Schönsein-Wollen）（*NN*，176）的意图。但是，如果意图过于强烈，就会变成刻意。我们必须努力使我们外表上制造出来的美显得自然。伯梅认为，由此产生的危险是“恶心”。这是因为，萨特用恶心来规定“对于被物化了的身体的情感上的反应”（*NN*，176）。

作为避免造成恶心的手段，伯梅提到了“自恋”（*NN*，176）。按照伯梅的观点，自恋是美丽地存在所“不可或缺的要因”。换言之，我们要想使得他人倾倒，首先要让自己倾倒。通过自恋，“行为主体”与“被制造的客体”之间的崩塌可以挽救“美丽地存在”。此外，通过自恋，可以“情感上悉知作为身体的自己”（*NN*，176）。按照希特曼的话，也就是“将自身选择成为性的实存”（*NN*，176）。但是，另一方面，自恋也伴随着如下危险，“被自己迷倒会导致偏执的言行，想要成为注视对象的想法会导致自尊心膨胀，自我放弃会导致卖淫和裸露癖”（*NN*，176）。

根据以上伯梅的考察，我们可以看到，尤其在人类中，美的气氛带有社会性、文化性。在此，美的本质也可视为让人为之倾倒的愉悦。然而，要想生产这种气氛，有赖于美的理想形象。伯梅还提到，美的气氛，并不被感知为想要变美的意图的显现。这或许是因为，美的气氛之本质总是在于它的作用之中，如果意识朝向意图的话，将会妨碍对气氛的察觉。这与前面我们提到的如果意识朝向对象、道具、信号的话，将会妨碍对气氛的察觉是一个道理。

但是，此处又产生另一个问题，即在所有的气氛中，人类为何特别要寻求美的气氛呢？其理由或许在于美是“明确在场的气氛”，是保有距离被知觉到的。保有距离被知觉到的美，要求某种明确性、确定性，我们会想要掌握那种确定性，但是这又伴随着前面提到的危险。

以上，我们从自然、日常生活、人类三个侧面考察了伯梅的观点。可以确认的是，无论在何种情况下，美的本质都在于能够带来愉悦的气氛。此外，我们也了解到美的问题的广泛性和它在日常生活中的重要性，无论在知觉方面还是生产方面美都极为重要。

## 总　结

本文参照伯梅的著作，讨论了作为气氛的美的问题。从第一部分我们得知，美既不存在于主观也不存在于客观，而是一种气氛。从第二部分我们得知，美对身体的情感上所发生的影响在于其能够提高生命情感，带来愉悦，美的气氛尤其被理解为“明确在场的气氛”。第三部分，在上述理解的基础上，我们讨论了伯梅对于自然、日常生活、人类中的美的含义的理解。

在现代，与崇高等相比，也许美已经变得不再为人们所重视。其原因或许在于，美往往被认为是“趣味判断的问题”等，人们喜欢用一种形体化的形式理解美，忘记了作为气氛的美的作用。不过，如果将美理解为气氛的话，美就与其他气氛相同，具有情感上向人袭来的力量。只要注意到这一点，美就会一直对人类具有重大意义。

近年来，“气氛”这一概念引起了人们的广泛关注。一方面，有些学者积极吸收气氛概念，试图以此为课题展开研究；另一方面，也有学者对该概念持怀疑态度。① 本文主要以伯梅的气氛概念为依据，不过施密茨也论述过气氛，两人对该概念的理解存在着微妙的差异。② 对于气氛这一概念，今后也有必要从各种角度出发进行研究。此外，在本文中，围绕美这一题目展开了对气氛的

① 受到伯梅气氛概念影响的研究，例如，Neue Ästhetik，*Das Atmosphärische und die Kunst*，Wilhelm Fink，2002。请参考收录于其中的不同研究者所写的论文。对于伯梅气氛概念的批判，可参考沃尔夫哈特·亨克曼（Wolfhart Henckmann）的论文「雰囲気・気分・感情」（《气氛·情绪·情感》），松尾大、阿部美由起翻译（『カリスタ美学芸術論研究』，2007，第 20～75 页）。

② 伯梅与施密茨关于气氛概念的差异，请参考古川裕朗的论文「ヘルマン・シュミッツとゲルノート・ベーメの雰囲気概念をめぐって」（《围绕赫尔曼·施密茨与格诺·伯梅的气氛概念》），『人間環境学研究』第 3 卷第 2 号，2005。

考察，或许也能够从该角度出发来研究各种其他问题。这样，才能加深对气氛概念的理解。

附注：对伯梅的著作和施密茨著作的引用及参考，使用了省略表达，正文中，使用的是省略表达与参照页码的数字。

Gernot Böhme：

*Anthropologie in pragmatischer Hinsicht*，*Darmastäter Vorlesungen*，*Frankfurt/M*：*Suhrkampf*，1985.（=*ApH*）

*Für eine ökologische Naturästhetik*，*Frankfurt t/M*：*Suhrkamp*，1989.（=*FöN*）

*Natürlich Natur. über Natur im Zeitalter ihrer technischen Reproduzierbarkeit*，*Frankfurt/M*：*Suhrkamp*，1992.（=*NN*）

*Atmosphäre Essays zur neuen Ästhetik*，*Frankfurt/M*：*Suhrkamp*，1995.（=*Atm*）

*Kants* "*Kritik der Urteilskraft*" *in neuer Sicht*，*Frankfurt/M*：*Suhrkamp*，1999.（=*KnS*）

*Aisthetik Vorlesungen über Ästhetik als allgemeine Wahrnehmungslehre*，Wilhelm Fink Verlag，2001.（『感覚学としての美学』，井村彰他訳，勁草書房，2005）（=*Ais*）

Hermann Schmitz：

*System der Philosophie* Bd. 2 Teil 1. *Der Leib*，Bonn，1965.（=Ⅱ/1）

*System der Philosophie* Bd. 2 Teil 1. *Der Leib im Spiegel der Kunst*，*Bonn*，1966.（=Ⅱ/2）

*System der Philosophie* Bd. 3 Teil 2. *Der Gefühlsraum*，*Bonn*，1969.（=Ⅲ/2）

*System der Philosophie* Bd. 3 Teil 4. *Das Göttliche und der Raum*，1977.（=Ⅲ/4）

*Der unerschöpfliche Gegenstand.*

*Grundzüge der Philosophie*，*Bonn*，1990.（=*DuG*）

# Abstract

## Hegel's Concept of "Civil Society" and the Question of Its Historical Origin



**Abstract**: This article aims to clarify the origin, and meaning, of Hegel's concept of "civil society" . The article consists of four part. Part I interprets the basic-meaning of the concept "civil society" in the tradition of European political philosophy from Aristotle to Kant, and argues that in this tradition civil society is the same as state, and is not distinct from it. Meanwhile, the family, as the economic element, is subordinate to the preceding concept (s). Part Ⅱ discusses the historical origin of Hegel's concept of "civil society", and points out that Hegel, with the breakthrough of European traditional society and the formation of modern society at the end of eighteenth century, breaks away from the tradition of European political philosophy to establish his concept of civil society. In Part Ⅲ, through the study of Hegel's writings in Jena as well as during the period around 1820, the author points out that Hegel only achieved his understanding of the fundamental differences between ancient and modern European social structures, and formulated his own concept of civil society, which is distinct from the state, and forms the difference between the family and the state. The author also criticizes Rosenzweig's interpretation of Hegel's concept of civil society. Part IV is an in-depth study and interpretation of the meaning of Hegel's civil society, in particular, the police and corporation.

**Keywords**: Hegel; Civil Society; State; The Separation of State and Civil Society

## Modern Ethical Life: A Republican Reading

Günter Zöller/Tranlated by Ni Yicai / 027

**Abstract**: The address focuses on the main theme of a modern ethical life from the perspective of political philosophy. It will be argued that the ethical ground of a modern form of life must be understood under the framework of republicanism, namely, together with its jural and civic grounds. A modern ethical life must be able to comprehend the public right without excluding the civic. Historical resources from the continental ethical thoughts (Hegel, Kant, and Rousseau) and political philosophy will also be included.

**Keywords**: Ethical Life; Civil Society; State; Citizen; Republicanism

## Experience Absolute Spirit: Reading Professor Deng Xiaomang's *Explanation of Hegel's The Phenomenology of Spirit*

Dai Fuping / 035

**Abstract**: Professor Deng Xiaomang's *Explanation of Hegel's The Phenomenology of Spirit* brings readers profound and vivid, rich reading experience. The experience including three aspects. The first is the understanding of philosophy, by listening to Hegel's philosophy speak Chinese, we can experience the inspiration of absolute spirit. The second is the self-awakening; we can find the exciting "my age" and experience the charm of spiritual growth. The third is to encourage academic research, we can experience the true meaning of academic is to honor the spirit and fight against sin. The experience of these three aspects will stimulate readers' relentless pursuit of spiritual life and the unlimited passion for life creation.

**Keywords**: *Explanation of Hegel's The Phenomenology of Spirit*; Absolute Spirit; Inspiration of the Spirit; Experience

## Three Types of Philosophical Grammar: From Hegel, Marx to Habermas



**Abstract**: Hegel's philosophical grammar can be regarded as the representation of the the movement of mind in writing: mind become the object of his own which keep suffering aufhaben and back to itself, and keep creating the mental contend through object. Marx's philosophical grammar is an anti-grammatical, because the grammar itself is a withdrawal, interpretation and abstract; he put forward a practical discourse, which is the fundamental dismantling of philosophy; economic problems play a decisive role to thinking. Habermas criticizes Hegel's semantic and pragmatic pursuit do not match the reality and historical development of the facts; and Marx lacks of a clear expression to his philosophy and the norms of its social theory. Habermas seeks the construction of a new social identity, which does not manifest itself as a world view or a philosophical grammar, but a basic norms based on the rational conversation pursuing mutual understanding through mutual study; this can be regarded as the embodiment of Marx's historical materialism, but if we can disclose the aesthetic dimension of the micro-communication, we can get a new communication model which is not limited to norms but more considerate and it will be closer to the dignity and happiness of human beings.

**Keywords**: Philosophical Grammar; Hegel; Marx; Habermas

## Some Questions Concerning Husserl's Critique of the Epistemology of Kant



**Abstract**: The argumentation of this paper pivots around Immanuel Kant's groundbreaking endeavour to sublate [ aufheben ] the metaphysical dualism represented by Descartes, by employing a basically epistemological approach to replace the archaic and historically overlapping and competing dichotomies of body & soul, matter & mind, inner & outer, object & subject. Kant accomplished this by applying a *non-empiricist critique of classical rationalist philosophy*. The seemingly strict title does not reveal the fact that the line of reasoning in the paper only initially is concerned with Husserl's outright critique of Kant's foundation for his theory of epistemology, and successively develops into a crafty strategem in defence of Kant's first principles and furthermore provides with a substantial contribution to Kant's enduring relevance. To this end Can Xue employes what she considers to be Husserl's misfired criticism of Kant as a point of departure for elucidating some of the ambiguities she finds in Kant's account of the interconnectedness between das Ding-an-sich and the coming-into-being of the observing Self. Thus the reader is also presented with her foremost arguments in favour of Kant's theory of knowledge pitted against philosophers such as Husserl, Hegel och Sartre. She especially appreciates the former's unwobbling affinity for the worldly, the mundane: "In Kant's epistemology there is a secular tendency to the material, which is embodied in the definition of experience as the fundamental element of cognition." In gradually broadening the scope of her quest to a philosophy of life, Can Xue also touches the probability of finding parts of the rhizome of Husserl's critique of Kant not only within philosophy as such but within the broader and more perilous realm of historiography and its underground of discursive practices. Thus, philosophy will be required to perform its impeccable service to logos as well as contribute to the self-perception of philosophers, humans as it were. In her concluding remarks Can Xue demonstrates why she trusts that the inadequacies of what she sees as Kant's unintentional or even mistaken dualism of man's faculty of understanding and the conceptualization of das Ding-an-sich "can be transformed into a new type of dialectical contradiction theory, which will enrich the structure of contemporary man's view of nature and make it glow with new vitality". Thus, this could be considered to be the obvious viewpoint of the philosopher as a writer, with the goal of "reaching the essential being of things through the joint efforts of flesh and spirit." In the same vein as the *Literature Study Group* in the twenties made *Literature is the Study of Man* their guiding slogan, nearly a hundred years later Can Xue echoes the existentialist catch-phrase of, *Philosophy is Anthropology*, neatly summed up in: "Humans should build up real confidence in their own selves and view the individual selves and the selves of the world they have built as a coherent whole."

**Keywords**: Absolute Evidence; Natural Metaphysics; Dialectical Conception of Contradiction; Fuse and Division; Push and Testimony Each Other

## Is Relativistic Psychologism Absurd?: One Case of Husserl's Anti-relativist Argument against Logic Psychologism in His First Book of *Logical Investigations*

Li Daiwei / 095

**Abstract**: This paper is devoted to a critical evaluation of Husserl's anti-relativist argument against logical psychologism which he primarily presents in his Chapter 7 of the *Prolegomena* to the *Logical Investigations*. The discussion will take place within a broader context of the central issue of the refutation of relativism about (logical) truth and the justification of objectivity of (logical) knowledge. According to Husserl, the most serious problem of psychologism is that it implies a form of skeptical relativism as an absurd doctrine. Husserl trys to refute psychologism as relativism by showing that it give rise to a paradox and contradiction, so conclude that psycholgism as one kind of sceptical relativism must be rejected. However, as I shall contend, Husserl's own treatment of the question of psychologism as relativism is problematical because of placing much of the explanatory burden upon the notion of *Evidenz*. No matter his arguments against individual or specific relativism, which the latter can be divided into epistemic and ontologic version, are without exception fall prey to the question-beggingly problem. In the subsequent part I turn to address on the contemporary dispute over self-stultifying charge of relativism and try to prove that this formal approach for rebuttal of relativism is very limited and ultimately cannot successfully overcomes it too.

**Keywords**: Husserl; Anti-psychologism; Relativis; Mself-refutation

# Heidegger on Being-there and the Aestheticization of Daily Life

Zhang Xiangen / 122

**Abstract**: In contemporary society, the aestheticization of daily life is not only related to living people, but also related to how to return to existence itself. Why did Heidegger ask for existence historically, because people always focus on beings and forget existence itself, making Being become the fundamental problems. Being-there exists in the world, it is not only with others, but also separate from itself, thus becoming a person in a daily state. Being-there is often too busy with the daily life style, and it is difficult to get out of the world, so the nature of Being in existence of being-there is covered. But the constant being-there has been lost in ordinary people and others, and the aesthetic of daily life must be related to being-there and return to itself. Aesthetic modernity and postmodern culture permeate people's existence and daily life. But it may also make daily life and its aestheticization alienate in the symptoms of mass culture and consumerism. In Heidegger's view, the aestheticization of daily life is not a process for the sensibility and emotion, but a process for experience going to existence itself though art text. In the late stage, Heidegger didn't stay in general grasp of being-there and its daily life, but regarded Being as the fundamental aim for being-there by nature, and understood and interpreted being-there as a mortal who plays with the heaven, earth and divinity. Heidegger's fourfold game of heaven, earth, mortal and divinity, is also a response to his mid-stage's dispute between world and earth. Although such dispute will continue to be the dispute and construct its own meaning, it is difficult for art to get rid of its involvement with daily life in the process of returning to existence. As the removal of daily life and the overcoming of rational metaphysics, people's poetic dwelling has made a fundamental foundation for the aestheticization of life.

**Keywords**: Being-there; Daily Life; Aestheticization; Poetic Dwelling

## Ernst Cassirer and the History of 20th Western Academic Thoughts

Shi Ruofan 

**Abstract**: As a representative of Neo-Kantianism and an outstanding Kant scholar, Ernst Cassirer's Philosophy of Symbolic Forms has never been comprehended and evaluated properly. Indeed, the philosophy of Cassirer has certain connections with the main trends of though in the 20th western, such as phenomenology, existentialism, structuralism, etc. . By means of discriminating the similarities and especially the differences between the philosophy of Cassirer and linguistics, semiology, culture study so that it express an idea that Cassirer stood alone philosophically.

**Keywords**: Philosophy of Symbolic Forms; Linguistics; Semiology; Culture Study

## The Foundational Questions about Ernst Cassirer's Conception of Space

Shi Fuqi 

**Abstract**: Although Ernst Cassirer's unique conception of space plays a very important role in his philosophy of symbolic forms, it is nevertheless forgotten or neglected to some extent along with his philosophy as a whole. This paper aims to represent the fundamental elements of his concept of space. Within the framework of the philosophy of symbolic forms, some basic problems, such as the relation between space and meaning world, space and symbolic form, as well as the related notions "quality" and "modality" will be explained in this paper. A concluding discussion about the symbolic character of this concept of space is also made.

**Keywords**: Ernst Cassirer; Space; Symbolic Form; Congnitive; Schema

## Two Letters to Kurt Goldstein

Ernst Cassirer/Translated by Wu Fei / 174

**Abstract**: In *An Essay on Man*, Ernst Cassirer said that human are animals of symbol. It is important that this argument is not originated from some imaginary meditation but based on absorbing the latest achievements of sciences and humanities in that time. In the two letters to Kurt Goldstein, who was a famous psychologist and psychiatrist, exactly based on Goldstein's research, Cassirer discussed the connection and difference between sensory consciousness and symbolic consciousness which is foundational for the construction of the philosophy of symbolic forms of his own.

**Keywords**: Sensory Consciousness; Symbolic Consciousness; Symbolic Form

## The Artistic Characteristic of Myth: Ernst Cassirer's Discussion about Art and Myth

Xie Dongbing / 182

**Abstract**: Ernst Cassirer argues that art are originated from myth , because mythes are some kind of unconscious fictions that are double-sturctured between conception and sensation, and unify perception and feeling. In this way, myth is endowed with artistic characteristic at the beginning. However, myth is not as same as art. Myth is make-believed to early humans for they didn' t truly understand the world, while artistic creation is made up in a free conscious way.

**Keywords**: Myth; Art; Artistic Characteristic; Symbolic Form

## The Last Act: Rise and End of the Machine Culture

Oswald Spengler/Translated by Shu Hongyue and Li Zao / 191

**Abstract**: In contrast to the village of the previous stage, the city in which is housed a quite artificial living by machine-technics has become divorced from mother earth and is completely anti-natural, draw the streams of life from the land and uses them up into itself. With the coming of rationalism, the belief in technics almost becomes a materialistic religion. Techcisc delivers mankind like God the Son, it illumines us like the God the Holy Ghost. For the mankind, technical luxury surpasses every other sort of luxury, and our artificial life becomes more and more artificial. Today, it is out of the power either of heads or hands to alter in any way the destiny of machine-technics, for this has developed out of inward spiritual necessities and is now correspondingly maturing towards its fulfillment and end. As once the microcosm Man against Nature, so now the microcosm Machine is revolting against Nordic Man. The lord of the World is becoming the slave of the Machine, which is forcing him to follow its course, since technics is a spiritual and intellectual , but no vital necessity.

**Keywords**: Spengler; Machine Culture; Rise; End

## Ernst Bloch and the Revisionist Criticism of the German Socialist Party

Kurt Lenke/Translated by Jin Shoutie / 206

**Abstract**: In 1948, Ernst Bloch ended the American life in exile (1938-1948), returned to East Germany and was a professor of philosophy at the University of Leipzig. At first he was in peace with the East German authorities, his masterpiece "the principle of hope," the first volume, the second volume by the East German Construction Publishing House have published in 1955 Bloch won the East German National Award, was elected Member of the German Academy of Sciences. However, in 1956 with the Polish, Hungarian events and the Soviet Union held 20 times the General Assembly, Bloch and Uberrich led the East German authorities in a constant relationship, the relationship into the trough, he was characterized as "revisionist" His philosophy of hope is labeled "revisionism" . In 1957 Bloch was ordered to retire, he was not only prohibited university lectures and lectures, but also become the East German National Security Bureau secret surveillance object. In 1961 Bloch left East Leipzig and moved to West Germany. After the death of Bloch in 1989, he was reputed in East Germany.

**Keywords**: Bloch; Hope Philosophy; German United Social Party; Revisionism

## Atmosphere as Beauty: A New Aesthetics Based on Gernot Böhme



**Abstract**: Atmosphere, as a foundamental concept in Gernot Böhme's aesthetics, on which it can develops a kind of new interpretation and understanding of beauty. That is, beauty is some kind of atmosphere, which rest in something neither subjective nor objective, but a particular circumstance (Befindlichkeit), into which we are put by throught a bodily-perception change. Atmophere as beauty can prove our emotional life and bring pleasure to us. It should be understood as a kind of "atmosphere of presence exactly", on which, nature, everyday life, art and the beauty of the mankind can all be given some more connotations than that in our usually understanding.

**Keywords**: Atmosphere; Beauty; Befindlichkeit; Pleasure

图书在版编目(CIP)数据

德国哲学.2018年.下半年卷/邓晓芒，戴茂堂主编.--北京：社会科学文献出版社，2019.8
ISBN 978-7-5201-5087-3

Ⅰ.①德… Ⅱ.①邓… ②戴… Ⅲ.①哲学-研究-德国-丛刊 Ⅳ.①B516-55

中国版本图书馆CIP数据核字(2019)第124915号

德国哲学(2018年下半年卷)

主　　编/邓晓芒　戴茂堂
副 主 编/舒红跃

出 版 人/谢寿光
责任编辑/周　琼
文稿编辑/刘　翠

出　　版/社会科学文献出版社·社会政法分社(010)59367156
地址：北京市北三环中路甲29号院华龙大厦　邮编：100029
网址：www.ssap.com.cn
发　　行/市场营销中心(010)59367081　59367083
印　　装/三河市东方印刷有限公司

规　　格/开 本：787mm×1092mm　1/16
印 张：16.25　字 数：266千字
版　　次/2019年8月第1版　2019年8月第1次印刷
书　　号/ISBN 978-7-5201-5087-3
定　　价/98.00元